PROPÄDIX

Unterrichtsmaterialien für den Pädagogikunterricht

Hrsg. von Eckehardt Knöpfel

Band 16

Marion Lepold / Carsten Püttmann / Elmar Wortmann

Beobachtungs- und Dokumentationsverfahren

Eine Lernaufgabe für den Pädagogikunterricht

Materialband

Schneider Verlag Hohengehren GmbH

Umschlaggestaltung: Simone Spörckmann

Titelbild: © inarik – Fotolia.com

© contrastwerkstatt – Fotolia.com

Leider ist es uns nicht gelungen, die Rechteinhaber aller Texte und Abbildungen zu ermitteln bzw. mit ihnen in Kontakt zu kommen.
Berechtigte Ansprüche werden selbstverständlich im Rahmen der üblichen Vereinbarungen abgegolten.

Bibliografische Information der Deutschen Nationalbibliothek

Die Deutsche Nationalbibliothek verzeichnet diese Publikation in der Deutschen National-
bibliografie; detaillierte bibliografische Daten sind im Internet über ›http://dnb.d-nb.de›
abrufbar.

ISBN 978-3-8340-1560-0: Lehrerband und Materialband

ISBN 978-3-8340-1562-4: Materialband

Schneider Verlag Hohengehren, 73666 Baltmannsweiler

Homepage: www.paedagogik.de

Alle Rechte, insbesondere das Recht der Vervielfältigung sowie der Übersetzung, vorbehalten. Kein Teil des Werkes darf in irgendeiner Form (durch Fotokopie, Mikrofilm oder ein anderes Verfahren) ohne schriftliche Genehmigung des Verlages reproduziert werden.
Die Arbeitsvorlagen dürfen für den Unterrichtsgebrauch in der jeweils benötigten Anzahl vervielfältigt wer-
den.

© Schneider Verlag Hohengehren, 73666 Baltmannsweiler 2016.
Printed in Germany. Druck: Djurcic, Remshalden

Inhaltsverzeichnis

Vorwort des Reihenherausgebers 7

Was Sie erwartet: Die Lernaufgabe „Beobachtungs- und Dokumentationsverfahren" 9

Die eigene Perspektive entwickeln 11

1. Einstieg in das Thema 13

M 1 Warum beobachten wir (Thiesen) 13
M 2 Beobachtungsbereiche (Thiesen) 14
M 3 Berufliche Handlungssituation 17

2. Erarbeitung 20

2.1 Grundlagen und Entwicklung einer pädagogischen Perspektive 22

M 1 Grundgesetz, UN Kinderrechtskonvention, Sozialgesetzbuch Achtes Buch
(SGB VIII) 23
M 2 Beobachtung und Diagnostik – Wo liegt der Fokus? (Freistaat Sachsen) 23
M 3 Beobachtung und Diagnostik – Gesetz zur Änderung des Kinderbildungsgesetzes und
weitere Gesetze vom 17. Juni 2014 (NRW) 26
M 4 Beobachten – viel mehr als genau hinsehen (Schubert-Suffrian / Regner) 27
M 5 Auswirkungen von Beobachten und Dokumentieren (Schubert-Suffrian / Regner) 29
M 6 Beobachtungsziele und -verfahren 31
M 7 Personenwahrnehmung (Barth) 33
M 8 Weitere Einflussfaktoren 34
M 9 Beobachten in der Praxis (Leu) 35

2.2 Beobachtungs- und Dokumentationsverfahren 45

2.2.1 Wahrnehmendes, entdeckendes Beobachten 46

M 10 Zwei Formen der Beobachtung (Schäfer) 46
M 11 Wie Beobachten? (Schäfer) 47
M 12 Nutzen einer wahrnehmenden, entdeckenden Beobachtung (Schäfer) 48
M 13 Selbstbildungspotenziale (Schäfer & Strätz) 49
M 14 Anregungen zum wahrnehmenden, entdeckenden Beobachten des Kindes /
der Kinder (Schäfer) 50

2.2.2 Bildungs- und Lerngeschichten 51

M 15 Lerngeschichte Lara (DJI) 51
M 16 Bildungs- und Lerngeschichten (Flämig) 52
M 17 Lerndispositionen I (Flämig) 52
M 18 Lerndispositionen II (Leu u. a.) 53
M 19 Wie verläuft die Arbeit mit den Bildungs- und Lerngeschichten? (Flämig) 56
M 20 Was bringt die Arbeit mit den Bildungs- und Lerngeschichten? (Flämig) 57

**2.2.3 Begleitende alltagsintegrierte Sprachentwicklungsbeobachtung in
Kindertageseinrichtungen (BaSiK)** 58

M 21 Bild vom Kind, Bildung und Sprache (Zimmer) 58
M 22 Aufbau des Beobachtungsverfahrens (Zimmer) 60
M 23 Beobachtungen im pädagogischen Alltag (Zimmer) 61
M 24 Durchführung und Auswertung (Zimmer) 62

2.2.4 Entwicklungsbeobachtung und -dokumentation (EBD) 66

M 25 Entwicklungsüberprüfung in Tageseinrichtungen (Petermann et al.) 66
M 26 Die Entwicklungsbereiche (Petermann et al.) 67
M 27 Hinweise zur Durchführung der Beobachtungen (Petermann et al.) 75
M 28 Protokollierung der Beobachtungen 76
M 29 Auswertung und Interpretation der Beobachtungen (Petermann et al.) 78

2.2.5 Validierte Grenzsteine der Entwicklung 79

M 30 Was sind die »Grenzsteine der Entwicklung«? (Laewen) 79

M 31 Wie werden die Grenzsteine definiert? Anmerkungen von Richard Michaelis (Laewen) 79

M 32 Was ist beim Einsatz des Instrumentes zu beachten? (Laewen) 80

M 33 Welche Zeitpunkte zum Beobachten sind geeignet? (Laewen) 80

M 34 Welche Bereiche werden mit den Validierten Grenzsteinen der Entwicklung beobachtet? (Laewen) . 81

M 35 Was kann in der Kindertageseinrichtung getan werden, wenn ein Kind in einem oder
mehreren Kompetenzbereichen Probleme zu haben scheint? (Laewen) 82

2.2.6 Baum der Erkenntnis 83

M 36 Grundlagen (Berger & Berger) 83

M 37 Individuelle Lernfortschritte wahrnehmen und dokumentieren (Berger & Berger) 87

M 38 Dokumentation im Interesse aller Beteiligten (Berger & Berger) 88

M 39 Wie wird mit dem Baum gearbeitet? (Brandt) 89

M 40 Blick in die Praxis (Burmann) 90

2.2.7 Leuvener Engagiertheitsskala 92

M 41 Die Leuvener Engagiertheitsskala (Carle & Hegemann-Fonger) 92

M 42 Schlüsselfragen (Vandenbussche u. a.) 93

M 43 Wohlbefinden (Vandenbussche u. a.) 96

M 44 Engagiertheit (Vandenbussche u. a.) 98

M 45 Für Kinder wichtige Kompetenzen (Vandenbussche) 100

M 46 Wohlempfinden: Bezugsfelder und Einschätzung (Vandenbussche u. a.) 101

M 47 Engagiertheit je nach Aktivität (Vandenbussche u. a.) 104

M 48 Engagiertheit in verschiedenen Entwicklungsbereichen (Vandenbussche u. a.) 106

2.2.8 Sprachbeobachtungen nach dem IFP 109

M 49 Seldak • Zielgruppe (Ulich & Mayr) 109

M 50 Seldak • Aufbau des Bogens (Ulich & Mayr) 109

M 51 Seldak • Konzeption – verschiedene Aspekte von Sprache (Ulich & Mayr) 110

M 52 Seldak • Systematische Beobachtung und Professionalität (Ulich & Mayr) 115

M 53 Auswertung von Seldak • Konsequenzen für die pädagogische Arbeit (Ulich & Mayr) 115

M 54 Auswertung von Seldak • Quantitative Auswertung (Ulich & Mayr) 117

M 55 Weitere Sprachbeobachtungsbögen des IFP • Sismik (Ulich & Mayr) 120

M 56 Liseb-1 und Liseb-2 122

2.2.9 Kuno Bellers Entwicklungstabelle 123

M 57 Funktion und Inhalt von Kuno Bellers Entwicklungstabelle (S. Beller) 123

M 58 Einführung der Entwicklungstabelle (S. Beller) 124

M 59 Beispiel-Items „Körperpflege"(K. Beller) 128

2.2.10 Milestones of Normal Development in Early Years (MONDEY) 130

M 60 Zielsetzung (Pauen) 130

M 61 Aufbau (Pauen) 131

M 62 Hinweise zur Nutzung der Mondey-Kurzskala (Pauen) 131

M 63 Gefühle (Pauen) 132

2.3 Die Debatte um das „richtige" Verfahren 136

M 64 Beobachtung erzeugt Resonanzen (Viernickel) 136

M 65 Kinder verstehen lernen: Beobachtungen werden zu Beachtungen (Kazemi-Veisari) 140

M 66 Was Eltern sagen (kinderwelt-hamburg.de) 142

3. Lernkontrolle 143

M 1   Kompetenzcheck 143

M 2   Von der Beobachtung zur Achtung (Kazemi-Veisari) 146

4. Reflexion des Lernprozesses 147

Vorwort des Reihenherausgebers

Liebe Kolleginnen und Kollegen!

Propädix ist eine Reihe für die Fächer der pädagogischen Fächergruppe (Erziehungswissenschaft(en)/ Pädagogik/Sozialpädagogik/Sozialwesen/Erziehungskunde/etc.), die in loser Folge methodisch gestaltetes Material für Ihren Unterricht zur Verfügung stellen möchte. Dabei werden die Hefte jeweils unterschiedliche Akzentsetzungen haben. Einige Bände richten sich wegen der darin enthaltenen didaktischen Vorschläge vorrangig an Sie als Pädagogiklehrerinnen und Pädagogiklehrer, andere sind eher als Schülermaterial zu bezeichnen. Aber letztlich entscheiden immer Sie, wie die Bände eingesetzt werden sollen. Dass auch Benutzer/innen in den universitären fachdidaktischen Seminaren wie in den Fachseminaren Pädagogik/Sozialpädagogik der Studienseminare und der Zentren für schulpraktische Lehrerausbildung hier Anregungen finden, bleibt zu hoffen. Das Gleiche gilt selbstverständlich auch die Kolleg/inn/en affiner Fächer.

Propädix bietet mehr als Einzelinformationen über zeitgemäße Erziehung und Bildung. Die Reihe ist den Grundgedanken einer aufklärerischen, emanzipatorischen Pädagogik verbunden. Die Bände wollen den Schülerinnen und Schülern – altersstufengerecht – zu mehr pädagogischer Kompetenz und Verantwortung verhelfen. Der Name Propädix unterstreicht, dass Wissenschafts- und Handlungspropädeutik zu den Grundprinzipien des Arbeitens im Pädagogikunterricht gehören. Durch den Umgang mit den Materialien sollen primäre Aufgabenbereiche des Faches erreicht werden: Im Sinne der Förderung der Persönlichkeitsentfaltung sowie der Studierfähigkeit entfalten die Schülerinnen und Schüler in der Auseinandersetzung mit paideutischen Aufgaben, Fragen und Problemen immer zugleich auch allgemeine kognitive, ethische und soziale Kompetenzen.

Propädix repräsentiert keine durchgängige, sequential strukturierte Schulbuchreihe für die gesamte gymnasiale Oberstufe oder die entsprechenden Bildungsgänge des Berufskollegs/der berufsbildenden Schule. Vielmehr sollen in loser Folge bisher unterrepräsentierte Inhalte und Methoden des Faches zu mehr Geltung gelangen. Darüber hinaus ist es ein wesentliches Anliegen, die verbindlichen Schwerpunktthemen des Zentralabiturs in Pädagogik (vornehmlich im Bundesland Nordrhein-Westfalen) durch einen gediegenen Materialfundus zu vertiefen. Vor dem Hintergrund der momentanen Dürre im Bereich der Schulbuchliteratur für die Sekundarstufe I soll künftig auch angestrebt werden, in diesem Bereich Felder zu besetzen.

Propädix ist keiner fachdidaktischen Konzeption des Unterrichtsfachs Pädagogik fest verbunden. Es wird davon ausgegangen, dass die Klammer, die die verschiedenartigen Bände zusammenbindet, durch die fachdidaktische Leistung jeder/s einzelnen Pädagogiklehrer/s/in gefunden wird. Gerade durch das additive Abarbeiten der behördlich vorgegebenen inhaltlichen Schwerpunkte für das Zentralabitur besteht die Gefahr einer fachdidaktischen Verflachung, der unbedingt begegnet werden muss. Fachdidaktik bedeutet mehr als das Sahnehäubchen, das man draufsetzen kann, wenn das unterrichtliche Konstrukt bereits entstanden ist. Fachdidaktik ermöglicht sachgerechte Reduktion, stellt die Frage nach dem inneren Zusammenhalt, nach den Kompetenzanforderungen und der Legitimation unterrichtlichen Tuns. Gerade im Umgang mit einer so unterschiedlich strukturierten Reihe wie Propädix ist das Fundament einer fachdidaktischen Reflexion unverzichtbar.

Dies gilt besonders für einen fachlich wie fachdidaktisch besetzten Begriff von Erziehung. Die Beschreibung, Analyse und Bewertung paideutischen Denkens und Handelns kann nicht ohne einen konsistenten, fachlich abgesicherten Erziehungsbegriff erfolgen, der über subjektiv Evidentes hinausgeht. Der Erziehungsbegriff in Klaus Beyers strukturanalytischer Fachdidaktik kann hier eine Hilfe sein, ist aber nur als Angebot zu betrachten: Erziehen sei demzufolge dasjenige soziale Handeln, welches das Dispositionsgefüge des Edukanden in dessen Interesse fördert. In dreifacher Hinsicht wird hier Erziehung ausgelegt: Erziehung als (1) Interaktion, als Möglichkeit (2) zur Förderung der Persönlichkeit mit dem (3) Ziel, dem Edukanden zur Mündigkeit zu verhelfen. Im Zuge der curricularen Entwicklung der letzten Jahre gilt das im Definitionsbereich Geforderte selbstverständlich auch für den Bildungsbegriff. Im Anschluss an Erich E. Geißler wird Bildung verstanden als „freies und zugleich selbstverantwortliches Sich-selber-bilden-Wollen, hervorgegangen aus der Kenntnis der Art menschlichen „In-der-Welt-Seins" und der Bedeutung, die Bildung dadurch als „anthropo-ontologische Kategorie" erhält." (Geißler, Pädagogik als Lehrfach, 10)

Propädix startet als Reihe mit vier Titeln. **Propädix 1** und **Propädix 2** nehmen die bereits eingeführten und von Dr. Carsten Püttmann und Hermann Rogowski besorgten Stationenbände (Stationenlernen Pädagogikunterricht 1 und 2) auf. **Propädix 3** erschließt sorgfältig einen inhaltlichen Schwerpunkt für das Zentralabitur in Nordrhein-Westfalen: die „Geschichte der Kindheit". Simone Grimm, geb. Alberts und Bettina Heine stellen dabei nicht nur Material zur Verfügung, sondern entwickeln umfängliche, durchgeplante Unterrichtsvorschläge. **Propädix 4** stammt aus der Feder von Frau Dr. Mariana Durt und Martina Klein und erschließt einen inhaltlichen Schwerpunkt des nordrhein-westfälischen Zentral-abiturs: „Konzepte interkultureller Erziehung". **Propädix 5** nimmt ein pädagogisches Feld auf, das eben-falls durch die zentralen Abiturprüfungen in den Blick gerückt ist. Franz-Josef Brockschnieder legt einen profunden Materialband zur Reggio-Pädagogik vor.

Die Bände sechs, sieben und acht orientieren sich an den verbindlichen thematischen Vorgaben für das Zentralabitur im Bundesland Nordrhein-Westfalen, sind aber auch in den Curricula anderer Bundeslän-der für das allgemein und berufsbildende Schulwesen vorgesehen oder obligatorisch vorgegeben. Frau Sarah Maschke verantwortet **Propädix 6**. Die Entwicklungspsychologie Erik Eriksons wird im Kontext der pädagogischen Fragestellung vorgestellt. **Propädix 7** wurde von dem Jenenser Erziehungswissen-schaftler Ulrich Lakemann erarbeitet und erschließt einen Gegenstand, der bislang im Pädagogikunter-richt eine eher untergeordnete Rolle gespielt hat: Die Erlebnispädagogik. Aus der Feder von Dr. Mariana Durt stammen die Bände **Propädix 8** und **Propädix 9**. Der erste Band behandelt das „Modell der Pro-duktiven Realitätsverarbeitung" von Prof. Dr. Klaus Hurrelmann. Im Band 9 soll Schülerinnen und Schü-lern der reformpädagogische Ansatz von Maria Montessori nahe gebracht werden. Neben Dr. Mariana Durt haben auch Martina Klein und Cora Ruhrmann an diesem Band mitgearbeitet. **Propädix 10** behan-delt die Förderungsmöglichkeiten kindlicher Bildung.

In **Propädix 11** werden Fragestellungen im Zusammenhang mit den Stichworten Pubertät und Identität bearbeitet. Damit wird dem Inhaltsfeld 4 des neuen Kernlehrplans für die S II (Gym / GE) in Nordrhein-Westfalen Rechnung getragen. Die **Bände 12 und 13**, erarbeitet von Dr. Elmar Wortmann, explizieren unter dem Oberbegriff Mündigkeit Topoi des Inhaltsfeldes 1 (Bildungs- und Erziehungsprozesse) dieses Lehrplans. Eine Besonderheit dieser beiden Veröffentlichungen liegt darin, dass es dazu keine gesonder-ten Lehrerbände geben wird. Die fachlichen sowie die fachdidaktischen Informationen hierzu finden sich in dem von Prof. Dr. Karl-Heinz Dammer und Dr. Elmar Wortmann verantworteten Band 23 aus der Reihe Didactica Nova mit dem Titel „Mündigkeit".

Im **Band 14** bearbeitet Andreas Hahn unter dem Titel „Mediengewalt und Medienerziehung als pädago-gische Herausforderung" die Frage nach den pädagogischen Reaktionen auf den wachsenden Einfluss der Medien. Zwei Unterrichtsvorhaben zum Konsum von Mediengewalt als Entwicklungsrisiko und zu Gewalt im Netz – Cybermobbing als Entwicklungsrisiko ermöglichen eine schrittweise und systemati-sche Entfaltung des Themas. **Propädix 15** entfaltet die Thematik als Lernaufgabe, um die abiturrelevan-ten Themenbereiche „Frühkindliche Bildung" und „Professionalisierung" zusammenzubinden und für Schülerinnen und Schüler übergreifend nutzbar zu machen. Dies ist wiederum ein Heft, was. Die Auto-ren, Dr. Carsten Püttmann und Dr. Elmar Wortmann, haben einen Band kreiert, der den Lernenden in all-gemein wie im berufsbildenden Schulwesen gleichermaßen dient.

Der **Band 16** beschäftigt sich mit „Beobachtungs- und Dokumentationsverfahren" und ist vorrangig für die Lehrenden und Lernenden im Berufskolleg / Berufsbildenden Schulwesen gedacht. Das Lehrbuch eignet sich in besonderer Weise für Studiengänge der Sozialpädagogik oder Kindheitspädagogik ebenso wie für den Unterricht an Fachschulen / Fachakademien für Sozialpädagogik und ist auch in der gymna-sialen Oberstufe einsetzbar.

Auch diesen 16. Band übergeben wir den Lehrenden und Lernenden mit der Bitte um weiterführende Kritik.

Ihr

Dr. Eckehardt Knöpfel

Wesel, im Winter 2015 / 16

Was Sie erwartet:
Die Lernaufgabe „Beobachtungs- und Dokumentationsverfahren"

Beobachten und Dokumentieren sind von zentraler Bedeutung für professionelles Handeln in (sozial-) pädagogischen Kontexten. Am Beispiel der Pädagogik der frühen Kindheit wird diese Bedeutung exemplarisch erarbeitet. Das Beobachten der Kinder ist Ausgangspunkt, um Themen und Bedürfnisse von Kindern auf der Grundlage eines breiten und integrierten Wissens über entwicklungspsychologische Modelle und Theorien zu entdecken, aufzugreifen und angemessen beantworten zu können.

Vor dem Hintergrund der aktuellen Bildungsdiskussion hat die pädagogische Diagnostik im Elementarbereich erheblich an Bedeutung gewonnen. Ausgehend vom Bildungsverständnis wird beobachtet und dokumentiert, um z. B.

- jedes Kind und seine individuellen Entwicklungsprozesse wahrzunehmen, zu verstehen und zu begleiten;
- Ressourcen der Kinder wahrzunehmen;
- angemessene pädagogische Angebote zu entwickeln;
- die Eltern zu informieren und zu beraten;
- die Wirksamkeit der eigenen Angebote zu reflektieren.

In diesem Zusammenhang sind pädagogische Fachkräfte vornehmlich an alltagstauglichen Beobachtungs- und Dokumentationsverfahren interessiert.

Die folgende Lernaufgabe macht Sie mit einer Auswahl gängiger Beobachtungs- und Dokumentationsverfahren so vertraut, dass Sie die vorgestellten Verfahren hinsichtlich ihre Einsatz- und Verwendungsmöglichkeiten vergleichend bewertet können. Sie werden erfahren, dass Beobachten viel mehr ist als genaues Hinsehen, es ist eine Form der Beachtung, eine Haltung gegenüber dem Kind, welche Resonanzen erzeugt. Darüber hinaus geht es um eine rechtliche Einordnung von Beobachtungs- und Dokumentationsverfahren im Kontext der Arbeit in Institutionen der Frühpädagogik.

Lernaufgabe heißt: Sie erhalten nicht nur Texte und Materialien, sondern auch Aufgabenstellungen, Vorschläge zum methodischen Vorgehen, Hilfen bei der Urteilbildung und der Überprüfung sowie Reflexion Ihres Kompetenzzuwachses.

Die Lernaufgabe ist wie folgt aufgebaut:

- Sie erhalten zunächst Anregungen, Ihr Vorwissen zu aktivieren und Fragestellungen zu entwickeln, denen nachgehen möchten. **(Kap. 1)**

- Danach werden Sie Beobachtungsziele und Besonderheiten der Personenwahrnehmung kennenlernen sowie einen ersten Überblick über Beobachtungs- und Dokumentationsverfahren erhalten. Sie können dazu „Stammgruppen" bilden. **(Kap. 2.1)**

- In der folgenden Phase können Sie arbeitsteilig vorgehen, indem Sie „Expertengruppen" zu einzelnen Beobachtungs- und Dokumentationsverfahren bilden. Wir schlagen vor, dass sich jede Expertengruppe mit zwei Verfahren auseinandersetzt. Dazu sendet jede Stammgruppe mindestens einen Vertreter in jede Expertengruppe. Dies hat den Vorteil, dass die Ergebnisse der Erarbeitungen aus allen Expertengruppen wieder in die Stammgruppen eingebracht werden können. **(Kap. 2.2)**

- Nun geht es zurück in die Stammgruppen. In jeder sitzt nun mindestens ein Mitglied aus jeder Expertengruppe. Die Arbeitsergebnisse aus den Expertengruppen werden zusammengeführt und zur Urteilsbildung genutzt. Dabei wird es um die Frage gehen, welches Verfahren würden Sie in Ihrer Einrichtung einsetzen und warum. **(Kap. 2.3)**

- Am Ende bieten wir Ihnen Möglichkeiten, Hinweise und Materialien an, mit deren Hilfe Sie Ihren Kompetenzzuwachs überprüfen und reflektieren können. **(Kap. 3 und 4)**

Aufbau der Lernaufgabe

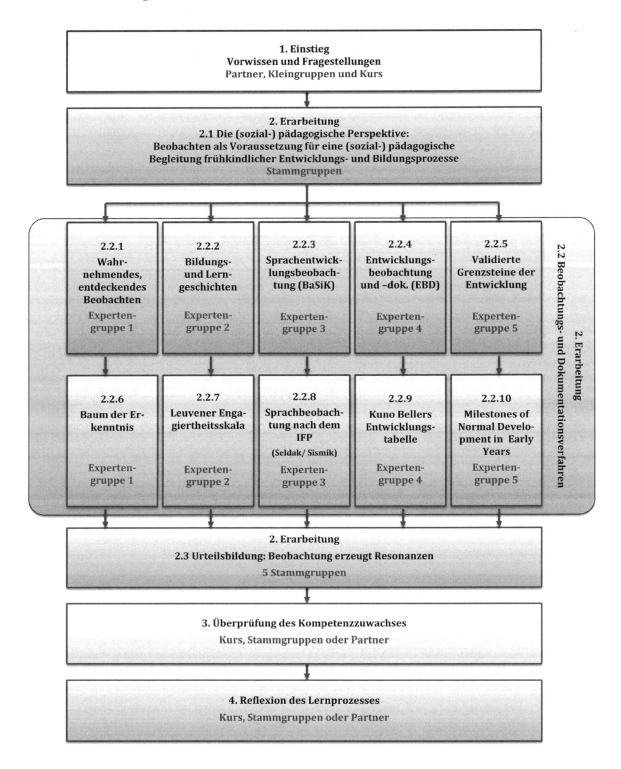

Die eigene Perspektive entwickeln

Beobachten und Dokumentieren sind von zentraler Bedeutung, um Themen und Bedürfnisse von Kindern zu entdecken, aufzugreifen und angemessen beantworten zu können. So können Bildungs- und Entfaltungsprozesse der Kinder auf Grundlage eines breiten und integrierten Wissens über entwicklungspsychologische Modelle, Theorien und Zusammenhänge angeregt, unterstützt, begleitet und gefördert werden.

Kinder in ihren Entwicklungs-, Lern- und Bildungsprozessen adäquat beobachten und einschätzen zu können, ist angesichts der Forderung nach Professionalisierung, gestützt durch eine rasant wachsende wissenschaftliche Forschung im Feld der Pädagogik der frühen Kindheit, eine der zentralen Fähigkeiten und Fertigkeiten pädagogischer Fachkräfte.

Ausgehend vom Bildungsverständnis wird beobachtet und dokumentiert, um

- jedes Kind individuell wertzuschätzen,

- die individuellen Entwicklungs- und Bildungsprozesse eines Kindes zu erkennen, zu verstehen und zu begleiten,

- Ressourcen der Kinder wahrzunehmen,

- angemessene pädagogische Angebote zu entwickeln,

- die Eltern zu informieren und zu beraten, sowie Eltern in die Bildungsprozesse miteinzubeziehen,

- die Wirksamkeit der eigenen Angebote zu reflektieren.

Den Fachkräften ist damit ein kompetenteres Arbeiten und Handeln möglich. In diesem Zusammenhang sind pädagogische Fachkräfte vornehmlich an alltagstauglichen Beobachtungs- und Dokumentationsverfahren interessiert.

Dabei, so die These, hilft eine pädagogische Bescheidenheit der Art, dass alles, was wahrgenommen wird, auch ganz anders sein kann. Diese Idee wird sich niederschlagen müssen, wenn es um eine pädagogische Fachkraft geht, die sich als selbst-reflexive und forschende Professionelle versteht und sich um eine Erziehungs- und Bildungspartnerschaft bemüht.

Dieses Arbeitsbuch ist als „Lernaufgabe" konzipiert. Es bietet Ihnen Materialien an und schlägt Aufgabenstellungen vor, die es Ihnen ermöglichen sollen, sich das weite Feld der Beobachtungs- und Dokumentationsverfahren möglichst selbstständig zu erschließen und die vorgestellten Verfahren vergleichend bewerten zu können. Es eröffnet Ihnen die Möglichkeit, möglichst selbstständig Fragestellungen zum Thema zu entwickeln und auf unterschiedlichen Wegen nach Antworten zu suchen.

Ziel ist es, Sie dabei zu unterstützen, sich eine pädagogisch qualifizierte Antwort auf die Frage zu erarbeiten, mit welchen Verfahren Sie selbst arbeiten möchten.

Aufgaben

1. Wenn Sie darüber nachdenken, dass Sie Entwicklungsprozesse von Kindern beobachten müssen, welche Gedanken kommen Ihnen in den Sinn?

2. Welche Erfahrungen haben Sie bereits mit Beobachtungsverfahren sammeln können?

3. Welche Chancen, Grenzen und Gefahren sehen Sie, Kinder aufgrund von Beobachtungen in ihrer Entwicklung einzuschätzen?

4. Welches genauere Wissen über Beobachtungs- und Dokumentationsverfahren möchten Sie erwerben?

Sie können diese Fragen beantworten, indem Sie ein Partnerinterview durchführen.

- Dazu bilden Sie Paare und befragen sich gegenseitig jeweils 10 Minuten zu den Fragen 1, 2 und 3.

- Berichten Sie dann im Plenum über die Ergebnisse Ihrer Befragung.

- Halten Sie Ihre Wünsche zu Frage 4 schriftlich fest und sammeln Sie sie.

Aufgaben

Sie finden im ersten Kapitel drei Texte, die aus unterschiedlicher Perspektive auf das Thema Beobachtungsverfahren und Diagnostik hinführen. Hier sind einige Anregungen, wie Sie mit diesen Texten umgehen können:

1. Lesen Sie die Texte und geben Sie den AutorInnen spontan eine Rückmeldung über die Inhalte, Ihre Gedanken während des Lesens, darüber, was Sie anspricht, was Ihnen gefallen hat, was nicht, was für Sie neu war, was bekannt etc. Formulieren Sie auch Fragen, die Sie den AutorInnen stellen möchten.

2. Zu den beruflichen Anforderungen einer Erzieherin/eines Erziehers gehört es, Kinder in ihren Entwicklungen zu beobachten und diese zu dokumentieren. Wenn Sie daran denken, selbst als Erzieherin/als Erzieher zu arbeiten, welche Motivation, Gedanken, Chancen bzw. Befürchtungen kommen Ihnen in den Sinn, welche konkreten (berufliche) Anforderungen erkennen Sie, welche Bedeutung weisen Sie der Beobachtung für die Gestaltung pädagogischer Beziehungen zu, wo sehen Sie (für sich) Grenzen.

3. Prüfen Sie Ihre ersten, spontanen Ausführungen und begründen Sie diese vor Ihrem bisherigen fachtheoretischen Hintergrund.

Weiterführende Aufgaben

Entwickeln Sie auf der Basis der vorliegenden Texte **Fragestellungen**, denen Sie in diesem Unterrichtsvorhaben nachgehen möchten.

Benennen Sie, welches **Wissen** Sie benötigen, um diese Fragen beantworten zu können.

Halten Sie die Fragestellungen und Ihre Überlegungen zum benötigten Wissen schriftlich fest, so dass Sie in späteren Phasen dieses Unterrichtsvorhabens immer wieder darauf zurückgreifen können.

1. Einstieg in das Thema

| M 1 | **Warum beobachten wir (Thiesen)** |

Durch Beobachtung von Verhalten lernen wir im Laufe unseres Lebens einzelne Verhaltenssignale zu erkennen und Sinnzusammenhänge herzustellen. Erst nach diesem Einordnen kann man einen
5 Schritt weitergehen: Von der Wahrnehmung zwischenmenschlicher Informationen zum richtigen, der Situation angepassten Verhalten.

Soll Erziehung sinnvoll betrieben werden, können wir auf Beobachtung und Verhaltensbeurteilung
10 nicht verzichten. Handlungsziele und Perspektiven werden durch sie bestimmt.

Die Anforderungen an die Erzieherin sind hoch. Sie soll z. B.

- den Entwicklungsstand des einzelnen Kindes
15 beurteilen und entsprechende, möglichst individuelle pädagogische Maßnahmen ergreifen können, Gruppen bilden und gestalten und Gruppenprozesse durchschauen,
- mit auffälligen und benachteiligten Kindern
20 umgehen können,
- in der Lage sein, Kriterien und Methoden für die eigene Arbeit zu entwickeln,
- didaktische Materialien kennen und funktionsgerecht einsetzen
25 - und ihr pädagogisches Handeln fundiert und differenziert reflektieren.

Bei der Frage, wie die Erzieherin diese an sie gestellten Erwartungen und Aufgaben erfüllen soll, kommt der Beobachtung eine zentrale Bedeutung
30 zu.

Ziele der Beobachtung

Grundsätzlich geht es bei der Verhaltensbeobachtung erst einmal um den Erwerb umfassender Erkenntnisse.

35 Beobachtungen sind Grundlage für
- jede gezielte, individuelle pädagogische Arbeit,
- die Arbeit mit der gesamten Gruppe,
- Beurteilung von Verhaltensformen (Kinder und Eltern beraten können),
40 - Kontaktaufnahme und -pflege,
- jegliche Planung (persönliche Eigenarten, körperliches und geistiges Leistungsvermögen, Bedürfnisse erkennen, angemessen fördern können)

- Reflexion und Nachbereitung. 45

Durch Beobachtungen können wir »Typisches« herausfinden, was das Verhalten eines Kindes, einer Gruppe oder auch der Erzieherin bestimmt. Wir erfahren z. B. etwas über die Stärken, Schwächen und Neigungen eines Einzelnen, versuchen 50 sie zu beurteilen und eventuell gezielte Hilfen einzusetzen. Beobachtungen helfen, Vorgänge in der Kindergruppe zu erfassen (Freundschaften, Außenseiterpositionen, Feindschaften) und gegebenenfalls verändernde Maßnahmen einzuleiten. 55 Mit Hilfe der Beobachtung können wir die Auswirkungen räumlicher und medialer Bedingungen (Raumgestaltung, Sitzanordnung, Spielmittel, Bücher, Kassetten) auf das Verhalten der Kinder ermitteln, um sie deren Bedürfnissen anzupassen. 60

Um sich individuell auf die Kinder ihrer Gruppe einstellen zu können, muss die Erzieherin die Interessen, Fähigkeiten und Eigenschaften ihrer Kinder möglichst genau kennen. Diese Informationen erhält sie durch intensive fortlaufende Beobach- 65 tungen.

Durch die Beobachtung stellt die Erzieherin Entwicklungen und Veränderungen in der Persönlichkeit des einzelnen Kindes fest. Sie erkennt Bedürfnislagen und aktuelle Interessen der Kinder. Kind- 70 liches Erleben und Verhalten wird so für die Erzieherin erkennbar und sie kann darauf situativ reagieren.

Die Erzieherin erhält beim Beobachten Hinweise darauf, ob die von ihr vermittelten Regeln für das 75 soziale Zusammenleben im täglichen Gruppengeschehen tatsächlich beachtet und angewandt werden.

Nicht nur Kinder lernen durch Beobachten, sondern auch die Erzieherin, indem sie die Konse- 80 quenzen ihres pädagogischen Handelns im Verhalten der Kinder sieht und reflektiert.

Da Erzieherinnen immer wieder nach ihren Eindrücken von bestimmten Kindern gefragt werden, können Schilderungen beobachteter Ereignisse in 85 der Gruppe sehr förderlich für Gespräche mit Kolleginnen und Eltern sein.

Thiesen, Peter (2003): Beobachten und Beurteilen in Kindergarten, Hort und Heim. Weinheim, Beltz, S. 11–13

M 2 Beobachtungsbereiche (Thiesen)

Beobachten ist für die Erzieherin ein alltägliches Geschehen in ihrer Gruppe. Durch Beobachtungen erfährt sie, was die Kinder tun und wie sie es tun. Beobachtungen sind die Grundlage ihrer erzieherischen Arbeit. Wenn die Erzieherin in der Lage ist, das alltägliche Geschehen schnell und sicher zu registrieren und einzuordnen, wird sie in problematischen Situationen mit mehr Aussicht auf Erfolg reagieren können.

Bei der Vielzahl von Eindrücken, die in einer Gruppe von zwanzig und mehr Kindern auf die Erzieherin einwirken, kann sie immer nur ein Kind in einem bestimmten Ausschnitt seines Tagesablaufes beobachten und auch hier nur einen Teil seines Verhaltens. Es stellt sich die Frage, auf welche Bereiche der Persönlichkeit sollten wir bei der Beobachtung eines Kindes eingehen? Welche Verhaltensformen spielen für die spätere Beurteilung eine Rolle? Mit welcher Zielsetzung beobachten wir?

Soll der Beobachtungsprozess uns nicht überfordern, müssen wir unsere Beobachtung auf bestimmte Gesichtspunkte beschränken, wie z. B. auf das Spiel- oder Sozialverhalten eines Kindes.

Der folgende Katalog enthält Beobachtungs- und Beurteilungskriterien zu verschiedenen Verhaltensweisen von Kindern. Mit Hilfe der Stichworte und Fragestellungen erhält die Erzieherin ein umfassendes Bild von der Verhaltensstruktur eines Kindes und kann so eine fundierte Beurteilung formulieren.

Äußeres Erscheinungsbild

- Was lässt sich zum körperlichen Entwicklungsstand sagen? Größe und Gewicht im durchschnittlichen Vergleich zu gleichaltrigen Kindern. Körperbau: zart, schlank, dick, gedrungen, kräftig.
- Körperlich-gesundheitliche Lage: Körperbehinderungen, Bewegungsstörungen, Seh- und/oder Hörschwäche, Haltungsfehler.
- Pflegezustand: Körperpflege und Kleidung (nähere Beschreibung)
- Konstitution
- Gang, Mimik, Gestik

Kognitives Verhalten

- Wie ist die optische und akustische Wahrnehmungsfähigkeit? laut/leise, hoch/tief, differenziert/oberflächlich
- Sind schon räumliche Begriffsbestimmungen vorhanden? hoch/tief, vorn/hinten, über/unter
- Welche Größenbezeichnungen kennt das Kind? groß/klein, lang/kurz u. a.
- Welche Mengenbezeichnungen sind bekannt? viel/wenig, mehr/weniger, Zahlen von 1 bis …?
- Wie ist das Erinnerungsvermögen? stark/schwach.
- Welche Formen und Farben nennt das Kind? Kreis/Dreieck/Rechteck und die Grundfarben.
- Wie sind Phantasie und Kreativität des Kindes entwickelt?
- Wie denkt das Kind? z. B. geordnet, differenziert, folgerichtig, originell, produktiv, wirklichkeitsgerecht.
- Versteht das Kind Begriffe und Zusammenhänge?
- Kann das Kind reproduktiv denken, indem es Sachverhalte und Informationen aufnimmt und richtig wiedergibt? Kann es sachliche Zusammenhänge selbständig, richtig und schnell erfassen? Ist es in der Lage seine Kenntnisse in größere Zusammenhänge einzuordnen? Erkennt es Regeln, die es in vergleichbaren Situationen anwendet?

Motorisches Verhalten

- Wie ist der Gesamteindruck? z. B. sichere Körperbeherrschung, harmonische, eckige, fahrige Bewegungen; antriebsreich oder eher antriebsschwach.
- Zeigt das Kind körperliche Auffälligkeiten im grob- und feinmotorischen Bereich? Grobmotorik: Tempo, Kraftaufwand, Bewegungsaufwand, Fehlreaktionen, Bewegungsunruhen. Feinmotorik Auge-Hand-Koordination, Handhabung von Mal-, Zeichen-, Schreib- und Werkutensilien.
- Wie sind Mimik und Gestik entwickelt? Ausdrucksverhalten (Gestik, Gesichtsmimik Augen, Stirn, Mund, Sprechmimik).
- Ist das Kind in seinen Bewegungen unruhig/überaktiv?

1. Einstieg in das Thema

- Kann das Kind vorwärts und rückwärts gehen, sich drehen, bücken, kriechen, krabbeln, klettern, springen, hüpfen?
- Kann es das Gleichgewicht halten?

Psychisches Verhalten

- Wie äußert sich die Ich-Struktur des Kindes? selbstbewusst, zuversichtlich, unbefangen, empfindlich, verletzlich, selbstunsicher, mutlos, überheblich?
- Wie ist die emotionale Grundstimmung? Fröhlich, heiter oder eher gedrückt/traurig?
- Bestehen Auffälligkeiten, wie Ängste, Unsicherheiten, Schuldgefühle, Zwänge, besondere Gehemmtheiten: Sexualität, Geltungsstreben, Kontakthemmung?
- Antrieb: starke/schwache Vitalität, antriebsschwach

Sozialverhalten

- Sind Kontaktwünsche vorhanden? Wie werden sie realisiert?
  Kontakte zu Kindern: Mit welchen Kindern in der Gruppe spielt das beobachtete Kind zusammen? Wechselt es die Gruppenzusammensetzung und die Spielpartner (häufig)? Spielt es oft allein? Hat es einen Freund oder eine Freundin? Regt es zum Spielen an oder lässt es sich selbst auffordern? Lehnt es den Kontakt zu bestimmten Kindern ab? Wird es selbst abgelehnt? Nimmt es die Hilfe der Erzieherin in Anspruch, um Kontakte zu bestimmten Kindern als Spielpartnern aufzunehmen? Bestehen stabile Kontakte? Kontakte zu Erwachsenen: Sucht das Kind die Nähe zur Erzieherin, z.B. durch Körperkontakt oder verbale Annäherung? Meidet es die Erzieherin? Nimmt es Kontakt zu anderen Erwachsenen auf? Wie geht es dabei vor?
- Kann sich das Kind einordnen? Ist es z.B. einordnungsbereit, kooperativ, führend, herrschsüchtig, geltungsbedürftig, eigensinnig, egozentrisch?
- Nimmt es auf andere Kinder Rücksicht?
- Ist das Kind ansprechbar, spontan, sensibel?
- Kann sich das Kind steuern/kontrollieren oder ist es unkontrolliert anderen gegenüber?
- Wie verhält sich das Kind bei Konflikten? Geht es ihnen aus dem Weg oder ist es häufig in Streitigkeiten verwickelt? Löst es oft selber Konflikte aus? Wie reagiert es bei Konflikten mit der Erzieherin?

- Wie bringt sich das Kind in das Gemeinschaftsleben ein? Ist es kontaktfördernd, teilnehmend, einsatzbereit, aktiv, zuverlässig oder lässt es sich eher treiben, nörgelt, kritisiert, greift an?
- Wie ist das Selbstbild des Kindes? Wie sieht es die anderen Kinder in seiner Gruppe?

Sprachverhalten

- Kann das Kind altersadäquat sprechen?
- Welches Sprachvokabular hat es? Wortschatz: umfangreich, eingeschränkt, phantasievoll
- Spricht es grammatikalisch richtige/falsche Sätze?
- Wie ist das Sprachverhalten? Sprachgewandt/sprachgehemmt
- Sind Auffälligkeiten bzw. Sprachstörungen zu beobachten, z.B. Stottern, Stammeln, Lispeln, Poltern?
- Ist die Sprachstruktur logisch-kausal, weniger logisch, konfus?
- Regt das Kind Gespräche an? Erzählt es selbständig von seinen Erlebnissen?
- Wie setzt das Kind die Sprache ein, z.B. bei der Kontaktaufnahme, zur Gefühlsäußerung, beim Verbalisieren von Erlebnissen und beim Austragen von Konflikten?
- Kann es zuhören?

Spielverhalten

- Kann das Kind spielen? Spielt es spontan, ausdauernd, häufig abbrechend (wann, wobei, mit wem?), planlos, phantasievoll, kreativ, vorwiegend allein/mit anderen?
- Bevorzugt es das Einzel-, Partner- oder Gruppenspiel? Bevorzugt es bestimmte Spiele?
- Welche Spielmaterialien, Spielzeuge und Spiele bevorzugt das Kind? Geht es mit den Materialien altersgemäß/nicht altersgemäß um? Ist das Kind in der Lage, mit Hilfe vorhandener Gegenstände bzw. vorgegebenen Materials zu gestalten?
- Wie lange beschäftigt es sich in der Regel mit bestimmten Spielen und Spielmaterialien?
- Wiederholt es häufig die gleichen Spiele oder variiert es diese?
- Braucht es Spielanregungen von der Erzieherin?

- Welche Rolle übernimmt das Kind im Spiel? Führerrolle, Mitläufer oder Außenseiter?
- Wie verhält sich das Kind, wenn es verliert?
- Hilft das Kind anderen bei bestimmten Spielangeboten?
- Kann das Kind Spielregeln erfassen, anerkennen, behalten und beachten? Erweitert es die Regeln/erfindet es neue?
- Wie ist das Kind vor und nach gelenkten Spielangeboten bzw. vor und nach dem Freispiel?

Lernverhalten

- Kann sich das Kind ausgeprägt/weniger ausgeprägt konzentrieren?
- Werden neugierige Fragen gestellt? Ist das Denken suchend?
- Wie ist das Interesse des Kindes entwickelt? Welche Spiele und Aufgaben werden bevorzugt? Ist das Kind eher lustlos?
- Welche Lernanstrengungen unternimmt das Kind? Geht es mit Ausdauer an die Bewältigung von Aufgaben? Werden die Bemühungen auch fortgesetzt, wenn nicht gleich Lösungen in Sicht sind?
- Wie wird Neues angegangen?
- Werden andere Einsichten akzeptiert?
- Wie ist die Arbeitshaltung? Arbeitet das Kind selbständig oder benötigt es vorwiegend die Hilfe der Erzieherin?
- Werden Aufgaben sorgfältig aufgenommen und verstanden?
- Wie ist die Arbeitsweise? Kann sich das Kind intensiv oder nur kurz mit einer Sache/einem Spiel beschäftigen? Arbeitet das Kind aufmerksam, ausdauernd, zielbewusst?

Leistungsverhalten

- Bestehen hinsichtlich Leistungsvermögen, Leistungswille und Leistungsschwankungen auffallende Abweichungen vom Durchschnitt der Gruppe?
- Ist die Leistung mehr dem Fleiß oder der Begabung zuzuschreiben?
- In welche Richtung geht die Begabung? Wie drückt sie sich aus?
- Welche besonderen Interessen sind vorhanden?

Besondere Verhaltensauffälligkeiten

»Auffälliges« bzw. »abweichendes« Verhalten [*Anmerkung: Heute sprechen wir von »herausforderndem Verhalten«*] wird meist Kindern zugeschrieben, die sich extrem oder massiv vom Verhalten anderer Kinder unterscheiden. Oder ein Kind weicht plötzlich und sehr massiv von seinem bisher gezeigten Verhalten ab. Je ausgeprägter diese Abweichungen sind, umso eher wird von »schwierigen Kindern«, »Problemkindern« oder auch »verhaltensgestörten Kindern« gesprochen.

Unter »auffälligem Verhalten« bei Kindern lassen sich – ohne Anspruch auf Vollständigkeit- als Symptome nennen:

- Sprachstörungen z. B. Stottern, Stolpern
- sprachliche Retardierung
- Kontaktscheue/Kontaktunfähigkeit
- Distanzlosigkeit zu anderen Menschen
- Spielunfähigkeit
- Kontaktaufnahme durch aggressives Verhalten
- Destruktivität/Zerstörungswut
- Aggressivität
- Konzentrationsschwäche
- motorische Unruhe
- Esszwänge, Essstörungen, Appetitlosigkeit
- mangelnde soziale Sensibilität
- Überängstlichkeit
- Bewegungsarmut
- überaktives, hyperaktives Bewegungsverhalten
- fehlende Leistungsbereitschaft
- dominierendes Führungsverhalten zu Ungunsten der anderen Kinder
- mit Wutausbrüchen auf Niederlagen eingehen (Streitsucht)
- Nägelkauen
- Haaredrehen, Haareausreißen
- Einnässen
- Einkoten
- provozierende Onanie
- Schlafstörungen
- mangelnde Einordnung
- Jactationen
- übersteigerte Clownerien
- fremdaggressives Verhalten (andere schlagen)
- autoaggressives Verhalten (sich selbst schlagen und verletzen)
- Schulmüdigkeit/Schuleschwänzen (Hort- und Heimbereich)

1. Einstieg in das Thema

- Erkaufen von Zuwendung
- Wegnehmen von Spielzeug
- Stehlen

Übereinstimmende Begriffsdefinitionen sind für
die Verständigung zwischen verschiedenen Institutionen (z. B. Kindergarten und Erziehungsberatungsstelle oder Hort und Schule) unbedingt notwendig. Zudem erleichtern sie die Systematisierung unserer Beobachtungen.

Dabei ist zu beachten, dass

- die Ursachen von Verhalten nicht mit den einzelnen Begriffen erfasst werden.
- hinter ein und demselben Begriff – je nachdem, von wem er verwendet wird – oft unterschiedliches Verständnis steht (Erwartungen und Verhalten von Erzieherin und Eltern, Lebenssituation der Kinder).
- beobachtbares Verhalten eindeutig benannt wird (z. B. »Nägelkauen« im Gegensatz zu »gestörtem Persönlichkeitsbild«).

Als Erzieherin werden Sie nach genauen Beobachtungen eines Kindes eventuell gemeinsam mit Ihren Kolleginnen über die möglichen Ursachen der Verhaltensauffälligkeit sprechen und Handlungsstrategien entwickeln: Wie soll ich mich als Erzieherin gegenüber einem Problemkind bzw. einer besonders schwierigen Kindergruppe verhalten? Es wird auch zu klären sein, ob und wie Sie neben Ihren Kolleginnen die Eltern einbeziehen. Handelt es sich um schwierige Eltern, auf die besonders sensibel einzugehen ist? Und welche Möglichkeiten fachlicher Hilfe durch andere Institutionen bieten sich Erzieherinnen und Eltern an?

Thiesen, Peter (2003): Beobachten und Beurteilen in Kindergarten, Hort und Heim. Weinheim, Beltz, S. 35–42

Vorschlag zur eigenen Vertiefung

Die obige Liste ist nicht vollständig. Insbesondere die Idee der Inklusion fragt noch mehr, aber auch aus Sicht der Heilpädagogik ließe sich einiges ergänzen. Erläutern Sie, um welche Beobachtungs- und Beurteilungsaspekte die obige Liste ergänzt werden sollte und warum.

Welche Chancen, Grenzen und Gefahren birgt die obige Liste. Stellen Sie Argumente zusammen und diskutieren Sie im Kurs.

M 3 Berufliche Handlungssituation

Sie absolvieren ein Praktikum in einem Familienzentrum am Rande der Stadt. Die Einrichtung ist dreizügig und arbeitet »situationsorientiert« und nach einem »offenen Konzept«.

Im Gespräch mit Ihrer Anleitung berichtet diese, dass das Freispiel einer besonderen Bedeutung beigemessen wird. Aus dem Unterricht wissen Sie bereits, dass dies freie Wahl des Materials aus der vorbereiteten Umgebung, des Arbeitsplatzes, wo sich das Kind mit dem Material beschäftigen möchte und freie Wahl der Dauer der Beschäftigung bedeutet. Ebenso umfasst es die freie Wahl der Sozialform (Einzel-, Partner- oder Gruppenarbeit) sowie das individuelle Lern- und Arbeitstempo und die Anzahl der Wiederholungen. Für das Kind bedeutet dies, immer wieder Entscheidungen zu treffen, Selbstwirksamkeitserfahrungen zu sammeln, Verantwortung zu übernehmen, Disziplin zu üben etc. Dabei eignet sich das Kind individuelle Strategien an, z. B. soziale, kognitive, motorische Fähigkeiten und Fertigkeiten, so übt es wichtige Dinge des täglichen Tuns, klassifiziert, sortiert, seriiert Gegenstände und sammelt so wichtige mathematische Vorerfahrungen, baut große Türme, erprobt sich im Rollenspiel etc. Es lernt, Informationen zu sammeln, zu erfragen, einzuholen, Schlussfolgerungen zu ziehen und Darstellungsformen zu entwickeln. Für all das gibt es sensible Phasen.

Die Aufgabe der Erzieherin ist es, die Prozesse zu begleiten, zu unterstützen und zu fördern, wahrzunehmen, zu beobachten und zu dokumentieren.

Sie fragen sich, wie in Ihrer Einrichtung beobachtet wird und geben diese Frage an Ihre Anleitung weiter. „Zur Zeit ist das alles nicht so einfach. Wir befinden uns auch im Umbruch und suchen selber noch einem angemessen Verfahren. Auf der nächsten Teamsitzung wird uns der Träger seine Ideen vorstellen. Ich bin sehr gespannt".

Quelle: Autorentext

Methodische Hinweise zur Erarbeitung einer beruflichen Handlungssituation

Die Erarbeitung einer beruflichen Handlungssituation erfolgt in der Regel in sechs Phasen:

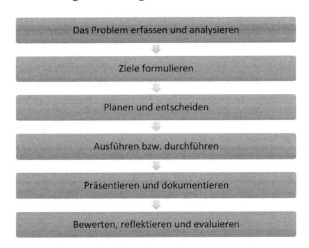

Die folgenden Ausführungen sollen Sie dabei unterstützen, das „Problem" klarer zu erfassen. Die Hinweise können auch im Rahmen eines problemorientierten Unterrichts hilfreich sein.

Berufliche Handlungssituationen sind Dreh- und Angelpunkt der Erarbeitung von Fertigkeiten und Fähigkeiten im Rahmen des länderübergreifenden Lehrplans zur Ausbildung staatlich anerkannter ErzieherInnen. Sie halten die Sache zusammen und begleiten die Studierenden auf ihrem Ausbildungsweg. Jede berufliche Handlungssituation fordert zum Handeln auf. Doch jeder kann eine andere Aufforderung erkennen. Von daher ist es wichtig, zu verstehen, welche unterrichtsrelevanten »Probleme« uns im Rahmen einer beruflichen Handlungssituation begegnen können. Dabei verstehen wir ein Problem als Ausgangspunkt für den individuellen Lernprozess: Eine berufliche Handlungssituation spiegelt dabei immer eine reale Form zukünftig relevanter Kontexte.

Das Wort Problem wird hier also in dem Sinne verstanden, dass es sich um eine Situation, ein Thema oder um eine Sache handelt, die Aufmerksamkeit erfordert und nach Antworten sucht. Dies bedeutet aber auch, dass die beschriebene Situation nicht nur eine Lösung kennt.

Wir können *drei Typen von Problemen* unterscheiden:
1. Erklärung,
2. Dilemma,
3. Strategie.

Bei einem **Erklärungsproblem** wird erwartet, dass sie die zum Verständnis der beruflichen Handlungssituation zugrunde liegenden Erklärungsmodelle, -theorien und -konzepte aufspüren, erarbeiten und erläutern. Ihre Lernaktivität wird, um ein vertieftes Verständnis der gegebenen Ausgangssituation zu bekommen, überwiegend darin bestehen, Theorien, Modelle, Konzepte, Regeln und Prinzipien zu erarbeiten, die zum „*Thema*" gehören.

Dazu beschreiben Sie in Kleingruppen zunächst sehr genau den Kontext, formulieren eine eigene Problemstellung und erkunden, reflektieren und systematisieren das Vorwissen der Gruppenmitglieder. Im Anschluss formulieren Sie Ihre Lernziele und überlegen auch, wie Sie an Informationen kommen können. Danach arbeiten Sie individuell, Sie lesen und strukturieren Texte, überlegen sich angemessene Visualisierungen etc. Sie machen sich zum Experten. Nach dieser Phase treffen Sie sich wieder. Als Experten diskutieren Sie, nehmen Sie unterschiedliche Perspektiven ein, versuchen Sie andere Positionen nachzuvollziehen und verschaffen sich so eine gemeinsame Idee. Am Ende kommen Sie zu einer Bewertung Ihres *neuen* Wissens, über den Lernprozess und Ihre Ergebnisse.

Bei einem **Dilemma** steht die Reflexion des eigenen Standpunktes im Zentrum der Überlegungen. Dabei sind auch ihre moralischen Überzeugungen, Werte und Normen angesprochen. Es geht hierbei um die (Weiter-)Entwicklung eines selbstreflexiven Habitus, um die eigene Haltung, die dem sozialpädagogischen Handeln zu Grunde liegt. Ein Dilemma fordert Sie auf, Ihren eigenen Standpunkt zu finden und argumentativ in einer Diskussion zu verteidigen. Professionswissen (= Aggregat zwischen Theorie- und Praxiswissen) über das, worüber man spricht, ist dazu unabdingbar. Zu Beginn der Ausbildung ist es sicherlich einfacher über theoretisches Wissens in die Diskussion einzusteigen, je mehr Praxiswissen Sie mitbringen, um so breiter wird die Diskussion in der Kleingruppe angelegt sein.

Am Beginn der Erarbeitung steht die genaue Erkundung des Dilemmas. Formulieren Sie dieses so exakt wie möglich. Sammeln Sie dann alle Meinungen der Gruppenteilnehmer und strukturieren Sie diese mit Hilfe einer geeigneten Visualisierungsform. Dann sammeln Sie Argumente, die die

1. Einstieg in das Thema

jeweiligen Positionen der Gruppenmitglieder stärken bzw. schwächen. So haben Sie einen guten Überblick. Ordnen Sie sich jetzt einer Position zu und überlegen Sie sich weitere Argumente. Führen Sie im Anschluss eine Diskussion zwischen den Parteien innerhalb ihrer Gruppe, um danach Ihre eigene individuelle Position (neu) zu finden. Formulieren Sie nun Lernziele, die Sie während der weiteren Erarbeitung erreichen wollen. Danach erfolgt die individuelle Vertiefung: Lesen Sie Fachtexte, befragen Sie Experten etc. Nach dieser Phase treffen Sie sich wieder in Ihrer Kleingruppe und stellen sich gegenseitig Ihre Ergebnisse vor. Diskutieren Sie erneut, nehmen Sie unterschiedliche Perspektiven ein, versuchen Sie andere Positionen nachzuvollziehen und verschaffen Sie sich so eine *neue, erweiterte* Idee des Dilemmas. Am Ende kommen Sie zu einer Bewertung Ihrer Position, des erarbeiteten Wissens, über den Lernprozess und Ihre Ergebnisse.

Ein *Strategieproblem* erfordert die Identifizierung der Schritte oder Verfahren, um eine Lösung für Probleme ausfindig zu machen. Dabei geht es auch darum, potenzielle Störquellen zu antizipieren. Ausgangspunkt der Überlegungen sind immer Fragen der Art: „Wie würde ich als professionelle Fachkraft in der bestimmten Situation handeln? Was würde ich tun, wenn …?"

Die Erarbeitung eines Strategieproblems beginnt ebenfalls mit einer genauen Analyse der vorgegebenen beruflichen Handlungssituation an deren Ende klar umrissen wird, welches Problem strategisch zu lösen ist. Das Vorwissen wird aktiviert, erste Schritte bzw. Ideen diskutiert, inventarisiert und visualisiert. Dann erfolgt die Formulierung der Lernziele, die individuelle Erarbeitung von Lösungen sowie das Diskutieren, Verständigen und Bewerten von Wissen in der Kleingruppe. Am Ende wird der Lernprozess reflektiert.

Quelle: Autorentext

2. Erarbeitung

In diesem Kapitel können Sie Antworten auf die Fragen erarbeiten, die Sie zu Beginn formuliert haben.

Am Beginn stehen grundlegende Texte, die eine pädagogische Perspektive auf Beobachtungs- und Dokumentationsverfahren entfalten. Sie zeigen auf, dass hinter jeder Beobachtung, genauer hinter dem Umgang mit Beobachtungen, stets auch eine pädagogische Haltung zu finden ist, und dass die Beobachtung selbst auch etwas über den Beobachtenden verrät. Denn: Die Beschreibung der Beobachtung verändert bereits die Beobachtung- in der Beschreibung finden sich bereits Wahrnehmungs- und Interpretationsmuster der beobachtenden Person. Diese im Blick zu behalten, ist eine wichtige Aufgabe professioneller, selbst-reflexiver pädagogischer Fachkräfte.

Ausgangspunkt der Überlegungen ist die Frage, welche rechtlichen Rahmenbedingungen es für die Einführung von Beobachtungs- und Dokumentationsverfahren in Institutionen der frühen Kindheit gibt. Dadurch wird deutlich, welche Bedeutung der frühkindlichen Entwicklung für gelingende Bildungsprozesse beigemessen wird (**M1 bis M3**).

Den Kern einer pädagogischen Betrachtung bildet **M4** und **M5**: Hier wird deutlich, dass Beobachtung viel mehr ist, als genau hinzusehen, Beobachtungen wirken. In Verbindung mit **M7** (Personenwahrnehmung), **M8** und **M9** (Überblick über gängige Beobachtungsverfahren) erhalten wir eine solide Basis für die weitere Erarbeitung. Diese Texte sollten alle Kursteilnehmer erschließen.

Sie können dazu Stammgruppen mit jeweils bis zu fünf Mitgliedern bilden und in ihnen die Texte erschließen. Alternativ können Sie diese auch im Klassenunterricht erarbeiten.

Danach finden Sie Materialien und Aufgabenstellungen zu unterschiedlichen Beobachtungs- und Dokumentationsverfahren:

1. Wahrnehmendes, entdeckendes Beobachtung nach Schäfer (**2.2.1**)
2. Bildungs- und Lerngeschichten (DJI) (**2.2.2**)
3. Begleitete alltagsintegrierte Sprachbeobachtung (BaSiK) (**2.2.3**)
4. Entwicklungsbeobachtung und Entwicklungsdokumentation (EBD) nach Petermann und Petermann (**2.2.4**)
5. Validierte Grenzsteine der Entwicklung nach Michaelis und Laewen (**2.2.5**)
6. Baum der Erkenntnis der Gemeinde Halmstad (Schweden) in der Übersetzung von Berger und Berger (**2.2.6**)
7. Leuvener Engagiertheitsskala (**2.2.7**)
8. Sprachbeobachtung nach dem IFP (Seldak / Sismik) (**2.2.8**)
9. Kuno Bellers Entwicklungstabelle (**2.2.9**)
10. Milestones of Normal Develpment in Early Years (Mondey) (**2.210**)

Sie können arbeitsteilig vorgehen und nach Interesse in Kleingruppen eines der zehn Verfahren bearbeiten.

Alternativ erarbeiten Sie sich in Kleingruppen in einer ersten Phase die ersten fünf Verfahren; in einer zweiten Phase vertiefen Sie Ihre Kenntnisse durch die zweite Hälfte der angebotenen Verfahren (vgl. Abb. S. 10).

Eine dritte Variante wäre, dass Sie die ersten fünf Verfahren erarbeiten und dann im Anschluss sich direkt der Urteilsbildung zuwenden.

Sollten Sie sich in Stammgruppen organisiert haben, können Sie nun fünf Expertengruppen für jeweils zwei oder einem der Beobachtungsverfahren bilden – je nachdem, für welche Variante Sie sich entschieden haben.

Aus jeder Stammgruppe sollte dann ein Mitglied in jeder Expertengruppe sein. Sie können dann nach der Arbeit in den Expertengruppen wieder in die Stammgruppen zurückkehren. In jeder Stammgruppe befindet sich dann eine Expertin / ein Experte für eines / zwei der angebotenen Beobachtungs- und Dokumentationsverfahren.

2. Erarbeitung

Zu jedem der Verfahren finden Sie Aufgabenstellung und Hilfen. Am Ende sollten Sie die Ergebnisse Ihrer Erarbeitungen vorstellen.

Sie können dies durch Präsentation von Lernplakaten oder anderen Visualisierungsformen im Plenum machen. Wenn Sie Stamm- und Expertengruppen gebildet haben, finden Präsentation und Austausch innerhalb dieser Stammgruppen statt.

Es folgt ein Kapitel, in dem Sie Ihr neu erworbenes Wissen und Können über Beobachtungs- und Dokumentationsverfahren einsetzen können, um Ihre pädagogische Urteils- und Partizipationsfähigkeit an einem aktuell kontrovers diskutierten Problem zu erproben: Welches Verfahren scheint für eine professionelle Begleitung von Bildungsprozessen in der Frühen Kindheit am pädagogisch geeignetsten?

Am Ende sollten Sie erneut Ihre Fragen heranziehen, die Sie im ersten Teil dieses Unterrichtsvorhabens entwickelt haben.

Prüfen Sie, welche dieser Fragen Sie beantworten können.

Halten Sie schriftlich fest, welche Fragen noch offen sind.

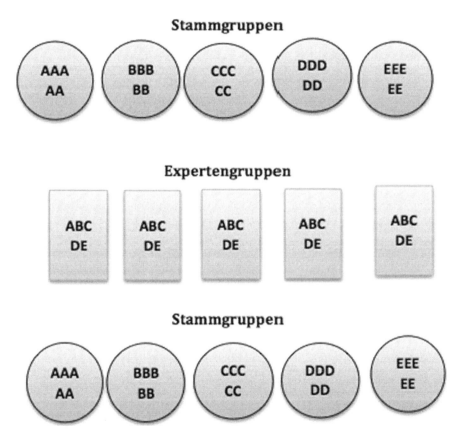

2.1 Grundlagen und Entwicklung einer pädagogischen Perspektive

In den folgenden drei Texten (**M1 bis M3**) geht es um eine (erste) rechtliche Einordnung, die aufzeigt, wie sich die Verwendung von Beobachtungs- und Dokumentationsverfahren legitimiert.

Der rechtliche Rahmen zeigt insbesondere durch seine Verortung im achten Buch des Sozialgesetzbuches (SGB VIII), dass jedes Kind ein Recht auf Förderung hat, welches seinem Entwicklungsstand angemessen ist. Dafür Bedarf es einer qualifizierten Einschätzung ohne dabei die Würde des Kindes zu verletzen. Dieser Aspekt zeigt, wie bedeutsam die Auseinandersetzung mit Beobachtungs- und Dokumentationsverfahren für die pädagogische Arbeit ist, spiegelt sich in deren Anwendung doch stets die eigene pädagogische Haltung wider. Ebenso liefert der rechtliche Rahmen erste Kriterien für die Analyse der nachfolgenden Beobachtungs- und Dokumentationsverfahren.

Die Erschließung der rechtlichen Rahmenbedingungen bedarf deshalb der besonderen Sorgfalt.

Es folgen weitere Texte (**M4 bis M9**), die Ihnen ein Grundverständnis und Überblick von Wahrnehmung und Beobachtung im Allgemeinen und für die Gestaltung (sozial-) pädagogischer Praxis im Besonderen vermitteln sollen. Hier geht z. B. es um Fragen wie:

- Was genau bedeutet Beobachten?
- Was beobachten wir, wenn wir beobachten?
- Wir wirkt sich das Beobachten auf das pädagogische Verhältnis aus?
- Welchen „Fehlern" unterliegt unsere Beobachtung? Können wir diesen entgegenwirken?

Sie können diese Fragen um eigene Fragen ergänzen und mit Hilfe des Partnerpuzzles erarbeiten:

Dazu bilden Sie Gruppen mit vier Mitgliedern.

In der ersten Phase (Aneignungsphase) werden zwei Paare gebildet, die jeweils ihre Antworten durch die Analyse der dargebotenen Texte finden. Offene Fragen werden für die weitere Arbeit in einem Fragespeicher gesammelt. Sie können in dieser Phase die Methode des reziproken Lesens einsetzen. Dabei liest das Paar zunächst still einen Abschnitt des Textes. Dann stellt Partner A Fragen zu diesem Textabschnitt. Partner B antwortet auf diese Fragen und stellt so sein Verständnis dar. Danach stellen beide Partner Vermutungen über den weiteren Fortgang des Textes an. Offene Fragen werden schriftlich festgehalten, um am Ende der Texterarbeitung in der größeren Gruppe oder im Plenum geklärt zu werden.

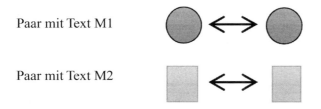

Paar mit Text M1

Paar mit Text M2

In der zweiten Phase (Vermittlungsphase) werden neue Paare gebildet, so dass ein Experte für jeden der beiden Text in einem Paar vertreten ist. Die Paare stellen sich „ihre" Texte gegenseitig vor und halten offene Fragen oder Verständnisschwierigkeiten fest.

Paar 1

Paar 2

In der dritten Phase (Verarbeitungsphase) wird in der Vierergruppe die Arbeit am Text vertieft. Dazu werden auch die offenen Fragen aus der zweiten Phase beantwortet.

2. Erarbeitung

Aufgaben

1. Sie können die folgenden Texte erschließen, indem Sie die zentralen Begriffe klären, die Bezüge zwischen ihnen herausarbeiten und (z. B. durch eine Mind-Map) visualisieren:
   - Würde
   - Förderung
   - Beobachtung
   - Diagnostik
   - Bildung
   - Zusammenarbeit

2. Danach können Sie folgendes Zitat diskutieren: *„Respekt und Empathie gegenüber den Erfahrungen, den aktuellen Interessen, dem Wissen und den Kompetenzen des Kindes sind eine wichtige Voraussetzung, um die Wissbegier der Kinder und ihren Forscherdrang zu erhalten und herauszufordern. Von entscheidender Bedeutung ist die Haltung der Fach- und Lehrkräfte"* (MSW 2011)

Quelle des Zitats: Ministerium für Schule und Weiterbildung des Landes NRW und Ministerium für Familie, Kinder, Jugend, Kultur und Sport des Landes NRW (2011): Kinder. Mehr Chancen durch Bildung von Anfang an. Verfügbar unter:http://www.bildungsgrundsaetze.nrw.de/fileadmin/dateien/PDF/Mehr_Chancen_durch_Bildung.pdf (15.03.2015).

M 1 **Grundgesetz, UN Kinderrechtskonvention, Sozialgesetzbuch Achtes Buch (SGB VIII)**

Artikel 1 (1) Grundgesetz

„Die Würde des Menschen ist unantastbar. Sie zu achten und zu schützen ist Verpflichtung aller staatlichen Gewalt."

5 ### Artikel 16 (1) UN Kinderrechtskonvention

„Kein Kind darf willkürlichen oder rechtswidrigen Eingriffen in sein Privatleben, seine Familie, seine Wohnung oder seinen Schriftverkehr oder rechtswidrigen Beeinträchtigungen seiner Ehre und sei-
10 nes Rufes ausgesetzt werden."

Artikel 29 (1) UN Kinderrechtskonvention

„Die Vertragsstaaten stimmen darin überein, dass die Bildung des Kindes darauf gerichtet sein muss,

15 a) die Persönlichkeit, die Begabung und die geistigen und körperlichen Fähigkeiten des Kindes voll zur Entfaltung zu bringen [...] "

§ 1 SGB VIII

(1) „Jeder junge Mensch hat das Recht auf Förde-
20 rung seiner Entwicklung und auf Erziehung zu einer eigenverantwortlichen und gemeinschaftsfähigen Persönlichkeit"

(2) [...]

(3) „Jugendhilfe soll zur Verwirklichung des Rechts nach Absatz 1 insbesondere 1. junge 25 Menschen in ihrer individuellen und sozialen Entwicklung fördern und dazu beitragen, Benachteiligungen zu vermeiden oder abzubauen [...]"

§ 22 (3) Satz 3 SGB VIII   30

„Die Förderung soll sich am Alter und Entwicklungsstand, den sprachlichen und sonstigen Fähigkeiten, der Lebenssituation sowie den Interessen und Bedürfnissen des einzelnen Kindes orientieren."   35

M 2 **Beobachtung und Diagnostik – Wo liegt der Fokus? (Freistaat Sachsen)**

Prinzipiell ist bei beiden Verfahren davon auszugehen, dass sie für den, der diagnostiziert / beobachtet, und den, der diagnostiziert bzw. beobachtet wird, einen „helfenden Gewinn" darstellen. Doch worin genau dieser Gewinn liegt, ist gleichsam der 5 wesentliche Unterschied zwischen beiden Verfahren und liegt vor allem in der Handlungsabsicht des Beobachters bzw. Diagnostikers begründet. Entscheidend ist die Frage, zu welchem Zweck und mit welchem Ziel beobachtet bzw. diagnosti- 10 ziert wird.

Um das Anliegen von Diagnostik zu verstehen ist es deshalb hilfreich, sich mit dem grundlegenden „Charakter" von Diagnostik zu befassen. Bei einer näheren Betrachtung wird deutlich, dass eine der wichtigsten Eigenschaften der meisten diagnostischen Verfahren ihre statistische „Normierung" ist. Das heißt, diese Verfahren erheben den Anspruch auf Objektivität, Zuverlässigkeit (Reliabilität) und Gültigkeit (Validität), weil der Fokus darauf gerichtet ist, die Ergebnisse, also die aus dem Verfahren resultierenden Werte, mit anderen vergleichbar zu machen und (mithilfe einer Orientierung an Normwerten) möglichst genau einzuordnen. Die Absicht von Diagnostik, vor allem zielgerichtet und exakt messen zu können, hat zur Folge, dass diagnostische Instrumente meist auf konkrete Teilbereiche menschlicher Eigenschaften, Verhaltensweisen, Leistungen oder des Erlebens ausgerichtet sind. Innerhalb dieser Bereiche sind sie jedoch oft hoch spezifisch und detailliert. So gibt es unterschiedlichste diagnostische Testverfahren wie bspw.: ganzheitliche Entwicklungserhebungen, Sprachscreening, Leistungstests, Konzentrationstests, Intelligenztests, Eignungstests, Entwicklungstests, Schul- bzw. Schuleingangstests, u. v. m.

Zusammengefasst heißt das, Diagnostik beabsichtigt Ist-Zustände zu erkennen, diese vergleichbar zu machen, einzuordnen und daraus resultierend eine Erwartungshaltung auf der Grundlage von (genormten) Soll-Zuständen zu entwickeln.

Der Vergleich mit genormten Soll-Werten, -Zuständen oder einer fachlichen Kategorisierung gilt als ein anerkanntes und legitimiertes Verfahren, welches vor allem von und für spezialisierte Fachkräfte entwickelt wird. Der Sinn der Erhebung von diagnostischen (Test-) Werten liegt folglich hauptsächlich darin, spezialisierten Fachkräften eine Arbeitsgrundlage für ihre fachspezifischen Interventionen bzw. Analysen zu bieten.

Die Profession von Erzieher / innen bzw. Kindertagespflegepersonen muss es ermöglichen, „das Kind als Ganzes" in seinem Lebensalltag zu sehen. Dafür benötigen sie eine Beobachtungsperspektive, die es ihnen ermöglicht, Kinder ganzheitlich in ihrer Lebenswelt wahrzunehmen und zu verstehen. Dafür kommen keine diagnostischen Verfahren, sondern pädagogische Kind zentrierte Beobachtungsverfahren zur Anwendung.

Im Gegensatz zur Diagnostik basieren diese Beobachtungsverfahren auf subjektiver, also persönlicher Wahrnehmung des / der Beobachter(s). Dabei kann Subjektivität als ein Anlass für Erzieher / innen und Kindertagespflegepersonen verstanden werden, sich über die verschiedenen persönlichen Wahrnehmungen mit den Kindern und den Eltern auszutauschen und diese zu einem komplexen Bild eines jedes Kindes zusammen zu fügen. Ein Bild, das vor allem der Individualität des Kindes gerecht wird und gerade nicht dem Vergleich von „genormten Werten" entspricht. Der Fokus professionellen pädagogischen Beobachtens liegt bei den Kindern vor allem auf folgenden Punkten:

- den Ressourcen,
- den Interessen und Bedürfnissen,
- den individuellen Entwicklungsverläufen,
- den Lernfortschritten,
- dem Interaktions- und Kommunikationsverhalten,
- dem individuellen Förderbedarf und der daraus resultierenden Planung,
- der Prävention.

Netzwerkarbeit – interdisziplinäre Zusammenarbeit

Es wurde bereits erwähnt, dass zur Professionalität von Fachkräften auch gehört, erkennen und entscheiden zu können, welche konkreten Methoden und Verfahren sinnstiftend und zielführend sind. Damit verbunden ist vor allem die Frage, welche Methoden und Verfahren außerhalb der eigenen Professionalität liegen und welche Folgen die Anwendung diverser Methoden und Verfahren haben kann.

So würde bspw. kein Elektrotechniker auf die Idee kommen ein EKG beim Gerät eines seiner Kunden vorzunehmen, selbst wenn es doch irgendwie etwas mit Spannung und Strom zu tun zu haben scheint. Und würde er doch so findig sein und es probieren, könnte er auf der Grundlage seiner gemessenen Ergebnisse wahrscheinlich eine Aussage zum Zustand des Gerätes, aber keine Aussage über den Zustand des Herzens seines Kunden treffen können – selbst dann, wenn er einen konkreten Wert gemessen hat.

Überträgt man das Beispiel auf den Bereich der Kindertagesbetreuung, geht es um auszuwählende Methoden und Verfahren, die deren Profession entsprechen. Für die Erzieher / innen und Tagespflegepersonen heißt das, dass die Anwendung

2. Erarbeitung

von Beobachtungsverfahren eine fachliche Stütze für ihre Arbeit mit dem Kind darstellen. Um dabei sicherzustellen, dass die Informationen über das Kind umfassend sind, ist es für das ressourcenorientierte professionelle Arbeiten einer Kindertageseinrichtung und Kindertagespflegestelle wichtig, ihr Netzwerk zu kennen, zu wissen wer für welche fachliche Aufgabe zuständig ist, wer welche Professionalität mitbringt und welche externen Professionellen innerhalb des Kita-Netzwerkes evtl. ergänzend einzubinden sind. Beispiele für eine interdisziplinäre Zusammenarbeit sind Fallkonferenzen, die Bildung multiprofessioneller Teams, erweiterte Elternabende oder Elterngespräche, etc.

Leitfragen für ein Netzwerk sind:

- Was sind unsere gemeinsamen Ziele die Kinder betreffend?
- Welche Strukturen brauchen wir, um zum Wohle der Kinder arbeiten zu können?
- Wer vertritt mit welcher Kompetenz, aus welchen Motiven und mit welchem Auftrag die jeweilige Institution?
- Über welche Informationen verfügen die Beteiligten und inwieweit sind diese austauschbar?
- Wie werden Erfolge festgestellt, gesichert und transparent gemacht?
- Welche Netzwerk- und Kooperationsstrukturen (auch über den eigenen professionellen Bereich hinaus) gibt es bereits, wie werden diese genutzt oder ggf. neue geschaffen?

Die folgende Abbildung zeigt beispielhaft ein solches Netzwerk.

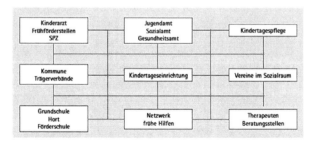

Auch wenn der Aufbau eines Netzwerkes zunächst mit einem erhöhten Arbeitsaufwand verbunden ist, handelt es sich dennoch um einen sehr lohnenswerten Prozess, von dem die Erwachsenen und die Kinder langfristig profitieren.

Der Erfolg einer Beobachtung und des daraus resultierenden pädagogischen Handelns ergibt sich aus der Beantwortung der Frage, ob es gelungen ist, für das Kind da zu sein, es wahrzunehmen, seine Themen zu erkennen, adäquat aufzugreifen und es in dieser Form in seiner Entwicklung zu unterstützen.

Das gilt auch für die Diagnostik, deren Erfolg nicht ausschließlich daran gemessen werden kann, ob das Kind einen Entwicklungsschritt gegangen ist oder eine Norm erfüllt.

Lern- und Entwicklungsbeobachtung als zentrale Aufgabe in der Kindertageseinrichtung und der Kindertagespflege

„Was Kinder ausdrücken, von sich zeigen und Erwachsene wissen lassen, ist ein Angebot, an ihrer Expertenschaft teilzuhaben." (Kazemi-Veisari 2004). In der Annäherung an Antworten auf die Fragen nach Grundhaltungen und Funktionen von Beobachtung und Dokumentation ist zunächst davon auszugehen, dass die Beobachtung als zentrale Aufgabe von elementarpädagogischen Einrichtungen im Wesentlichen drei Schwerpunkte beinhaltet:

1. Erzeugung physischen und psychischen Wohlbefindens als Voraussetzung für gesundes Aufwachsen,
2. Unterstützung der Kinder in den verschiedenen Bereichen ihrer Kompetenzbildung und
3. Weiterentwicklung der Qualität von pädagogischen Angeboten.

Eine im Grunde so verstandene Beobachtung muss sich mit den beteiligten Akteuren auseinander setzen, da sie einerseits Kinder, ihre Bedürfnisse, Aktivitäten und ihre Entwicklung im Rahmen des Alltags in einer Kindertageseinrichtung oder Kindertagespflegestelle zum Inhalt hat. Andererseits wird damit der Blick aber auch auf den Beobachter gelenkt, dem die Begleitung und die Unterstützung der Entwicklung der Kinder obliegen.

Staatsministerium für Kultus des Freistaats Sachsen (Hrsg.) (20): Individuelle Lern- und Entwicklungsdokumentation in sächsischen Kindertageseinrichtungen und in der Kindertagespflege, S. 21–24.
Verfügbar unter: http://www.kita-bildungsserver.de/downloads/download-starten/?did=1103 (02.05.2015; 17:12 Uhr))

Beobachtung und Diagnostik – Gesetz zur Änderung des Kinderbildungsgesetzes und weitere Gesetze vom 17. Juni 2014 (NRW)

§ 13b Beobachtung und Dokumentation

(1) Grundlage der Erfüllung des Bildungs- und Erziehungsauftrages, insbesondere der individuellen stärkenorientierten ganzheitlichen Förderung eines jeden Kindes ist eine regelmäßige alltagsintegrierte wahrnehmende Beobachtung des Kindes. Diese ist auch auf seine Möglichkeiten und auf die individuelle Vielfalt seiner Handlungen, Vorstellungen, Ideen, Werke und Problemlösungen gerichtet. Die Beobachtung und Auswertung mündet in die regelmäßige Dokumentation des Entwicklungs- und Bildungsprozesses des Kindes (Bildungsdokumentation). Nach einem umfassenden Aufnahmegespräch mit den Eltern und einer Eingewöhnungsphase, spätestens aber sechs Monate nach Aufnahme des Kindes in die Kindertageseinrichtung, erfolgt eine erste Dokumentation. Entsprechendes ist für die Förderung in Kindertagespflege anzustreben. Die Bildungsdokumentation setzt die schriftliche Zustimmung der Eltern voraus.

(2) Die Bildungsdokumentation ist auch Gegenstand von Entwicklungsgesprächen mit den Eltern. Wenn die Eltern in zeitlicher Nähe zur Informationsweitergabe schriftlich zugestimmt haben, wird sie den Grundschulen zur Einsichtnahme zur Verfügung gestellt und von den Lehrkräften des Primarbereichs in die weitere individuelle Förderung einbezogen. Die Eltern sind dabei auf ihre Widerspruchsmöglichkeit hinzuweisen. Endet die Betreuung des Kindes in der Tageseinrichtung, wird die Bildungsdokumentation den Eltern ausgehändigt.

§ 13c Sprachliche Bildung

(1) Zur Erfüllung des Bildungs- und Erziehungsauftrages gehört die kontinuierliche Förderung der sprachlichen Entwicklung. Sprachbildung ist ein alltagsintegrierter, wesentlicher Bestandteil der frühkindlichen Bildung. Sprache ist schon in den ersten Lebensjahren das wichtigste Denk- und Verständigungswerkzeug. Die Mehrsprachigkeit von Kindern ist anzuerkennen und zu fördern. Sie kann auch durch die Förderung in bilingualen Kindertageseinrichtungen oder bilingualer Kindertagespflege unterstützt werden.

(2) Die sprachliche Entwicklung ist im Rahmen dieses kontinuierlichen Prozesses regelmäßig und beginnend mit der Beobachtung nach § 13b Absatz 1 Satz 4 unter Verwendung geeigneter Verfahren zu beobachten und zu dokumentieren. Die Sprachentwicklung soll im Rahmen der bestehenden Möglichkeiten auch in anderen Muttersprachen beobachtet und gefördert werden.

(3) Die pädagogische Konzeption nach § 13a muss Ausführungen zur alltagsintegrierten kontinuierlichen Begleitung und Förderung der sprachlichen Bildung der Kinder und zur gezielten individuellen Sprachförderung enthalten.

(4) Für jedes Kind, das eine besondere Unterstützung in der deutschen Sprache benötigt, ist eine gezielte Sprachförderung nach dem individuellen Bedarf zu gewährleisten.

§ 14b Zusammenarbeit mit der Grundschule

[…]

(4) Zur Durchführung der Feststellung des Sprachstandes nach § 36 Absatz 2 des Schulgesetzes NRW vom 15. Februar 2005 (GV. NRW. S. 102), das zuletzt durch Artikel 1 des Gesetzes vom 10. April 2014 (GV. NRW. S. 268) geändert worden ist, in der jeweils geltenden Fassung erhebt der Träger der Tageseinrichtung, die nach diesem Gesetz gefördert wird oder die der Obersten Landesjugendbehörde oder einer von ihr beauftragten Stelle eine den Anforderungen des § 13c entsprechende Sprachstandsbeobachtung, -dokumentation und -förderung nachweist, bei den Eltern, deren Kinder zur Teilnahme an der Sprachstandsfeststellung verpflichtet sind, die folgenden Daten und übermittelt sie an das zuständige Schulamt:

1. Name und Vorname des Kindes;
2. Geburtsdatum;
3. Geschlecht;
4. Familiensprache;
5. Aufnahmedatum in der Kindertageseinrichtung;
6. Namen, Vornamen und Anschriften der Eltern;
7. Vorliegen der Zustimmung nach § 13b Absatz 1 Satz 6.

Soweit Kinder im Rahmen der Pflichten nach § 36 Absatz 2 des Schulgesetzes NRW in einer Kindertageseinrichtung zusätzlich sprachlich gefördert werden, ist der Träger der Einrichtung verpflichtet, Angaben über die Teilnahme der Kinder an dieser

2. Erarbeitung

zusätzlichen Sprachförderung dem zuständigen Schulamt mitzuteilen."

Ministerium für Inneres und Kommunales des Landes Nordrhein-Westfalen (Hrsg.): Gesetz zur Änderung des Kinderbildungsgesetzes und weitere Gesetze vom 17. Juni 2014 (NRW). Verfügbar unter: https://recht.nrw.de/ lmi/ owa/br_vbl_detail_text?anw_nr=6&vd_id=14459&vd_back=N336&sg=0&menu=1 (02.05.2015; 17:42 Uhr)

Aufgaben

1. In den Texten (**M1** bis **M3**) werden Anforderungen an die Arbeit pädagogischer Fachkräfte in Tageseinrichtungen für Kinder formuliert. Beobachtung und Dokumentation werden hier als „Grundlage der Erfüllung des Bildungs- und Erziehungsauftrages, insbesondere der individuellen stärkenorientierten ganzheitlichen Förderung" beschrieben. Stellen Sie aus den Texten weitere Anforderungen zusammen.
2. Halten Sie diese Anforderungen für die folgende Arbeit schriftlich fest, so dass Sie sie bei Ihrer Urteilsbildung nutzen können.
3. Sichten Sie die gesetzlichen Vorgaben ihres Bundeslandes – erläutern Sie, welche Anforderungen hier im Zusammenhang von Beobachtung und Dokumentation formuliert werden.

Anmerkung

Beobachtung ist eine besondere Form einer professionellen pädagogischen Haltung, die es erlaubt, mit Kindern in Kontakt zu treten. Die Beobachtungen dienen pädagogischen Fachkräften als Ausgangspunkt und Diagnose, um Lern- und Entwicklungsprozesse der Kinder zu unterstützen bzw. zu überprüfen. Umso wichtiger erscheint es, sich damit zu befassen,

- was wir beobachten,
- wie die Beobachtung das Beobachtete verändert,
- was alles noch geschieht, wenn wir beobachten etc.

Aufgaben

1. Halten Sie bei der Erarbeitung der folgenden Texte (**M4** bis **M9**) fest, was Ihnen auffällt, was Ihnen neu, fraglich, bemerkenswert, überraschend erscheint.
2. Erörtern Sie die in den Texten zum Ausdruck kommenden Menschenbilder (Bild vom Kind).
3. Erläutern Sie, welche Kompetenzen eine pädagogische Fachkraft besitzen muss, um den formulierten Ansprüchen gerecht werden zu können.
4. Diskutieren Sie die in den Texten zum Ausdruck kommenden Chancen und Gefahren, die sich aufgrund von Beobachtungen ergeben.
5. Diskutieren Sie die Bedeutung der Beobachtung für die Gestaltung des (sozial-) pädagogischen Alltags.
6. Halten Sie fest, was Sie im Rahmen der Auseinandersetzung mit Beobachtungs- und Dokumentationsverfahren für sich klären wollen.

  Beobachten – viel mehr als genau hinsehen (Schubert-Suffrian / Regner)

Kinder eignen sich die Welt hoch kompetent und mit ungeheurer Energie selbsttätig an. Sie forschen, experimentieren, lernen und bilden sich in jeder wachen Minute. Diese Erkenntnis, die von der jüngeren Forschung immer wieder eindrücklich bestätigt wurde, hat die Elementarpädagogik in den letzten Jahren geprägt. Um die Kinder in ihren Entwicklungsprozessen bestmöglich unterstützen zu können, ist der systematische Blick auf das, was das einzelne Kind tut und wie es etwas tut notwendig.

Beobachtungen und Dokumentationen ermöglichen es, das konkrete pädagogische Handeln, die Angebote und die Struktur des pädagogischen Alltags passgenauer auf die Bedürfnisse der Kinder und ihre Bildungs- und Lernprozesse auszurichten. Dies gelingt nur durch die Bereitschaft der Beobachterin, die eigene Perspektive zu erweitern.

Denn wenn Kinder beobachtet und die Ergebnisse zur Grundlage der pädagogischen Arbeit gemacht werden sollen, ist es erforderlich, die eigene Praxis zu hinterfragen, Das bedeutet für die Fachkräfte, sich ergebnisoffen auf die Beobachtungen und damit auf die individuellen Entwicklungs- und Selbstbildungsprozesse von Kindern einzulassen – eine Herausforderung.

Jona (4.3 Jahre) wird von einer Erzieherin dabei beobachtet wie er – auf dem Bauteppich sitzend – allein mit der Lego-Eisenbahn spielt. Er hat die Bauteile der Bahn um sich herum gelegt und ist gerade dabei, die letzten beiden Schienen so miteinander zu verbinden, dass der Schienenkreis geschlossen ist. Er schaut nicht auf, sondern hat den Blick auf die Schienenteile auf dem Boden und in seiner Hand gerichtet. Er hat die Stirn dabei in Falten gelegt, seine Zungenspitze schaut leicht aus dem Mundwinkel. Etwa drei Minuten lang versucht er in dieser Haltung, das letzte Teil einzufügen. Max und Ole laufen am Bauteppich vorbei. Max stößt im Vorbeilaufen mit dem Fuß an den Schienenkreis, der daraufhin in einige Teilstücke auseinanderbricht Jona sieht auf die Schienen, zögert einen Augenblick, springt dann auf, schubst Max mit beiden Händen kräftig zur Seite, boxt ihn und schreit: „Ey, jetzt ist alles kaputt!" [...]

Beobachten ist auf den ersten Blick nichts anderes, als genau auf eine Situation bzw. darauf, was ein Kind tut, zu schauen. Die Beobachterin konzentriert ihre Aufmerksamkeit auf das Kind und nimmt sein Handeln bewusst und möglichst objektiv wahr: Diese scheinbar leicht zu erledigende Tätigkeit ist in der Praxis aber alles andere als einfach.

Die eigene Geschichte läuft immer mit

Beobachten ist nie ein „wertneutrales" Aufnehmen und Abspeichern der Wirklichkeit. Immer spielen bei der Beobachterin subjektive Interpretationen des Gesehenen und dadurch ausgelöste Gefühle eine Rolle. Alles Wahrgenommene wird automatisch in eigene Kategorien eingeordnet, mit bisher gemachten Erfahrungen verglichen und unbewusst mit den eigenen Gefühlen verknüpft. Es ist unmöglich, sich in der Beobachtungssituation davon frei zu machen. In jede Beobachtung spielen also die eigene Geschichte und die eigenen Erfahrungen mit hinein: Wie habe ich selbst ähnliche Situationen erlebt? Welche Annahmen habe ich über die Ziele und Absichten des beobachteten Kindes?

In der oben beschriebenen Sequenz kann die Beobachterin entweder mit den Versuchen von Jona, die Schienen zusammenzufügen, „mitfiebern" und dabei sein Durchhaltevermögen bewundern oder aber mit Ungeduld seine (vermeintliche) motorische Ungeschicklichkeit wahrnehmen. Sie kann sein Schubsen, Schlagen und Schreien als verständliche Reaktion interpretieren oder aber als unangemessen. Je nach Bewertung wird sie auf die Situation reagieren und sehr unterschiedliche Bilder vom Geschehen abspeichern. Diese Interpretationen und Bewertungen zu reflektieren und dadurch zu minimieren, stellt höchste Anforderungen an die beobachtende pädagogische Fachkraft.

Wie die Situation von der Beobachterin bewertet wird und welche Aspekte für sie in den Vordergrund treten, hängt dabei wesentlich vom Ziel der Beobachtung ab. Geht es ihr darum, das Kind besser kennen und verstehen zu lernen? Möchte sie sich mithilfe der Beobachtung seiner Perspektive annähern? Geht es ihr um eine Bewertung und Einschätzung seines Verhaltens oder will sie eine im Vorfeld entwickelte Hypothese (z. B. motorische Ungeschicklichkeit) überprüfen?

Grenzen der Wahrnehmung

Die Erzieherin wird in der Beobachtungssituation eine Fülle von Aspekten sehen, hören, riechen oder anderweitig wahrnehmen. Diese komplexen und vielfältigen Eindrücke können von ihr nicht vollständig aufgenommen werden. Sie muss also schon bei der Aufnahme von Sinnesreizen auswählen und Schwerpunkte setzen. Dabei werden von ihrem Wahrnehmungssystem ganz automatisch bestimmte Aspekte der Beobachtung als bedeutsam bewertet, aufgenommen und weitergeleitet, andere dagegen eher ausgeblendet.

Diese Wahrnehmungsmechanismen haben im sonstigen Alltag (z. B. im Straßenverkehr) eine wichtige Funktion. Sie ermöglichen die Fokussierung auf das Wesentliche und eine schnelle, angemessene Reaktion, in der Beobachtungssituation verhindern sie jedoch eine wirklich objektive Beobachtung.

Die große Herausforderung für die pädagogischen Fachkräfte besteht darin, Interpretationen des Beobachteten zu minimieren und die eigenen Blickwinkel immer wieder zu reflektieren. In-

2. Erarbeitung

sofern ist Beobachten sehr viel mehr als genaues Hinsehen – es ist eine hoch komplexe und verantwortungsvolle Tätigkeit.

Schubert-Suffrian, Franziska/Regner, Michael (2011): Grundlagen von Beobachten und Dokumentieren. In: Ders.: Portfolioarbeit mit Kindern – Methoden und Ideen. kindergarten heute praxis kompakt (10/2011). Freiburg: Herder, S. 4–5

M 5 Auswirkungen von Beobachten und Dokumentieren (Schubert-Suffrian/Regner)

Beobachten und Dokumentieren haben immer eine Wirkung auf alle Beteiligten: Die pädagogische Fachkraft lernt das Kind bei jeder Beobachtung ein bisschen besser kennen und kann seine Vorgehensweisen, Anliegen und Interessen zunehmend besser einschätzen. Dies ermöglicht ihr unter anderem, die individuellen Bildungsprozesse des Kindes bestmöglich zu begleiten und Angebote passgenauer zu planen. Pädagogische Fachkräfte in der Praxis berichten, dass sich durch ein vermehrtes Beobachten ihr Blick auf die Kinder insgesamt verändert hat.

Ein Kind zu beobachten und diese Beobachtungen zu dokumentieren, beinhaltet immer auch (ausgesprochene und unausgesprochene) Botschaften an das Kind selbst: „Ich sehe dich und nehme dich wahr", „Du bist mir wichtig", „So, wie du bist, bist du in Ordnung". Diese Botschaften können das Kind darin unterstützen, ein positives Selbstbild zu entwickeln.

„Aus dem Verhalten, das ihnen von ihren Bezugspersonen entgegengebracht wird, resultiert das Gefühl und die Einschätzung, die sie sich selbst entgegenbringen. Die Reaktionen der Bezugspersonen formen also das eigene Selbstbild" (Völkel & Viernickel 2009, S. 62).

Damit hat die Blickrichtung eine besondere Bedeutung. Sie wirkt wie ein Spiegel auf die Kinder: Das, was im Beobachtungsfokus ist, wird eher verstärkt. Der Blick auf die Fähigkeiten und Ressourcen ermöglicht es den Kindern, sich als kompetent zu erleben – ein defizitorientierter Blick bewirkt eher das Gegenteil. Auch bei der Aneignung der Umwelt spielen ein positives Selbstbild und das Gefühl von Kompetenz eine große Rolle. „Wesentlich stärker als bisher angenommen, werden Lernvorgänge von Gefühlen begleitet und zum Teil gesteuert. Mit jeder gelernten Information wird auch das dazugehörige Gefühl mitgelernt und später aus dem Gedächtnis wieder abgerufen" (Leu u. a. 2007, S. 39). Kann ein Kind sich also in einer (beobachteten) Situation als kompetent und erfolgreich erleben, steigt die Chance, dass es sich auch in anderen Situationen so wahrnimmt. Dies führt zu tiefer Befriedigung und macht Mut, sich neuen Herausforderungen zu stellen.

Wechselseitige Einflussnahme

Bereits in der Beobachtungssituation beginnt die wechselseitige Einflussnahme, denn schon hier ist die pädagogische Fachkraft aktiv beteiligt – es sei denn, sie ist nicht zu sehen. Ihr Verhalten, ihre Mimik, Gestik und ihre sprachlichen Äußerungen haben immer Auswirkungen auf das Verhalten des Kindes. Es wird unterschiedliche Verhaltensweisen zeigen – je nachdem, ob die Beobachtung von ihm als kritische Bewertung wahrgenommen wird oder als ermutigende Begleitung. Im besten Fall kann das Kind die Beobachtung und das von den Erwachsenen Festgehaltene als wertschätzende, auf seine Kompetenzen ausgerichtete Beachtung erleben. Dadurch kann es den Blick bewusster auf sein Können und Wissen richten und sich dabei als Experte für die eigenen Belange wahrnehmen. Mit dieser Grundhaltung sind für das Kind gerade schwierige Situationen leichter zu bewältigen.

Dies hat auch entscheidende Auswirkungen auf die kindlichen Lern- und Bildungsprozesse, denn diese gelingen am nachhaltigsten, wenn sie mit positiven Gefühlen verknüpft sind. Der Blick auf das Positive, auf das schon Erreichte fördert Aneignungskompetenzen. Dabei geht es nicht darum, die Handlungen des Kindes „schön zu reden", nur zu loben und Schwieriges auszublenden, sondern die Fähigkeiten und Ressourcen besonders wertzuschätzen und damit zu unterstützen. Wird in einer Beobachtung Veränderungs- bzw. Verbesserungspotenzial deutlich, gilt es, auch dies dem Kind mitzuteilen. Entscheidend ist dabei eine Haltung der pädagogischen Fachkräfte, die davon ausgeht dass jedes Kind gute Gründe für seine Verhaltensweisen hat.

Jona konnte sein Verhalten in der von der Erzieherin beobachteten Situation in einem anschließenden Gespräch reflektieren:

Jona: „Da war ich ganz doll wütend. Die haben meine Eisenbahn kaputt gemacht."

Erzieherin: „Du warst sauer, dass sie die Schienen, die du gebaut hast, kaputt gemacht haben?"

Jona: „Ja, ich wollte sie alle zusammenhaben."
Erzieherin: „… und dann sind Max und Ole dagegen gelaufen."
Jona: „Ja, und dann war alles kaputt und Max war ganz erschrocken."
Erzieherin: „Meinst du, dass er ganz erschrocken war, weil er nicht mit Absicht gegen die Schienen gelaufen ist?"
Jona: „Aber er hat nicht 'schuldigung gesagt."
Erzieherin: „Hättest du das gerne gewollt?"
Jona: „Mhmh."
Erzieherin: „Hast du Max deshalb geschubst und geboxt?"
Jona: „… weil ich ganz wütend war!"

Im weiteren Gesprächsverlauf besprechen Jona und die Erzieherin, welche Möglichkeiten es für ihn noch gegeben hätte, auf den auseinandergebrochenen Schienenkreis zu reagieren.

Durch ihre Beobachtung konnte die Erzieherin die Situation gut einschätzen, ohne Jonas Verhalten zu verurteilen. Das Gefühl, verstanden und nicht beurteilt zu werden, hat es Jona ermöglicht, die Situation zu reflektieren und neue Konfliktlösungen zu erarbeiten. Somit hat die Beobachtung dazu beigetragen, die Situation gemeinsam aufarbeiten zu können und vielleicht das Handlungsrepertoire von Jona für Konfliktsituationen zu erweitern.

Durch ihre Beobachtung hat sich auch die Reaktion der pädagogischen Fachkraft verändert. Es war für sie leichter, eine spontane, reglementierende Reaktion zu vermeiden („Jona, es wird nicht geschlagen. Entschuldige dich sofort!") und gemeinsam mit ihm konstruktive Handlungsalternativen zu erarbeiten.

Aber auch über diese Situation hinaus hat die Beobachtung eine Wirkung auf das Kind. Es erlebt, dass seine Person und seine Handlungen für die Erzieherin wichtig sind, was ihm ermöglicht seine eigenen Entwicklungsschritte wahrzunehmen und stolz auf das Erreichte zu sein. Für die pädagogische Fachkraft bedeutet dies, „bei Beobachtungen auch wahrzunehmen, wie Kinder darauf reagieren, dass sie beobachtet werden, und alles zu vermeiden, was sie verletzen könnte" (Kazemi-Veisari 2005, S. 125).

Der Aspekt der Beziehung

Beobachten und Dokumentieren haben auch immer Auswirkungen auf die Beziehung zwischen Kind und pädagogischer Fachkraft. Beziehungen zwischen Kindern und Erwachsenen sind erheblich von der Reaktion der Erwachsenen auf die Bedürfnisäußerungen der Kinder abhängig: „Merkt meine Erzieherin, dass ich mich nicht wohlfühle?", „…, dass ich das gerne schaffen würde?" Deshalb ist es wichtig, dass Beobachtungen den Fokus auch auf die Bedürfnisse der Kinder richten. Je kleiner die Kinder sind, desto weniger können sie uns ihre Bedürfnisse sprachlich mitteilen.

Erwachsene müssen deshalb sehr genau hinsehen und feinfühlig reagieren, um die Kinder bei der Befriedigung ihrer Bedürfnisse zu unterstützen. Dabei hilft es, die Perspektive des Kindes einschätzen zu können.

Luisa (4.2 Jahre) sitzt in der Lernwerkstatt auf dem Fußboden und versucht. Bauteile eines Elektrobaukastens auf die dafür vorgesehene Platte zu stecken. Dabei wird sie von ihrer Erzieherin Sonja beobachtet. Auf der Platte steckt ein Bauteil. Luisa hält ein weiteres in der Hand. Beim Aufsetzen rutscht ihr die Platte immer wieder weg. Mit dem Blick zu Sonja fragt sie: „Kannst du mir mal helfen?"

Einige Tage später reflektiert Sonja die Situation im Team: „Wenn ich Luisa nicht beobachtet hätte, hätte ich mich neben sie gesetzt und ihr wortreich erklärt, wie der Elektrobaukasten funktioniert und wie sie die einzelnen Teile zu einem Stromkreis zusammenbauen kann. Durch die Beobachtung wusste ich viel eher, wo das Problem lag. Ich habe mich neben sie gesetzt und einfach gefragt: Wie kann ich dir denn helfen?"

Und Luisa hat gesagt: „Bleibst du bei mir sitzen und hältst mal einen Moment die Platte fest?" Über diese Situation habe ich lange nachdenken müssen. Wie oft im Kita-Alltag pfropfe ich den Kindern meine Hilfe einfach so auf? Mal schnell die Flasche aufgedreht oder die Milch ins Müsli gegossen, ohne genauer hinzusehen oder zu fragen, ob dies die Hilfe ist, die das Kind wirklich erbittet. Durch die regelmäßigen Beobachtungen bin ich nicht mehr so schnell mit meinen Lösungen zur Stelle, sondern lasse mich viel eher auf die Kinder ein."

Schubert-Suffrian, Franziska / Regner, Michael (2011): Grundlagen von Beobachten und Dokumentieren. In: Ders.: Portfolioarbeit mit Kindern – Methoden und Ideen. kindergarten heute praxis kompakt (10/2011). Freiburg: Herder, S. 8–10

M 6   Beobachtungsziele und -verfahren

Die jüngere Forschung macht mit ihren Ergebnissen sehr anschaulich deutlich, dass jedes Kind bereits von Geburt an alles mitbringt. Um seine Entwicklung voranzutreiben (vgl. Schäfer 2007.
5 S. 30). Dabei ist es auf Erwachsene angewiesen. die es unterstützen und begleiten und gleichzeitig eine anregungsreiche Umgebung gestalten. Dieses Bild vom Kind als „Akteur seiner Entwicklung" macht ein genaues Hinsehen für pädagogische
10 Fachkräfte notwendig: Was interessiert das Kind aktuell? Welche Selbstbildungsprozesse treibt es voran? Welche Kompetenzen bringt es mit? Antworten auf diese Fragen lassen sich – wenn auch immer nur ausschnitthaft – durch gezielte und
15 regelmäßige Beobachtungen und durch den Blick auf das, was Kinder selbst festhalten, finden.

Das Bild vom sich selbst bildenden Kind macht es aber auch erforderlich, den Kindern die Möglichkeit zu geben, ihre Entwicklungs- und Bildungs-
20 prozesse bewusst wahrzunehmen, den Blick auf die eigenen Aneignungswege und Kompetenzen zu richten. Beobachtungen und Dokumentationen sind aber nicht nur für die Kinder selbst und die pädagogischen Fachkräfte von Bedeutung. son-
25 dern auch für Eltern und Fachkräfte aus anderen Institutionen wie z. B. ÄrztInnen oder Grundschullehrkräfte.

Beobachtungen und Dokumentationen sind also kein Selbstzweck, sondern immer an pädagogi-
30 sche Ziele und deren Reflexion gebunden, je nach Situation und Ausrichtung der Kita können diese Ziele und Fragestellungen ganz unterschiedlich sein. Um individuelle Bildungsprozesse und Themen von Kindern einzufangen, sind beispielsweise
35 andere Verfahren notwendig als für die Einschätzung von Entwicklungsständen oder möglichen Entwicklungsverzögerungen.

Dabei kann kein einzelnes Beobachtungs- und Dokumentationsverfahren die Vielzahl der Frage-
40 stellungen auch nur annähernd abdecken. Die Kita-Praxis macht also eine Beobachtungs- und Dokumentationsstruktur mit ganz unterschiedlichem Handwerkszeug und unterschiedlichen Herangehensweisen erforderlich. Dabei spielen
45 auch Vorgaben der unterschiedlichen Bildungsprogramme und Träger eine Rolle. Diese bilden dann neben der Konzeption der Einrichtung die Grundlage für die konkreten Überlegungen in der Praxis.

(Eine Liste der Bildungsprogramme der Länder finden Sie z. B. unter: http://www.bildungsserver.de/Bildungsplaene-der-Bundeslaender-fuer-die-fruehe-Bildung-in-Kindertageseinrichtungen-2027.html)

Schritte im Team

Es gibt bereits eine Vielzahl von Verfahren und Umsetzungsideen. Um diese gezielt auswählen zu können, muss im Vorfeld im Team die Frage nach dem Ziel der Beobachtung gestellt und geklärt 5 werden. In der Praxis hat es sich bewährt, in einem ersten Schritt die konkreten Situationen, die Beobachtungen erforderlich machen, herauszufiltern. Dies können sowohl pädagogische Bedarfe, die in der täglichen Arbeit in der Kita entstehen, als auch 10 Anforderungen von außen, beispielsweise von anderen Institutionen, sein. Gerade die Anforderungen von außen werden von den Kolleginnen vor Ort zum Teil sehr kritisch beurteilt. Manche Grundschulen fordern z. B. Einschätzungen und 15 Beurteilungen der Kinder, die der pädagogischen Praxis der Kita nicht entsprechen. Deshalb ist es sinnvoll, zunächst die Vorgehensweise für die eigene Praxis festzulegen und sich erst anschließend mit anderen Institutionen auf eine Dokumen- 20 tation im Übergang zu verständigen.

Nachdem das „Wozu" aufgelistet und in eine Reihenfolge gebracht wurde, geht es in einem zweiten Schritt darum, sich darauf zu verständigen, mit welcher Haltung und mit welcher „Blickrichtung" 25 die Beobachtungen erfolgen sollten. Die Blickrichtungen lassen sich dabei nach ihren Zielen in drei Bereiche untergliedern:

- Entwicklungsbeobachtungen, die Lernfortschritte kontrollieren und das Erkennen von 30 Förderbedarfen erleichtern
- Beobachtungen, die die Themen und Zugänge der Kinder strukturiert, d. h. mit einem bestimmten Beobachtungsfokus, in den Blick nehmen 35
- offene, freie Alltagsbeobachtungen

Auswahl der Verfahren

Die gängigen, auf dem „Markt" erhältlichen Beobachtungsverfahren für den Kita-Bereich lassen sich ebenfalls in diese Schwerpunkte unterteilen. 40

Bevor ein Kita-Team Verfahren und Strukturen zur Beobachtung und Dokumentation festlegt, ist es notwendig, die Chancen und Grenzen der einzelnen Verfahren in den Blick zu nehmen (vgl. Regner & Schubert-Suffrian in kiga heute 10/2009, 45 S. 17).

1. Entwicklungsbeobachtung:

Bei der Entwicklungsbeobachtung wird der Entwicklungsstand des Kindes anhand von Mess- und Vergleichsinstrumenten beurteilt. Dies erfolgt in der Regel mithilfe von „Ankreuzbögen", die dem Alter der Kinder entsprechend gestaffelt sind (z. B. Kuno Bellers Entwicklungstabelle, Grenzsteine der Entwicklung).

Diese Beobachtungsverfahren beantworten Fragen nach der allgemeinen, altersgemäßen Entwicklung und nach Auffälligkeiten bzw. Entwicklungsrisiken.

2. Beobachtung der kindlichen Bildungsprozesse:

Strukturierte Verfahren, die die Bildungsprozesse, Themen und Zugänge von Kindern in den Blick nehmen, sind z. B.:

- Bildungs- und Lerngeschichten nach Margaret Carr
- Leuvener Engagiertheitsskala nach Ferre Leavers
- Schemata Kinderbeobachtungen nach Pestalozzi-Fröbel-Haus, Berlin
- Themen der Kinder nach Laewen und Andres (INFANS)
- Sieben Intelligenzen nach Howard Gardner

Diese stärken- und prozessorientierten Beobachtungs- und Dokumentationsverfahren nehmen die Bildungsprozesse der Kinder anhand von festgelegten Kriterien (z. B. Handlungsmuster, Lerndispositionen) unter die Lupe. Die Beobachtungsergebnisse geben Auskunft über die Themen, mit denen sich ein Kind gerade beschäftigt, und über Zugänge, mit deren Hilfe es sich die Welt aneignet. Einige Verfahren richten den Blick auch darauf, ob ein Kind sich in der Kita wohlfühlt und ob es sich engagiert mit seiner Umwelt auseinandersetzt. Aus den Beobachtungen und den dokumentierten Ergebnissen können dann Schlussfolgerungen für das pädagogische Handeln gezogen werden. Eine entscheidende Rolle spielt bei diesen Verfahren der Austausch der Beteiligten. Einige Verfahren legen den Schwerpunkt auf die gemeinsame Interpretation und Verständigung unter den pädagogischen Fachkräften und zwischen Fachkräften und Eltern, andere beziehen ausdrücklich auch den Austausch und die Verständigung mit den Kindern ein.

3. Freie, offene Bildungsdokumentationen:

Bildungsdokumentationen wie beispielsweise Portfolios oder Bildungsbücher sind der jüngste Zweig in der „Familie" der Dokumentationsverfahren. Mit der veränderten Sicht auf frühkindliche Bildung haben sich auch die Anforderungen an Beobachtungs- und Dokumentationsverfahren verändert. Die individuellen Zugänge der Kinder und ihre Wege der Selbstbildung sind stärker in den Blick gerückt. Bildungsdokumentationen in diesem Sinne sind viel mehr als nur Aufzeichnungen vom Wissens- oder Entwicklungsstand der Kinder. Sie machen die Entwicklungs- und Bildungsprozesse für das Kind selbst und für andere (pädagogische Fachkräfte, Eltern) sichtbar und ermutigen Kinder dadurch, den Erwerb von Fähigkeiten selbst in die Hand zu nehmen. Die Portfolioarbeit, Bildungsbücher (der GEW) oder andere Bildungsdokumentationen geben in erster Linie den Kindern selbst die Möglichkeit, ihr Wissen und Können, ihre Form, sich der Welt zu nähern, (bewusst) wahrzunehmen. Die Vorgehensweise dieser Verfahren ist dabei nicht vorgegeben oder strukturiert. Bei den freien und offenen Bildungsdokumentationen wird nicht nur vonseiten der Erwachsenen beobachtet und dokumentiert. Hier haben auch die Kinder die Möglichkeit, ihre eigenen Prozesse in den Blick zu nehmen und ihre Sichtweisen festzuhalten. Sowohl die Dokumente der Kinder als auch die Beobachtungsergebnisse der Erwachsenen werden so zur Grundlage der pädagogischen Arbeit. Dabei spielt der Dialog mit dem Kind über seine Schritte, Sammlungen und Sichtweisen eine entscheidende Rolle. Es ist aktiv am Beobachtungs- und Dokumentationsprozess beteiligt.

Schwerpunkte setzen

Die genannten, zum Teil aufeinander aufbauenden Beobachtungs- und Dokumentationsverfahren ergänzen sich und können durch die Vielfalt der Blickwinkel ein umfassendes Bild des jeweiligen Kindes vermitteln. Eine Umsetzung all dieser Verfahren ist in der Kita-Praxis jedoch nur selten möglich, da meist die notwendigen Ressourcen (z. B. Zeit, Fortbildungen, Fachbegleitung) fehlen. Dies macht es erforderlich, Schwerpunkte zu setzen. In der Praxis hat sich die Beobachtung und Dokumentation im Dialog als die Vorgehensweise bewährt, die den Blick am breitesten gefächert auf das Kind richtet. Damit bietet sie – unabhängig

2. Erarbeitung

vom Alter der Kinder – differenzierte Handlungs-
ansätze und Anknüpfungspunkte für die tägliche
pädagogische Praxis, zumal sie bei den Kompetenzen des Kindes ansetzt.

Schubert-Suffrian, Franziska/Regner, Michael (2011): Grundlagen von Beobachten und Dokumentieren. In: Ders.: Portfolioarbeit mit Kindern – Methoden und Ideen. kindergarten heute praxis kompakt (10/2011). Freiburg: Herder, S. 10–13

M 7   Personenwahrnehmung (Barth)

Von einer Erzieherin werden im Alltag häufig
zuverlässige Aussagen über Personen erwartet. So
sollte sie beispielsweise die Schulfähigkeit von
Kindern oder die Leistung von Praktikantinnen
möglichst differenziert und objektiv beurteilen.
Aber gerade der Bereich der Wahrnehmung von
Personen oder Gruppen wird von verschiedenen
Wahrnehmungsfehlern stark beeinflusst. Folgende
Faktoren beeinflussen den Prozess der Personen-
wahrnehmung:

Reize Informationen	Merkmale des Wahrnehmenden	Eindruck vom anderen
körperliche Erscheinung Mimik und Gestik motorisches Verhalten sprachliches Verhalten	Erinnerungen, die durch die Reize wachgerufen werden Bedeutung der Person für die Wahrnehmenden Einstellungen, Vorurteil, Erwartungen	wahrgenommeine Reize werden mit Persönlichkeitsmerkmalen verbunden durch die wahrgenommenen Reize ausgelöste Gefühle gegenüber anderen vermutete Absichten, Ziele, die der andere verfolgt

Die Personenwahrnehmung ist ein vom Wahrnehmenden aktiv gestalteter Prozess, bei dem Vorerfahrungen, Wissen oder Erwartungen häufig eine
größere Rolle spielen, als die objektiven Merkmale der zu beurteilenden Person. Der Wahrnehmende ist bemüht, die Vielzahl von Informationen,
die er von einer Person erhält, zu reduzieren und zu
systematisieren. Dazu entwickelt die Person ein
individuelles System von Menschentypen, bei
denen bestimmte Eigenschaften zusammen auftreten. Werden Hinweisreize auf die gebildeten Typo-
logien bei anderen Personen wahrgenommen,
dann erfolgt eine (vor-) schnelle Zuordnung.

Die Wahrnehmung einer Person erfolgt deshalb
nicht wertneutral, sondern es werden Vorurteile
bzw. innere Bilder von Personen, die bestimmte
Merkmale (z.B. Aussehen, Kleidung, Nationali-
tät) aufweisen, aktiviert. Man sieht nicht objektiv
die Person, sondern zahlreiche Erwartungen ergänzen bzw. verfälschen die Wahrnehmung. Das
Verhalten der Person wird vor dem Hintergrund
der eigenen Vorurteile interpretiert. Das Heben der
Hand könnte zum einen als Gruß, zum anderen als
Drohgebärde gedeutet werden.

Dieses individuell sehr unterschiedliche, im Verlauf des Lebens entwickelte „Wissen über Menschen" wird als implizite Persönlichkeitstheorie
bezeichnet. Im Verlauf der Personenwahrnehmung
treten folgende Effekte auf:

Primacy-Effekt (Effekt des ersten Eindrucks)

Eine lang andauernde Wirkung hinterlässt der
erste Eindruck, den man von einer Person oder
eine Gruppe gewinnt. Aus dem ersten Eindruck
entwickelt sich als Orientierung für die weitere
Wahrnehmung ein stabiler Bezugsrahmen. Die
Erzieherin wird mit diesem Wahrnehmungsfehler
z.B. beim Vorstellungsgespräch in einer Einrichtung, beim ersten Kontakt mit neuen Kindern in
der Gruppe usw. konfrontiert. Der erste Eindruck
beruht jedoch nicht auf objektiven Tatsachen, sondern wird von Gefühlen, Vorurteilen, Vergleichen
mit Personen, die ähnliche Merkmale aufweisen,
beeinflusst.

Halo-Effekt oder Hof-Effekt

Im Mittelpunkt stehen besonders auffällige Ein-
zeleigenschaften. Die/der Wahrnehmende verbindet mit dieser Eigenschaft andere Merkmale, die
gemeinsam einen Erwartungshof bilden (Halo =
Hof um eine Lichtquelle). Die vorschnelle Verallgemeinerung von einem Merkmal auf andere wird
auch als logischer Fehler bezeichnet. Die/der
Wahrnehmende verfügt über verschiedene
„Schubladen", die sich aus solchen Einstellungs-
und Erwartungsfeldern zusammensetzen. Wenn
einige Merkmale erkannt werden, dann nimmt die/
der Wahrnehmende an, dass auch die anderen
Merkmale vorliegen.

Filter-Effekt

Der Filter besteht aus verschiedenen Erwartungen,
die auf eigenen Erfahrungen, Vorurteilen und Einstellungen beruhen. Die/der Wahrnehmende
erhält über die verschiedenen Sinneskanäle eine
Vielzahl von unterschiedlichen Reizen. Da die
Verarbeitungskapazität nicht ausreicht, alle Informationen zu verarbeiten, ist sie/er gezwungen aus-
zuwählen. Die Selektion der Reize erfolgt durch

den Einstellungsfilter, durch den nur das dringt, was den bereits bestehenden Erwartungen entspricht. Die/der Wahrnehmende wird dadurch in
80 ihren/seinen Einstellungen und Vorurteilen bestätigt.

Ähnlichkeits- bzw. Kontrast-Effekt

Die/der Wahrnehmende achtet bei sozialen Reizen (Personenwahrnehmung) besonders auf Persön-
85 lichkeitseigenschaften, die sie/er selbst aufweist und unterstellt eine ähnliche Persönlichkeitsstruktur auch bei der anderen Person (= Ähnlichkeits-Effekt). Wenn sich die Anleiterin mit der Praktikantin identifiziert, dann ordnet die Anleiterin ihr
90 Eigenschaften, Motive, Persönlichkeitsmerkmale zu, die sie sich selbst zuschreibt.

Eigenschaften, über die man selbst nicht verfügt (z. B. Musikalität, sportliche Fähigkeiten), werden
95 bei dem anderen verstärkt wahrgenommen (= Kontrast-Effekt).

Milde-Strenge-Effekt

Untersuchungen zeigen, dass Personen, die man sympathisch findet, positiver wahrgenommen und
100 beurteilt werden als Personen, zu denen eine Antipathie besteht. Unsympathische Personen werden kritischer beurteilt, negative Eigenschaften werden verstärkt wahrgenommen.

Soziale Effekte

105 Die Personenwahrnehmung erfolgt immer im sozialen Kontext, d.h. die Wahrnehmung wird beeinflusst vom Wissen über die Schichtzugehörigkeit des anderen, seine Rolle und seine Position im sozialen Gefüge sowie seine Mitgliedschaft in
110 Gruppen (wie Kirchengemeinde, Vereine, Parteien). So wird die Rolle bzw. Position, die der anderen einnimmt, mit den typischen Rollenmerkmalen unbewusst verknüpft, so dass man z. B. von der Mutter besondere Fürsorge für ihr Kind erwar-
115 tet oder ihr ein mütterliches Interesse an der Entwicklung und Förderung ihres Kindes unterstellt.

Barth, Hans-Dietrich u.a. (2010): Abenteuer Erziehung. Pädagogische, psychologische und methodische Grundlagen der Erzieherinnenausbildung. Haan-Gruiten: Verlag Europa Lehrmittel, S. 233–239

M 8   Weitere Einflussfaktoren

Als konkrete (institutionelle) Beeinflussungsgrößen gelten:

- Zielsetzung, Konzeption und ideologische Ausrichtung des Trägers; personelle Ausrichtung sowie die Persönlichkeit und der Erziehungsstil 5 der Erzieherinnen.
- Mangelnde Vertrautheit mit der Beobachtungssituation oder mit der Kultur der beobachteten Gruppe.
- Unsicherheit im Beschreiben, Deuten und Be- 10 urteilen.
- Sofortige Deutung kann zu voreingenommener Beobachtung führen, und durch vorschnelle Wertung bzw. Beurteilung werden wesentliche Vorgänge übersehen. 15
- Die Erzieherin beobachtet, was aus dem üblichen Rahmen herausragt und von ihren Erwartungen abweicht.
- Mögliche Einengung durch Beobachtungsbögen. 20
- Vorwiegend werden auffällige Kinder beobachtet.
- Es wird beobachtet, was selten oder häufig auftritt.
- Nicht genügendes Individualisieren durch Ver- 25 gleich mit anderen Kindern.
- Am Anfang einer längeren Beobachtung wird zu Beginn oft wesentlich genauer beobachtet als zum Ende hin, was nicht zuletzt von der Aufmerksamkeit und Konzentration der Beobach- 30 ter abhängt (unbewusste selektive Steuerung).
- Beeinflussung der Beobachtung durch Vor-, Neben- und Folgesituationen.
- Äußere Einwirkungen wie Lärm, Störungen, Besucher oder Telefon können Beobachtungen 35 beeinträchtigen.
- Je nach beruflicher Vorbildung und Erfahrung neigen Beobachter zu Milde, Großzügigkeit oder Strenge.
- Ein besonders positives Verhältnis der Erzieh- 40 erin zu einem Kind kann ihren Blick für dessen Verhalten trüben und zu verfälschten Beobachtungsergebnissen führen (Milde-Effekt).
- Negative Erfahrungen rufen hingegen den Strenge-Effekt hervor. 45

Quelle: Autorentext

2. Erarbeitung

Aufgaben

Durch die Erarbeitung von **M7** und **M8** haben Sie bereits einen ersten Überblick in Form einer Kategorisierung (Entwicklungsbeobachtung, Bildungsprozessen; freie Formen) über Beobachtungs- und Dokumentationsverfahren erhalten.

Im Folgenden Text werden *„die für die Begleitung von Bildungs- und Lernprozessen entwickelten Beobachtungsverfahren"* drei Gruppen zuordnet:

- Quantitativ-diagnostisch orientierte Beobachtungsverfahren,
- Qualitativ-hermeneutisch orientierte Beobachtungsverfahren,
- Kombination von quantitativen und qualitativen Verfahren.

1. Halten Sie Unterschiede und Gemeinsamkeiten in Form einer Tabelle fest.
2. Erläutern Sie, welche Kompetenzen eine pädagogische Fachkraft besitzen muss, um den formulierten Ansprüchen der einzelnen Verfahren gerecht werden zu können.
3. Beschreiben Sie die *„pädagogische Beziehung"* die den Verfahren zu Grunde liegt. Gehen Sie dabei auch auf die Aufgaben und Rolle ein, die an die pädagogischen Fachkräfte herangetragen werden.
4. Kommen Sie zu einem ersten Urteil: Welche der dargestellten Verfahren halten Sie zum jetzigen Zeitpunkt für praxistauglich?

M 9 Beobachten in der Praxis (Leu)

„Beobachten" meint ein aufmerksames Wahrnehmen, das darauf zielt, ein Ereignis oder Verhalten zu verstehen, eine Vermutung zu überprüfen, eine Entscheidung zu treffen. Wir beobachten den Verkehr, wenn wir die Straße überqueren wollen, das Geschehen an der Kasse im Supermarkt, um zu entscheiden, in welcher Schlange wir uns anstellen. Wir beobachten das Verhalten von Personen, ihre Mimik und Gestik und ziehen daraus Schlüsse über ihre Absichten, ihre Persönlichkeit, ihr Befinden oder ihre Stimmung. Gelenkt sind diese Beobachtungen von den Fragen, Themen und Handlungsabsichten, die uns bewegen. Beobachten ist somit ein notwendiger Bestandteil unseres Alltagshandelns. Es vollzieht sich gewissermaßen unter der Hand, wird nicht weiter bedacht oder problematisiert, es sei denn, wir stellen fest, dass wir uns getäuscht haben, dass Ereignisse nicht eingetreten sind, die wir aufgrund unserer Beobachtungen erwartet hätten.

Beobachten als Teil beruflichen Handelns

Im Arbeitsfeld der Kindertageseinrichtungen ist Beobachten traditionell eine wichtige Aufgabe, die in den letzten Jahren noch an Bedeutung gewonnen hat. […]

Wo Beobachten Teil professionellen Handelns ist, wird es erforderlich, den im Alltag automatisch ablaufenden Prozess des Beobachtens zu reflektieren. Dabei wird deutlich, dass Beobachten nicht nur als einfaches Aufnehmen und Verarbeiten von Informationen verstanden werden kann, sondern ein aktiver Prozess ist, durch den wir uns ein Bild machen und unsere je besondere Perspektive auf den Alltag konstruieren. „Sage mir, was du siehst, und ich sage dir, wer du bist", so eine pointierte Kennzeichnung dieser aktiven Seite von Beobachtung bei Martin und Wawrinowski (2006, S. 12). Dahinter steht die Einsicht, dass jede Beobachtung unausweichlich selektiv ist. Der Anspruch einer „ganzheitlichen" Beobachtung scheitert notwendigerweise an der praktisch unbegrenzten Zahl möglicher Beobachtungsaspekte. Beobachtungen werden dementsprechend im eigentlichen Sinne des Wortes „gemacht".

Die folgende Darstellung konzentriert sich auf Fragen der Beobachtung im Kontext der Begleitung von Entwicklungs- und Bildungsprozessen, die in den letzten Jahren enorm an Beachtung und Bedeutung gewonnen haben und gleichzeitig durch kontroverse Diskussionen geprägt sind. Ein weiteres Anliegen besteht darin, grundlegende Unterschiede, Möglichkeiten und Grenzen der angebotenen Verfahren aufzuzeigen. Dabei stehen Beobachtungen als Teil der alltäglichen Arbeit von Fachkräften in Kindertageseinrichtungen im Mittelpunkt.

Zu Beginn einer systematischen Beobachtung ist zu klären, welches Ziel die Beobachtung hat, welche Erkenntnisse daraus gewonnen werden sollen und wer bzw. was beobachtet werden soll. Geht es darum, den Entwicklungsstand der Kinder in bestimmten Bereichen festzustellen oder geht es mehr um die Inhalte, mit denen sich Kinder beschäftigen oder um die Art, wie sie sich mit ihrer Umwelt auseinandersetzen? Wozu sollen die Ergebnisse der Beobachtung genutzt werden? Sind es rein interne Unterlagen des Fachpersonals um Entwicklungsverläufe zu dokumentieren? Sollen sie zum Austausch mit Kindern und Eltern genutzt werden? Sind sie als Hilfe und Anregung gedacht, um über die Einführung pädagogischer Maßnahmen zu entscheiden oder die Gestaltung der Räume und des Kindergartenalltags zu verändern? Weiter ist zu klären, wie die Beobachtung organisiert wird, wer beobachtet, wie die Beobachtung und ihre Auswertung in die Zeitstruktur des Kindergartenalltags integriert werden kann (vgl. dazu Viernickel & Völkel, 2005, S. 55 ff.). In diesem Zusammenhang ist auch die Frage des Datenschutzes zu klären. Grundsätzlich gilt hier, dass es aufgrund der gemeinsamen Aufgabenverantwortung zulässig ist, dass Beobachtungsdaten der Kinder zwischen den Fachkräften der Einrichtung ausgetauscht werden. Jede Weitergabe an Außenstehende ist aber grundsätzlich nur mit Einwilligung der Eltern möglich.

Für die Durchführung der Beobachtung ist zu klären, welche Instrumente eingesetzt sollen. Je nach der Zielsetzung wird man eher offene, beschreibende oder aber standardisierte und quantifizierende Verfahren wählen. Der nächste Schritt ist die Interpretation des Beobachteten. Ohne Interpretation bliebe die Beobachtung bedeutungslos. Mit der Interpretation wird das, was man beobachtet hat, in einen weiteren Rahmen gestellt und als Ausdruck einer bestimmten Eigenart, Fähigkeit, Kompetenz, eines bestimmten Interesses oder einer bestimmten Absicht des Beobachteten gedeutet. Ein nächster Schritt ist die Beurteilung der interpretierten Beobachtung. Sie kommt spätestens in den Schlussfolgerungen zum Ausdruck, die aus der Beobachtung gezogen werden. Schließlich gehört zu einer systematischen Beobachtung auch die Überprüfung, ob die Deutung und die daraus resultierende Beurteilung und Handlung angemessen waren und zu dem angestrebten Ergebnis geführt haben (vgl. Martin & Wawrinowski, 2006, S. 10). Dabei ist nicht zu übersehen, dass die Übergänge zwischen der Wahrnehmung von Sachverhalten und ihrer Interpretation und Beurteilung fließend sind. Schon in der Beschreibung von Handlungen sind wir auf Begriffe angewiesen, die über das augenblicklich Beobachtete hinausgehen. Damit fließen immer auch Interpretationen in die Darstellung ein. Besonders deutlich wird das, wenn Eigenschaftswörter verwendet werden, das Verhalten eines Kindes als „aggressiv", „sozial", „eigensinnig" o. Ä. bezeichnet wird, wenn von einer „guten Beziehung", von „konzentriertem Spiel", „unschlüssigem Herumschlendern" die Rede ist. Das sind Beschreibungen, die mehr als nur das in der gegenwärtigen Situation beobachtbare Handeln abbilden (ebd., 2006, S. 53 f.).

Die für die Begleitung von Bildungs- und Lernprozessen entwickelten Beobachtungsverfahren lassen sich drei Gruppen zuordnen. Zur ersten Gruppe gehören Verfahren, bei denen eine verlässliche, an Altersnormen orientierte vergleichende Feststellung von Kompetenzen der Kinder im Mittelpunkt steht. Die zweite Gruppe umfasst Verfahren, die auf das Verstehen und Erklären von Tätigkeitsmustern und Äußerungen der Kinder zielen. Schließlich wurden in den letzten Jahren auch Verfahren entwickelt, die mit unterschiedlichen Gewichtungen sowohl quantitativ-diagnostische als auch qualitativ-hermeneutische Komponenten enthalten/umfassen.

Quantitativ-diagnostisch orientierte Beobachtungsverfahren

Pädagogische Fachkräfte gehen bei ihrer Arbeit unvermeidlich von bestimmten Annahmen über den Entwicklungsstand der Kinder aus, mit denen sie arbeiten. Nur wenn sie eine Vorstellung davon haben, was ein Kind bereits kann und welches nächste Entwicklungs- oder Lernschritte sein könnten oder sollten, können sie Kinder fachlich kompetent begleiten und unterstützen. Auch wenn heute noch vielfach davon ausgegangen wird, dass Erzieher/innen ohne Weiteres in der Lage sind, „intuitiv" zu erfassen, wie sie Kinder am besten fördern können, hat die Erfahrung doch gezeigt, dass pädagogische Fachkräfte hier immer wieder an Grenzen stoßen und Unterstützung brauchen (vgl. Fried, 2004, S. 5).

Angesichts der Vielschichtigkeit und Komplexität kindlicher Entwicklungs- und Bildungsprozesse ist das auch nicht erstaunlich. Dazu kommt, dass solche Einschätzungen von den Erfahrungen der Beobachtenden geprägt und subjektiv gefärbt sind. Viernickel und Völkel (2005, S. 66 ff.) sprechen in diesem Zusammenhang von „Beobachtungsfallen". Dazu gehört, dass es besonders bei Beobachtungen, die gefühlsmäßige Reaktionen

2. Erarbeitung

hervorrufen, leicht zu einer Vermischung von Beobachtung und Interpretation kommt. Ein Beispiel dafür ist der Umgang mit Konflikten. Je nach eigener Geschichte und Erfahrungen werden gleiche Verhaltensweisen sehr unterschiedlich wahrgenommen und gedeutet (vgl. dazu Dittrich, Dörfler & Schneider, 2001). Weitere Quellen für Beobachtungsfehler sind etwa die Neigung, von leicht erkennbaren Details auf das Ganze zu schließen, oder die Tendenz, eher das wahrzunehmen, was die eigenen Erwartungen bestätigt (vgl. Bensel & Haug-Schnabel, 2005, S. 21 f.).

Ein zentrales Anliegen standardisierter Beobachtungsverfahren ist es, solche Verzerrungen durch eine präzise Bestimmung des Bobachtungsgegenstands und detaillierte Vorgaben zum Vorgehen zu vermindern und so die Vergleichbarkeit von Beobachtungen zu optimieren. Allerdings setzt das voraus, dass diese Instrumente auch eine entsprechende Qualität haben. Als entscheidende Gütekriterien quantitativer Verfahren gelten Objektivität, Reliabilität, Validität und Normierung (vgl. Mischo, 2011):

Objektivität bedeutet, dass unterschiedliche Personen bei der Beobachtung zum gleichen Ergebnis kommen. Eine wichtige Rolle spielt dabei, wie präzise der zu beobachtende Sachverhalt beschrieben bzw. operationalisiert werden kann.

Reliabel ist eine Messung, wenn sie nicht durch äußere Bedingungen (z. B. Ermüdung des Kindes oder Effekte vorangegangenen Übens) beeinflusst ist, die dazu führen, dass die Kompetenzen über- oder unterschätzt werden.

Entscheidend für die *Validität* ist, dass ein Verfahren auch tatsächlich das misst, was erfasst werden soll. Das setzt voraus, dass die mit dem Instrument gesetzten Beobachtungsvorgaben theoretisch begründet und empirisch abgesichert sind.

Ein altersbezogener Vergleich von Fähigkeiten und Kompetenzen setzt eine *Normierung* voraus, die auf Messungen an einer repräsentativen Gruppe von Kindern der unterschiedlichen Altersstufen basiert.

Unstrittig ist die Bedeutung solcher normierten Verfahren, um in wissenschaftlichen Studien die Entwicklung von Fähigkeiten und Kompetenzen zu untersuchen oder auch für eine differenzierte Diagnostik etwa zur Abklärung von Entwicklungsverzögerungen, die eine spezielle Förderung erforderlich machen. Das erfordert in der Regel

allerdings Instrumente, die nicht für den Einsatz im Beobachtungsalltag der Kindertageseinrichtung gedacht sind.

Anders sieht es aus, wenn es um die Früherkennung von Entwicklungsrisiken geht. Tageseinrichtungen für Kinder sind Teil eines „Frühwarnsystems", mit dem fast alle Kinder und Familien erreicht werden. Aufgabe der Fachkräfte ist dabei keine differenzierte Diagnose, sondern die Durchführung eines „Screening", eines „Aussiebverfahrens", mit dem festgestellt wird, bei welchen Kindern eine genauere Überprüfung des Entwicklungsstandes durch Experten erforderlich ist. Als Entwicklungsrisiko gilt dabei in der Regel, dass Kinder über bestimmte Fähigkeiten nicht verfügen, die bei 90 bis 95% der Gleichaltrigen zu beobachten sind. Ein Beispiel für ein solches Verfahren sind die „Meilensteine der Entwicklung", die von Michaelis und Haas entwickelt und von Laewen (2000) als „Grenzsteine" für den Einsatz in Kindertageseinrichtungen aufbereitet wurden. Eine Reihe von präzis formulierten Fragen zu unterschiedlichen Entwicklungsbereichen erlaubt es, bei Kindern im Alter von drei Monaten bis sechs Jahren ohne großen Aufwand Entwicklungsrisiken festzustellen.

Ein wesentlich differenzierteres, damit aber auch aufwändigeres Beobachtungsinstrument haben Koglin u. a. (2010; 2011) für das Alter von 3 bis 48 Monaten bzw. von 48 bis 72 Monaten vorgelegt. Ausgehend von Entwicklungstests haben sie Bögen zur Entwicklungsbeobachtung und -dokumentation von Kindern im Alter von drei bis 48 Monaten erarbeitet. Mit ihnen lässt sich die kindliche Entwicklung im Abstand von drei bzw. sechs Monaten in den Bereichen Haltungs- und Bewegungssteuerung, Fein- und Visuomotorik, Sprache rezeptiv und expressiv, kognitive, soziale und emotionale Entwicklung anband von Aufgaben dokumentieren. Auch hier geht es darum, nach dem „Meilenstein-Prinzip" Entwicklungsrückstände festzustellen, die gegebenenfalls von Diagnostik-Expertinnen und -Experten weiter abzuklären wären.

Abgesehen von solchen Instrumenten zur Früherkennung von Entwicklungsverzögerungen gibt es eine Vielzahl von standardisierten Beobachtungsbzw. Einschätzbogen, die auch für die pädagogische Arbeit im Alltag der Kindertageseinrichtung angeboten bzw. von den Fachkräften zum Teil selbst entwickelt wurden. Sie entsprechen aber oft

auch nicht annähernd den oben genannten Quali-
tätsmerkmalen und laden dazu ein, vorformulierte
Aussagen ohne konkrete Beobachtung anzukreuzen. So etwa, wenn das komplexe Thema „Beziehung zu anderen" durch das Ankreuzen von Aus-
prägungen wie „offen – verschlossen"; „vertrau-
end – misstrauisch" erledigt wird. Man kann davon
ausgehen, dass solche Vorgaben von unterschiedlichen Personen sehr unterschiedlich beantwortet
werden, vor allem aber auch, dass ein solches
Instrument eine differenzierte Verhaltensbeobachtung eher behindert als fördert.

Soweit solche Einschätzbogen mit klaren Altersangaben versehen sind, besteht die Gefahr, dass
nicht genügend beachtet wird, wie unterschiedlich
sowohl die Abfolge als auch die Schnelligkeit sein
kann, mit der Kinder sich in verschiedenen Bereichen entwickeln. Abweichungen von einer durchschnittlichen Norm können dadurch in ihrer
Bedeutung überschätzt werden und zu unnötigen
oder entwicklungshinderlichen Förderversuchen
führen. Zudem hat das für standardisierte Verfahren charakteristische Bemühen, individuelle
Besonderheiten und Besonderheiten der situativen
Rahmenbedingungen nach Möglichkeit auszublenden, zur Folge, dass die Bedeutung, welche die
beobachteten Fertigkeiten oder Handlungsmuster
für das beobachtete Individuum haben, vernachlässigt wird. Dadurch kommt der aktive Part, den
Kinder bei ihrer Entwicklung spielen, nicht angemessen in den Blick.

Qualitativ-hermeneutisch orientierte Beobachtungsverfahren

Besondere Beachtung finden seit einigen Jahren
Verfahren, die den Fokus auf strukturelle und
inhaltliche Merkmale der Aktivitäten der Kinder
legen. Die Kompetenzen, die Kinder dabei erwerben, sind zwar auch von Interesse, aber nicht als
primärer Beobachtungsgegenstand, sondern eher
sekundär als Effekt einer entsprechenden Form der
Umweltaneignung. Ausgangspunkt ist bei solchen
Verfahren eine weitgehend offene, nicht durch
bestimmte Fragen oder Items vorstrukturierte
Beobachtung. Ein weiterer wichtiger Grund für
die Bedeutung dieser Verfahren ist das vorherr-
schende konstruktivistische Verständnis von Lernen. Diesem Verständnis folgend ist Lernen
wesentlich ein Prozess der Konstruktion von Konzepten, Begriffen und Deutungsmustern, der die
Bewältigung von Alltagssituationen begleitet.

Diesen Prozess zu verstehen, gilt als wichtige
Voraussetzung für effektives pädagogisches Handeln. Dabei werden Kinder als „kompetente Ler-
ner" wahrgenommen, die von Beginn an mit
Fähigkeiten und Fertigkeiten ausgestattet sind, mit
denen sie ihre Umwelt erkunden und verstehen
wollen.

Im Folgenden werden drei Beispiele von Verfahren
kurz vorgestellt, die von einer detaillierten Wahrnehmung bzw. Beschreibung kindlicher Aktivitäten ausgehen.

Beobachtende Wahrnehmung

Mit dem Konzept einer „beobachtenden Wahrnehmung" setzt sich Schäfer (2005) explizit von
„gerichteten" Formen von Beobachtung ab, die
mit irgendwelchen Klassifizierungen im Sinne
von vorab formulierten Kategorien arbeiten. Als
Grundlage professionellen Beobachtens fordert er
eine „ungerichtete Aufmerksamkeit". „Dieser
Begriff enthält zwei Gedanken. Zum einen geht es
um Vielperspektivität: Der Beobachter will nichts
Bestimmtes wissen, sondern er ist bereit, möglichst vieles wahrzunehmen, was Kinder indirekt
oder direkt über sich, ihre Erlebnisse und Gedanken mitteilen. […] Zum anderen meint der Begriff
eine Aufmerksamkeit für das Unerwartete. Ungerichtetes Beobachten versucht all das zu erfassen,
was die Aufmerksamkeit des Wahrnehmenden
erregt. Es ist für Überraschungen offen" (Schäfer,
2005, S. 166). Dementsprechend geht es gerade
nicht darum, mittels Beobachtung Informationen
über Kompetenzen der Kinder oder ihren Entwicklungsstand zu sammeln, sondern vielmehr darum,
sich auf diese Weise immer wieder aufs Neue auf
die Spur eines fremden Kindes zu begeben und
Störungen bestehender eigener Bilder zuzulassen
(vgl. Steudel, 2008, S. 77).

Während der Beobachtung versucht die Fachkraft,
„sich mit allen Sinnen auf ihre Wahrnehmungen
einzulassen, guckt, hört, fühlt, erlebt mit, nimmt
die Ereignisse in sich auf und versucht, sie sich zu
merken. Dabei macht sie sich möglichst keine
unmittelbaren Notizen, da diese ihre Aufmerksamkeit ablenken würden" (Steudel, 2008, S. 164).
Dazu gehört auch die Wahrnehmung eigener,
durch eine Beobachtung ausgelöster Gefühle. Pro-
tokolliert wird möglichst unmittelbar im
Anschluss an die Beobachtung. Anders als bei den
im Weiteren beschriebenen Verfahren geht es
dabei nicht um eine möglichst sachliche, „wert-

2. Erarbeitung

freie" Aufzeichnung. Vielmehr sollen die Erfahrungen des Beobachtenden in ihrer Komplexität unmittelbar nachvollziehbar gemacht werden.

Um in der Reflexion und Auswertung der Beobachtung zunehmend eine Annäherung an die Perspektive des Kindes zu erreichen, werden eine Reihe von offenen Fragen vorgegeben, die sich auf die unterschiedlichen Formen der Wahrnehmung der Kinder und ihre Selbstbildungspotenziale beziehen (vgl. Steudel, 2008, S. 186 ff.). Als wichtiger Ertrag wahrnehmenden Beobachtens für die Erzieherinnen wird die Sensibilisierung für die eigenen Wahrnehmungsprozesse und ihre emotionale Einordnung und die Sensibilisierung für die Erzieherinnen-Kind-Interaktion hervorgehoben (vgl. Schäfer, 2005, S. 169 ff.).

Theoretisch orientiert sich dieser Verzicht auf vorab entwickelte Beobachtungskategorien an der Ethnografie, die sich um die Untersuchung kultureller Alltagspraktiken von Kindern bemüht. Dazu kommt eine phänomenologische Orientierung, um dem Sachverhalt der spezifischen Leiblichkeit, Räumlichkeit, Zeitlichkeit und Sozialität der kindlichen Erfahrungsweise gerecht zu werden. Mit diesem zugleich ethnografischen und phänomenologischen Zugang zu Beobachtung sind erhebliche methodische Anforderungen verbunden, auf die hier nicht weiter eingegangen werden kann (vgl. Schäfer, 2010, S. 70 ff.). Die Erzieherin erscheint in diesem Verfahren zugleich als pädagogische Fachkraft und als Forscherin. Dabei besteht allerdings die Gefahr, dass grundlegende Unterschiede zwischen der Perspektive der Fachkraft, die eine pädagogische Situation zu gestalten hat, und einer wissenschaftlichen Perspektive, in der das pädagogische Geschehen aus der Position eines Dritten betrachtet wird, aus dem Blick geraten (vgl. Honig, 2010, S. 96 ff.).

Berliner Modell von Early Excellence

Ausgangspunkt der Beobachtung nach dem auf das Familienzentrum Pen Green in Corby (England) zurückgehenden Ansatz ist eine rein beschreibende Beobachtung, bei der es vor allem darum geht, zunächst ohne Bewertungen und ohne Vermutungen über die Motive das sichtbare Verhalten der Kinder festzuhalten. Ziel ist es, auf diese Weise dem beobachteten Kind in seiner Individualität gerecht zu werden. Ein besonderer Akzent wird dabei auf einen „positiven Blick auf das Kind" gelegt, in dem seine Stärken besonders hervorgehoben werden. Zu diesem positiven Blick gehören pädagogische Strategien einer „sanften Intervention" mit Warten und Beobachten in respektvoller Distanz, Anknüpfen an frühere Erfahrungen des Kindes, Bestärkung und Ermutigung zu eigenen Entscheidungen und zum Eingehen angemessener Risiken und dem Verdeutlichen, dass Kind und Erwachsene beim Lernen Partner sind (vgl. Lepenies, 2007). Als für die Beobachtung besonders geeignet gelten Situationen, in denen Kinder in eine selbst gewählte Tätigkeit vertieft sind.

Fachkräfte, die mit diesem Verfahren arbeiten, berichten, dass das Bemühen um eine „wertfreie" Beobachtung, die nur das beobachtbare Verhalten des Kindes festhält, eine neue Sicht auf Kinder eröffnet und früher negativ wahrgenommene Verhaltensweisen in einem neuen Licht erscheinen lassen. Allerdings wird auch von Schwierigkeiten berichtet, wenn etwa Gefühlsäußerungen wie Freude oder Ärger allein durch physiologische Beschreibungen von Bewegungen und Mimik ersetzt oder „negative" Gefühle (etwa Ärger oder Aggression) ausgeklammert werden sollen (vgl. Eden, Staege & Durand, 2011).

Eine zentrale Rolle bei der Interpretation der beobachteten Handlung spielt das Konzept der Schemata (englisch „schemas"). Entwickelt wurde es von Cath Athey in England. Schemata „sind Verhaltensmuster, durch die sich das Kind ein Bild von seiner Welt macht und begreift, wie sie funktioniert" (Wilke, 2004, S. 54). Erfasst werden damit Aktivitätsmuster, die von einzelnen Kindern bevorzugt vollzogen werden. Entsprechend der Theorie von Piaget werden die Schemata unterschiedlichen Ebenen der Intelligenzentwicklung zugeordnet. Der Vollzug dieser Schemata ist immer auch mit Gefühlen, Ideen und Beziehungen zu Dingen verbunden, die man mag oder nicht mag. Von daher dienen sie dazu, neben der kognitiven Entwicklung auch Interessen in den Blick zu nehmen, die den Aktivitäten der Kinder zugrunde liegen. Sie markieren damit wichtige Ansatzpunkte für Angebote, mit denen die weitere Entwicklung des Kindes gefördert werden kann. Dabei werden ergänzend zur kognitiv akzentuierten Theorie von Piaget auch Ansätze herangezogen, welche die Intensität und emotionale Qualität der Aktivität berücksichtigen (vgl. Arnold, 2004), wobei hier die Arbeiten von Laevers (s. u.) eine besondere Rolle spielen.

Bildungs- und Lerngeschichten

Auch beim Verfahren der Bildungs- und Lerngeschichten, bei dem es sich um eine Adaptation der „learning Stories" von Margaret Carr (2001) handelt, geht es im ersten Schritt um eine Aufzeichnung der Aktivitäten von Kindern ohne Strukturvorgabe, geleitet von dem Interesse, etwas über das Lernen des Kindes zu erfahren (vgl. Leu u. a., 2007). Daraus ergibt sich ein besonderes Interesse für Situationen, in denen sich Kinder mit bisher noch nicht völlig vertrauten Situationen, Anliegen und Aufgaben befassen, sondern sich über ihren vertrauten Aktionsradius hinauswagen. Ein zentrales Ziel ist, zu verstehen, welche Absichten und Interessen Kinder mit ihrer Tätigkeit verfolgen und welche Bedeutungen sie damit verbinden.

Bei der Auswertung der Beobachtung spielt das Konzept der Lerndispositionen eine zentrale Rolle. Sie werden verstanden als Neigungen und Gewohnheiten, sich auf situativ gegebene Lernmöglichkeiten, Gestaltungsräume und Anforderungen in einer bestimmten Situation einzulassen. Dabei werden fünf Lerndispositionen unterschieden, von denen drei die Intensität von Aktivitätsmustern und zwei deren soziale Einbettung thematisieren. Eine erste Lerndisposition bezieht sich auf die Fähigkeit und Möglichkeit, sich mit Interesse einem Sachverhalt oder einer Person zuzuwenden. Davon unterscheidet Carr (2001, S. 22 ff.) die Disposition, sich intensiv und vertieft mit etwas zu beschäftigen. Sie knüpft dabei explizit an der Leuvener Engagiertheits-Skala an (s. u.), der zufolge Engagiertheit und Wohlbefinden wichtige Voraussetzungen für gelingende Lernprozesse sind. Eine weitere Lerndisposition bezieht sich darauf, dass jemand trotz Schwierigkeiten und Unsicherheiten an einem Anliegen festhält und es weiter verfolgt. Dazu gehören auch die Fähigkeit und Möglichkeit, aus Fehlern zu lernen und die Bereitschaft, sich neuen Herausforderungen zu stellen.

Mit Bezug auf die soziale Einbindung thematisiert eine Lerndisposition die Fähigkeit und Möglichkeit, Ansichten, Ideen und Gefühle auszudrücken und eine eigene Sichtweise zu vertreten. Eine andere Lerndisposition bezieht sich auf die Fähigkeit und Möglichkeit, etwas zum gemeinsamen Tun beizutragen, Dinge auch von einem anderen Standpunkt aus zu sehen, eine Vorstellung von Gerechtigkeit und Unrecht zu entwickeln und Verantwortung zu übernehmen.

Die Formulierung „Fähigkeit und Möglichkeit" weist darauf hin, dass die Ausprägung von Lerndispositionen nicht einseitig als Leistung oder Versagen der Person zu verstehen ist, sondern immer auch ein Ergebnis der Rahmenbedingungen des Handelns ist. Dieser doppelte Blick auf das Kind und auf die Situation, wie er in den Lerndispositionen systematisch angelegt ist, macht dieses Konzept für die pädagogische Praxis besonders fruchtbar. Dazu kommt, dass sich die genannten Lerndispositionen unabhängig vom Inhalt einer Tätigkeit beobachten lassen und auch nicht an bestimmte Altersstufen gebunden sind. Beides sind Merkmale, die auch die von Laevers u. a. entwickelte Leuvener Engagiertheitsskala (s. u.) auszeichnen.

Nicht zuletzt kommt in der Art und Weise, wie jemand handelt und Lernchancen wahrnimmt, auch sein Wissen und Können zum Ausdruck. Auch dieser Aspekt ist bei der Auswertung der Beobachtung zu berücksichtigten und erlaubt zugleich, einen Bezug auf die in Bildungsprogrammen und Rahmenvorgaben der Länder vorliegenden Lerninhalte herzustellen.

Qualitätskriterien für qualitative Beobachtungsverfahren

Während sich bei den quantitativ- diagnostisch orientierten Verfahren zentrale Qualitätsmerkmale aus allgemein anerkannten statistischen Prozeduren ableiten lassen, gibt es für qualitative Beobachtungen keine vergleichbar eindeutig operationalisierbaren Qualitätskriterien. Das gilt auch für den Versuch, die für quantitative Verfahren grundlegenden Kriterien Objektivität, Reliabilität und Validität auf qualitative Verfahren zu übertragen (vgl. Weltzien, 2011, S. 24 ff.). Ein zentrales Gütekriterium qualitativer Forschung ist die intersubjektive Nachvollziehbarkeit. Konstitutiv dafür ist die Dokumentation der ganzen Schritte der Datenerhebung und -interpretation. Dazu gehören auch die Dokumentation des Vorverständnisses der Forschenden, der Erhebungsmethoden und des Erhebungskontextes, aber auch der im Auswertungsprozess aufgetretenen Probleme und Entscheidungen. Weitere Anforderungen ergeben sich aus der Anwendung spezifischer Auswertungsmethoden (z. B. diskursanalytischer Verfahren oder der objektiven Hermeneutik) (vgl. Steinke, 2003, S. 324 ff.).

2. Erarbeitung

Solche für wissenschaftliche Arbeiten entwickelten Gütekriterien lassen sich nicht unmittelbar auf Beobachtungs- und Interpretationsprozesse in der pädagogischen Praxis übertragen. Dagegen sprechen nicht nur die dafür erforderlichen besonderen Qualifikationen und zeitlichen Ressourcen. Auch die Anforderung, unter dem Blickwinkel der Gestaltung der pädagogischen Beziehung zu Kindern zu beobachten, unterscheidet sich grundsätzlich von Anforderungen, die sich aus dem Ziel ergeben, zu wissenschaftlich fundierten und nach Möglichkeit verallgemeinerbaren Aussagen zu kommen. Als allgemein anerkannte Qualitätskriterien qualitativer Beobachtung in der pädagogischen Praxis bleibt aber das Bemühen, die kindliche Lebenswelt aus der Sicht der Kindes zu verstehen, dabei auch den situativen Kontext einzubeziehen und die eigenen Orientierungen und Haltungen, mit denen der bzw. die Beobachtende das Kind und seine Aktivitäten in den Blick nimmt, zu reflektieren (vgl. Weltzien, 2011, S. 19f.). Dazu gehört auch die Vermeidung typischer „Beobachtungsfallen", wie sie einleitend kurz angesprochen wurden. Als wichtige Unterstützung dafür gelten der Austausch und die Reflexion von Beobachtungsergebnissen und ihrer Interpretation im Team, ergänzt um externe Expertinnen und Experten.

Kombination von quantitativen und qualitativen Verfahren

Angesichts der unterschiedlichen Stärken und Grenzen von quantitativ-diagnostisch und qualitativ-hermeneutisch orientierten Verfahren gibt es inzwischen mehrere Konzepte, in denen beide Vorgehensweisen zur Geltung gebracht werden sollen. Im Unterschied zu quantitativ-diagnostischen Beobachtungsverfahren ist das primäre Anliegen des qualitativen Zugangs nicht die vergleichende, an Normen orientierte Feststellung des Entwicklungsstandes von Kindern. Im Vordergrund steht vielmehr unmittelbar die Unterstützung der Fachkräfte bei der Gestaltung der pädagogischen Arbeit.

Die Leuvener Engagiertheits-Skala

Eine zentrale Grundlage der Leuvener Engagiertheits-Skala (vgl. Laevers, 1997) ist die Annahme, dass Handlungen, bei denen es Kindern „gut geht" und die sie mit hohem Engagement verfolgen, auch besonders wichtige Anlässe für nachhaltiges Lernen bieten. Dementsprechend haben Laevers u. a. ein Verfahren entwickelt, mit dem das Wohlbefinden und die Engagiertheit der Kinder in den Blick genommen werden. Anhand von standardisierten Skalen wird beobachtet, wie sehr Kinder in ihren Aktivitäten „bei der Sache sind", sich nicht ablenken lassen, an die Grenzen ihrer Möglichkeiten gehen und auch Neues ausprobieren, wie sehr sie dabei emotional beteiligt und von der Sache begeistert sind, wie genau und sorgfältig sie arbeiten und wie viel Energie sie mobilisieren.

Mit diesen Indikatoren wird der Begriff der Engagiertheit konkretisiert. Aufgrund der standardisierten Skalen ist es möglich, Kinder bzw. Kindergruppen unter dem Gesichtspunkt ihrer Engagiertheit zu vergleichen. Dabei geht es nicht um einen individualdiagnostischen Blick auf das einzelne Kind. Im Fokus steht die pädagogische Qualität der pädagogischen Arbeit, die Frage, in welchem Setting und bei welchen Aktivitäten welches Kind bzw. welche Kinder sich engagiert betätigen können. Indem so die individuell unterschiedlichen Interessen der Kinder als Grundlage für effektives Lernen gelten, kommt mit diesem Verfahren auch die besondere Perspektive der Kinder in den Blick und wird die Bedeutung eines verstehenden Zugangs zu Beobachtung thematisiert, allerdings ohne die für eine solche qualitativ-hermeneutische Vorgehensweise erforderlichen Schritte und Qualifikationen eigens zu explizieren.

Ein Vorteil der Engagiertheit-Skala liegt darin, dass sie sich auf die unterschiedlichsten Tätigkeiten anwenden lassen, denen Kinder nachgehen. Ob es dabei um ein Rollenspiel, um Malen, Bauen oder körperliche Geschicklichkeit geht, ist unwesentlich. Damit kann der Individualität und Verschiedenartigkeit kindlicher Bildungs- und Lernprozesse Rechnung getragen werden. Dass bei der Frage nach den Gründen für eine mehr oder weniger große Engagiertheit der Blick weniger auf die Kinder als vielmehr auf die Lernumgebung gerichtet wird, ist ein weiteres wichtiges Merkmal dieses Ansatzes. Aufgabe der Erzieherinnen ist es, die notwendigen Voraussetzungen zu schaffen, dass intensive, konzentrierte und von eigenen Interessen geleitete Aktivitäten einen wichtigen Bestandteil der Tätigkeiten der Kinder ausmachen.

Die Engagiertheit der Kinder in ihren Aktivitäten findet, oft mit direktem Bezug auf die Leuvener Engagiertheits-Skala, auch in zahlreichen anderen Beobachtungsverfahren Beachtung, wie oben auch bereits erwähnt wurde. Dahinter steht die breit akzeptierte These, dass sozio-emotionale Aspekte von grundlegender Bedeutung für gelingende Lernprozesse der Kinder sind.

Positive Entwicklung und Resilienz im Kindergartenalltag (PERIK)

Das Beobachtungsverfahren für positive Entwicklung und Resilienz im Kindergartenalltag (PERIK) von Mayr und Ulich (2006) zielt auf sozial-emotionale Kompetenzen von Kindern, die als wesentliche Voraussetzungen für erfolgreiches Lernen gelten. Um diese Entwicklungen differenziert in den Blick zu nehmen, haben Mayr und Ulich in Kooperation mit vielen Kindertageseinrichtungen einen standardisierten Beobachtungsbogen entwickelt. Bei der Operationalisierung und Formulierung der Items beziehen sie sich auf theoretische Ansätze aus dem Bereich der Gesundheitsforschung, der Resilienzforschung und der Forschung zu Schulerfolg. Sie unterscheiden sechs Entwicklungsbereiche: Kontaktfähigkeit, Selbststeuerung/Rücksichtnahme, Selbstbehauptung, Stressregulierung, Aufgabenorientierung und Explorationsfreude. Zu jedem dieser Bereiche werden sechs Aussagen getroffen, zu denen jeweils anzukreuzen ist, inwiefern sie bei dem betreffenden Kind durchgängig, überwiegend, teilweise, kaum oder gar nicht zu beobachten sind. Mayr und Ulich gehen davon aus, dass damit zentrale Dimensionen einer positiven Entwicklung erfasst werden.

Eine quantitative Auswertung der Beobachtungen und damit auch die Feststellung von Abweichungen von einer altersgemäßen Entwicklung sind möglich. Ein besonderes Gewicht hat aber der Schritt von der Beobachtung zur pädagogischen Praxis. Entsprechend enthält das Manual eine Reihe von Hinweisen und Beispiele für eine differenzierte Wahrnehmung der Kinder, für die Reflexion der eigenen Erwartungen und die gezielte Förderung von Kompetenzen. Außerdem enthält der Beobachtungsbogen neben den standardisierten Items immer auch Raum für individuelle Notizen. Damit soll der Bogen auch helfen, die eigenen Erwartungen zu reflektieren, und Hinweise für eine gezielte Förderung von Kompetenzen geben.

Das infans-Kozept

„Kindverhalten beobachten und fachlich reflektieren" ist die Überschrift eines der insgesamt fünf Module des „infans-Konzept der Frühpädagogik"

(Andres & Laewen, 2011). Der darin vorgestellte „Werkzeugkasten" für die Beobachtung umfasst sieben unterschiedliche Instrumente. Insgesamt ist das Instrumentarium durch ein qualitativhermeneutisches Vorgehen geprägt. Besondere Aufmerksamkeit gilt den „Bildungsinteressen/Bildungsthemen" der Kinder. Der dafür bestimmte Beobachtungsbogen lässt viel Raum für eine offene Beschreibung dessen, was geschieht und was das Kind allein oder mit anderen tut und sagt. „Ziel ist es, das Kind besser verstehen zu lernen, eine Basis für die Verständigung mit ihm zu finden, an seine Themen anknüpfen zu können" (Andres & Laewen, 2011, S. 83). Dabei soll das Beobachtete so notiert werden, dass die Handlungsabläufe oder Dialoge für die Kolleginnen und Kollegen im Team nachvollziehbar sind. Auch hier gilt, dass während des Aufschreibens auf Bewertungen zu verzichten ist. In weiteren Schritten ist auf dem Bogen einzutragen, was die Situation mit der beobachtenden Person macht, wie sich das Kind aus Sicht der beobachtenden Person fühlt und wie engagiert das Kind seine Aktivität verfolgt. Dieser Aspekt wird in Anlehnung an die Leuvener Engagiertheitsskala mit elf standardisierten Items abgefragt. Den Abschluss bilden Leitfragen zur fachlichen Reflexion der Beobachtung mit den Kolleginnen und Kollegen.

Neben diesem Bogen zu den Bildungsinteressen und -themen der Kinder gibt es drei weitere nur durch wenige Fragen vorstrukturierte Beobachtungsbögen zu Interessen und bevorzugten Tätigkeiten der Kinder, zur Bildungsgeschichte des Kindes in seiner Herkunftsfamilie und zu Freunden und sonstigen Beziehungen des Kindes, ergänzt um ein Soziogramm. Zusätzlich werden mit standardisierten Instrumenten in Anlehnung an Gardners Konzept der multiplen Intelligenzen die Bildungsbereiche und Zugangsformen des Kindes erhoben. Damit soll der Blick der Fachkräfte geschärft werden für den Sachverhalt, „dass Kinder in unterschiedlichen Bereichen fast immer unterschiedliche Kompetenzen entwickeln. In einer solchen differenzierten Wahrnehmung kindlicher Kompetenzen sehen wir eine der wichtigsten Voraussetzungen für eine Vorschulpädagogik, die den neuen Kenntnissen über frühkindliche Bildungsprozesse gerecht werden will" (Laewen & Andres, 2002, S. 165). Außerdem werden die „Grenzsteine der Entwicklung" eingesetzt, um Entwicklungsrisiken frühzeitig zu entdecken.

2. Erarbeitung

„Das zentrale Anliegen, das dem Einsatz von Beobachtungsverfahren im infans-Konzept zugrunde liegt, besteht (…) darin, den Sinn des Verhaltens jedes Kindes zu verstehen, seine Interessen und Themen zu identifizieren und damit Zugang zu seinen Bildungsprozessen zu gewinnen" (Andres & Laewen,2011, S. 64). Die Themen der Kinder so stark zu gewichten, bedeutet nicht, dass Anliegen und Erziehungsziele der Erwachsenen ausgeklammert werden. Die Reflexion und Formulierung von Erziehungszielen sind wichtige Schritte bei der Arbeit mit diesem Ansatz. Laewen und Andres (2002, S. 126f.) sprechen in diesem Zusammenhang auch davon, dass zu Erziehung auch die „Zumutung von Themen" gehört. Allerdings ist dabei immer darauf zu achten, wie Kinder diese Zumutungen aufgreifen und in ihre Vorstellungen und Kompetenzen einbauen und aufnehmen können, um im Sinne einer optimalen individuellen Förderung die „Anschlussfähigkeit" solcher „Zumutungen" zu sichern.

Das Resultat der Beobachtungen ist ein klar strukturiertes „individuelles Curriculum", in dem die Ergebnisse aus den Beobachtungen mit den verschiedenen Instrumenten und die Erziehungsziele der Erwachsenen zusammengeführt werden.

Ausblick

Mit der gewachsenen Bedeutung, die der Beobachtung heute zukommt, wachsen auch die Anforderungen an die Qualität der Beobachtungsinstrumente und -verfahren. Standardisierte Beobachtungsbögen sind in der Regel leichter einzusetzen als offene Verfahren. Das liegt daran, dass mit diesen Instrumenten nicht nur klar vorgegeben wird, was beobachtet werden soll, sondern auch, wie die beobachteten „Fakten" zu interpretieren und zu bewerten sind. Diese Verfahren sind notwendig, wenn es darum geht, Entwicklungsrisiken in unterschiedlichen Bereichen rechtzeitig zu erkennen. Voraussetzung ist allerdings, dass die Vorgaben wissenschaftlich fundiert und empirisch überprüft sind. Andernfalls besteht die große Gefahr, dass solche Vorgaben die Aufmerksamkeit auf Fähigkeiten oder Sachverhalte lenken, die letztlich keine zuverlässigen Hinweise auf den Entwicklungsstand und -verlauf von Kindern zulassen. Das gilt für eine große Zahl der Checklisten und standardisierten Beobachtungsbögen, die zurzeit im Umlauf sind.

Für die Begleitung und Unterstützung von Bildungs- und Lernprozessen geeigneter sind qualitativ-hermeneutische Verfahren, deren Akzent auf einem differenzierten Verstehen der Bedeutungen liegt, die Kinder mit ihren Handlungen verbinden, gegebenenfalls ergänzt durch in Teilen standardisierte Beobachtungen, um den Blick auf bestimmte Aspekte des kindlichen Verhaltens zu lenken, die als bedeutsam eingeschätzt werden und in einer wenig strukturierten Beobachtung zu wenig Beachtung finden könnten. Gemeinsam ist den qualitativ-hermeneutischen Verfahren eine konstruktivistische Sicht auf kindliches Lernen und die Annahme, dass engagiertes Handeln unter Einbringen der eigenen Position und in Kooperation mit anderen besonders günstige Lernvoraussetzungen bietet. Damit wird auch als pädagogische Zielvorstellung ein Handlungsmuster umschrieben, dessen wesentliches Merkmal Teilhabe bzw. Partizipation ist.

Bei all diesen Verfahren gelten als wichtiger Beitrag zur Qualitätssicherung die Reflexion und der Austausch über die Beobachtung und die daraus zu ziehenden Schlussfolgerungen im Team, um Beobachtungsfallen und -fehler zu vermeiden und den Blick für unterschiedliche Interpretationen des Beobachteten zu öffnen. Dabei ist darauf zu achten, dass in diese Interpretationen neben den Erfahrungen aus der Alltagspraxis auch theoretisch fundierte Kenntnisse in den jeweils beobachteten Entwicklungsfeldern einfließen. Das setzt eine entsprechende Vermittlung solcher Inhalte in der Aus- und Fortbildung der pädagogischen Fachkräfte voraus.

Ein eigenes Thema ist die wissenschaftliche Untersuchung der Qualität von Beobachtungsverfahren. Bei den quantitativ-diagnostischen Verfahren, die mit standardisierten Instrumenten in standardisierten Erhebungssituationen arbeiten, gibt es klare Prozeduren, mit denen die Objektivität, Reliabilität und Validität von Beobachtungsinstrumenten geprüft werden (vgl. dazu Mischo, 2011). Ausgeklammert bleibt dabei allerdings die Frage, inwiefern ihr Einsatz zu einer Verbesserung der Qualität der pädagogischen Arbeit führt.

Das stellt sich bei den qualitativ-hermeneutischen Verfahren, die den Anspruch haben, unmittelbar zur Verbesserung der pädagogischen Qualität beizutragen, anders dar. Untersuchungen, die sich damit beschäftigen, konzentrieren sich entweder auf die Frage, wie sich diese Beobachtungsverfahren in den pädagogischen Alltag einfügen, oder sie gehen der Frage nach, wie die beteiligten Akteure (Fachkräfte, Kinder, Eltern) die Arbeit mit dem jeweiligen Beobachtungsverfahren beurteilen, u. U. ergänzt um den Versuch, bei den Kindern mittels standardisierter Verfahren Lern- und Bildungseffekte festzustellen.

Mit Blick auf die erste Fragestellung liegen inzwischen einige Arbeiten vor, in denen, zum Teil mit einem ethnografischen Ansatz, untersucht wurde, wie der tatsächliche Einsatz dieser Verfahren im pädagogischen Alltag praktiziert wird. Dabei zeigt sich, wie der institutionelle Kontext der Kindertageseinrichtung dazu führen kann, dass Verfahren in einer Weise modifiziert und erst „brauchbar" gemacht werden müssen, die der Intention einer offenen, ganz am Kind orientierten und von eigenen Vorstellungen „unbelasteten" Vorgehensweise entgegenstehen (vgl. Schulz & Cloos, 2011). Ein Problem scheint in vielen Fällen auch der für qualitativ-hermeneutische Verfahren so wichtige Austausch im Team zu sein, der – wie Müller und Zipperlein (2011) berichten – nicht zuletzt wegen mangelnder Zeit oft nur sehr begrenzt praktiziert wird. Eine Reihe weiterer Beiträge zu verschiedenen Formen und Verfahren der Bildungsbegleitung in Kindertageseinrichtungen findet sich bei Cloos und Schulz (2011; vgl. auch Wildgruber, 2012). Um die Bedeutung von Beobachtungsverfahren für eine qualifizierte pädagogische Praxis einschätzen zu können, sind solche Untersuchungen zur tatsächlichen Beobachtungspraxis von größter Bedeutung. Weitere wichtige, in diesem Kontext zu klärende Fragen beziehen sich etwa auf die Bedeutung entwicklungstheoretischer Kenntnisse oder auch auf die Nützlichkeit quantitativdiagnostischer Verfahren. Dass auch diese Verfahren in ihrem praktischen Einsatz speziellen, vom Testmanual abweichenden Modifikationen unterliegen können, hat Kelle (2011) am Beispiel des Einsatzes von Sprachtests im Rahmen von Schuleingangsuntersuchungen gezeigt.

Ein zweiter Zugang, um den Beitrag von Beobachtungsverfahren zur Verbesserung der pädagogischen Praxis zu untersuchen, führt über die Feststellung entsprechender Effekte in der Zusammenarbeit zwischen den Fachkräften, mit den Eltern und mit den Kindern und – am schwierigsten – über den Nachweis von Lern- und Bildungseffekten bei den Kindern. Dazu liegen zwar verstreut einige Forschungsberichte, aber kaum allgemein zugängliche Publikationen vor. Als positiver Effekt wird fast durchweg von einem „neuen Blick auf Kinder" berichtet. Gemeint sind damit eine verstärkte Wertschätzung kindlicher Aktivitäten und Interessen sowie eine Stärkung des Dialogs auch mit Kindern, der sich in „Momenten intensiver Interaktion" (Weltzien & Viernickel, 2008) zeigt. Von den Fachkräften wird dies auch als Kompetenzzuwachs erlebt (vgl. Weltzien & Viernickel, 2012). Eine Evaluationsstudie mit einem Vergleich der Bildungs- und Lerngeschichten und des infans-Konzeptes wurde vom Marie Meierhafer Institut für das Kind in Zürich durchgeführt. Mit einer Publikation der Ergebnisse ist 2013 zu rechnen. Außer Frage steht, dass weitere Untersuchungen zur Arbeit mit unterschiedlichen Beobachtungsverfahren und ihren Auswirkungen dringend erforderlich sind, um ihre Bedeutung angemessen einzuschätzen und diesen Aspekt der pädagogischen Arbeit weiter zu qualifizieren.

Leu, Hans Rudolf (2013): Beobachtung in der Praxis. In: Fried, Lilian & Roux, Susanna (2013): Handbuch. Pädagogik der frühen Kindheit. Berlin: Cornelsen, S. 250–260

2. Erarbeitung

2.2 Beobachtungs- und Dokumentationsverfahren

Im Folgenden lernen Sie zehn Beobachtungs- und Dokumentationsverfahren kennen. Wir schlagen vor, diese arbeitsteilig zu erschließen und Ihre Arbeitsergebnisse am Ende dem Kurs zu präsentieren.

Zum Einstieg der Erarbeitung der einzelnen Verfahren können sie sich fragen:

- Wenn ich die Bezeichnung lese, welche Erwartungen habe ich dann über das, was beobachtet und dokumentiert werden soll?
- Welche Gesetzesgrundlage wird hier entsprechend bedient?
- Wie könnte eine Erziehungs- und Bildungspartnerschaft gestaltet werden?

Aufgaben

Sie können die angebotenen Verfahren erschließen, indem Sie in Einzel-, Partner- oder Kleingruppenarbeit folgende Anregungen aufgreifen:

1. Beschreiben und erläutern Sie die zentralen Begriffe und Kategorien des jeweiligen Verfahrens.

2. Geben Sie wieder, welche Schritte zur Beobachtung und Dokumentation notwendig sind.

3. Diskutieren Sie welche Erkenntnisse aus dem jeweiligen Verfahren generiert werden können und wie diese helfen, den sozialpädagogischen Alltag zu gestalten. Orientieren können Sie sich dabei an den folgenden Fragen:

   a. Welche gesetzlichen Grundlagen zur Einführung und Verwendung von Beobachtungs- und Dokumentationsverfahren gibt es (z. B. in Ihrem Bundeland)?

   b. Welche Voraussetzungen sind zu erfüllen, um nach dem Verfahren zu beobachten?

   c. Welchen Beobachtungsfokus legt das Verfahren?

   d. Was wird konkret beobachtet?

   e. Handelt es sich um ein qualitatives oder quantitatives Verfahren?

   f. Welche Erkenntnisse resultieren aus den Beobachtungen?

   g. Welches Bild vom Kind liegt dem Beobachtungsverfahren zu Grunde?

   h. Sind die Beobachtungen defizit- oder ressourcenorientiert?

   i. Wie wird die Beobachtung dokumentiert?

   j. Wie wird die Beobachtung ausgewertet?

   k. Wofür werden die Erkenntnisse, die mittels des Beobachtungsverfahrens gewonnen werden, eingesetzt? Wem kommen diese Erkenntnisse zu Gute? Was wird mit den Erkenntnissen gemacht? Welche Haltung lässt sich hinter den Verfahren vermuten?

   l. Welches Erziehungs- und Bildungsverständnis könnte dem Verfahren zu Grunde liegen?

   m. Welche Chancen, Grenzen und Gefahren sehen Sie bei der Anwendung des Verfahrens?

   n. Ein Beobachtungs- und Dokumentationsverfahren für mich? Wenn Sie daran denken, dass Sie selbst in einer Einrichtung arbeiten – für welches Verfahren würden Sie sich entscheiden und warum?

   Diskutieren Sie weitere Fragen, die Sie im Zusammenhang der Erarbeitung eines Beobachtungsverfahrens klären wollen.

4. Welche Folgerungen ziehen Sie aus den Befunden im Hinblick auf die Fragen, die Sie sich zum *„Einstieg in das Thema"* gestellt haben?

2.2.1 Wahrnehmendes, entdeckendes Beobachten

Bildquelle: http://www.mfkjks.nrw.de/web/media_get.php?mediaid=14582&fileid=41326&sprachid=1

M 10 Zwei Formen der Beobachtung (Schäfer)

Um zu erfassen, was Kinder zur Unterstützung ihrer Bildungsprozesse brauchen, müssen Pädagoginnen die Kinder kennen lernen. Dies geschieht dadurch, dass sie diese in ihrem Alltag aufmerk-
5 sam wahrnehmen und sich auf das einlassen, was sie tun und möglicherweise denken. Diesem Ziel dient Beobachten im hier verstandenen Sinn. [...]
Dabei müssen zwei Formen von Beobachtung unterschieden werden, eine mit gerichteter und
10 eine mit ungerichteter Aufmerksamkeit.

Beobachtung mit gerichteter Aufmerksamkeit

Die gerichtete Beobachtung zielt auf Verhaltensweisen und Verhaltensbereiche, die bereits bekannt und theoretisch abgesichert sind.
15 Ihr entsprechen die meisten Fragebögen oder Einschätzskalen. Mit ihrer Durchführung soll die Qualität dieser Verhaltensweisen eingeschätzt und beurteilt werden. Sie richtet sich daher auf etwas, was man von Kindern weiß, oder besser, zu wissen glaubt. Im besten Fall ist dieses ein wissenschaft- 20 lich konstruiertes „Modellkind" und das Instrumentarium überprüft, inwieweit dieses oder jenes konkrete Kind hinsichtlich eines bestimmten Verhaltens dem „Modellkind" entspricht.
Hier ein Beispiel für ein solches „Modellkind": 25

Zur Zeit wird von einigen Fachleuten die Theorie vertreten, dass Kinder das Lernen lernen indem sie darüber nachdenken, wie sie gelernt haben. Dieses Modell vom Kind versteht Kinder als Menschen, die bewusst nachdenken. Das Problem einer sol- 30 *chen Konstruktion liegt nicht darin, dass sie auf etwas aufmerksam macht – auf das Nachdenken z. B. als Aspekt des Lernen Lernens –, sondern in dem, was sie auslässt. Sieht man – entlang einer Theorie – die Kinder im wesentlichen als rational* 35 *denkende Kinder an, dann lässt man eine ganze Menge von Aspekten aus, die Kinder, Kindsein und kindliches Denken ausmachen. Man erfasst dann z. B. nicht, was Spiel, Gedächtnis, Emotionen und anderes mehr, für das Lernen des Lernens* 40 *bedeuten. Achtet man beispielsweise beim Beobachten nur auf dieses Modell, dann entdeckt man vielleicht alle Hinweise auf ein Nachdenken des Kindes über Lernen, achtet aber nicht auf seine sonstigen Gedanken und Verhaltensweisen.* 45

Beobachtung mit ungerichteter Aufmerksamkeit

Zum Erfassen kindlicher Bildungsprozesse hingegen wird ein ungerichtetes Beobachten benötigt. Der Beobachter will nichts Bestimmtes wissen, sondern er ist bereit wahrzunehmen, was Kinder 50 indirekt oder direkt über sich, ihre Erlebnisse und Gedanken mitteilen. Ungerichtetes Beobachten versucht all das zu erfassen, was die Aufmerksamkeit des Wahrnehmenden erregt. Es ist offen für Überraschungen. Überraschungen in den Wahr- 55 nehmungen sind ein wichtiges Ziel dieser Form der Beobachtung. Man ist überrascht, wenn ein Verhalten von den Erwartungen abweicht. Diese Form der Beobachtung sucht nicht nach Übereinstimmungen des individuellen Kindes mit einem 60 wissenschaftlichen oder privaten „Modellkind", sondern nach Besonderheiten individueller Kinder. Insofern ist diese Form der Beobachtung auch kein Ergebnis der Anwendung von vorgefertigten Instrumentarien, Einschätzskalen oder Tests, son- 65 dern ein Gewahr werden mit den sinnlichen und emotionalen Möglichkeiten der Wahrnehmung, die der jeweiligen Erzieherin zur Verfügung stehen. Deshalb wird von einem wahrnehmenden Beobachten gesprochen. Aus einem wahrnehmenden kann ein entdeckendes Beobachten werden, wenn es mit Nachdenken verbunden wird.

Ein wahrnehmendes, entdeckendes Beobachten kann gezielt eingesetzt werden. Dafür nimmt man sich Zeit, um sich in einem kleinen Zeitabschnitt – das können fünf, zehn oder zwanzig Minuten sein – aus dem allgemeinen Gruppengeschehen zurückzunehmen und aufmerksam einzelne oder mehrere Kinder bei ihrer Tätigkeit auf sich wirken zu lassen.

Es ereignet sich aber auch spontan, wenn irgendetwas im alltäglichen Ablauf die Aufmerksamkeit der Erzieherin auf sich zieht und sie auf das neugierig wird, was sich gerade abspielt.

In den meisten Fällen wissen wir nicht, wie Kinder denken, was sie sich vorstellen, welche Bilder und Theorien sie verwenden, um sich ihre Wirklichkeit verständlich zu machen. Um daher etwas von ihren individuellen Bildungsprozessen zu erfassen, um zu entdecken, was die Ausgangspunkte und Verarbeitungswege der Kinder sind, benötigen wir offene Formen der Wahrnehmung und Beobachtung.

Ungerichtetes Beobachten: Beobachten, damit man mehr sieht – damit man sieht, was man noch nicht kennt.

Man kann diese Art der Beobachtung unterstützen, indem man durch Beobachtungshilfen einerseits auf mögliche Wahrnehmungsbereiche aufmerksam macht, die aus der Beobachtung nicht ausgeschlossen werden sollten. Andererseits sollen diese Hinweise ganz ausdrücklich allzu feste Vorstellungen von gerichteter Beobachtung „sprengen" helfen. […]

Schäfer, Gerd. E. (2004): Beobachten und dokumentieren. Verfügbar unter: https://www.hf.uni-koeln.de/data/eso/ File/Schaefer/WahrnehmenUndDenken4.pdf (12.03.2011), S. 1–3

mation über das wahrgenommene Geschehen bei. Die Informationen sind am umfangreichsten und vollständigsten, wenn alle Wahrnehmungsbereiche daraufhin befragt werden können, welche Informationen sie über das Gesamtgeschehen ausgewählt und beigetragen haben. Wenn dabei auch die emotionale Wahrnehmung berücksichtigt wird, dann bedeutet dies zunächst einmal nur, sich darüber klar zu werden, welche Gefühle mit im Spiel waren. Gefühle enthalten wichtige Informationen über die Beziehungen, die das beobachtete Geschehen prägen. Dabei sind diese Beziehungen und ihre Gefühlsqualität erst einmal bewusst zu bemerken, bevor daraus wertende Urteile gezogen werden.

Orientierungsfragen

Orientierungsfragen könnten sein:

- Was sehe ich?
- Was höre ich?
- Was empfinde ich über meine Körperwahrnehmungen?
- Was fühle ich (Emotionen)?

Wer oder was wird beobachtet?

Beobachtet wird in Alltagssituationen, wie sie sich in einer mehr oder weniger pädagogisch vorweg strukturierten Umgebung abspielen. Dabei richtet sich die Aufmerksamkeit auf:

- einzelne Kinder
- Kindergruppen
- die eigene Beteiligung der Erzieherin oder anderer Erwachsener;
- die Rahmenbedingungen, in die das beobachtete Geschehen eingebettet ist.

Schäfer, Gerd. E. (2004): Beobachten und dokumentieren. Verfügbar unter: https://www.hf.uni-koeln.de/data/eso/ File/Schaefer/WahrnehmenUndDenken4.pdf (12.03.2011), S. 3

M 11	**Wie Beobachten? (Schäfer)**

Die Aufmerksamkeit liegt zunächst einmal auf den unterschiedlichen Sinnesbereichen, mit deren Hilfe wahrgenommen wird. Dabei sollte kein Sinnesbereich von vorne herein aus der Wahrnehmung ausgeschlossen werden. Jeder dieser Wahrnehmungsbereiche trägt unterschiedliche Infor-

Aufgaben

Die obigen Fragen und Stichworte sind nach Schäfer als vorläufig und keineswegs erschöpfend anzusehen. Sie dienen als Anhaltspunkte dafür, worauf sich ein offenes Beobachten richten kann. Finden Sie weitere Fragen und Stichworte.

| M 12 | **Nutzen einer wahrnehmenden, entdeckenden Beobachtung (Schäfer)** |

Wahrnehmendes Beobachten sensibilisiert die Erzieherin für die Prozesse der eigenen Wahrnehmung und ihrer emotionalen Einordnung.

Wahrnehmendes, entdeckendes Beobachten bedeutet, in das Geschehen mit einzutauchen und empathisch mit dabei zu sein. „Empathisch mit dabei sein" verlangt, sich selbst mit wahrzunehmen. Wahrnehmen geschieht über alle Sinnesbereiche (Fernsinne, Körpersinne, Gefühle) gleichzeitig. Man nimmt wahr, was man als bedeutungsvoll erlebt.

Dabei sind es die Gefühle, welche die Aufmerksamkeitsrichtung der Beobachterin und des Beobachters lenken. Diese Gefühle hängen eng mit den Lebenserfahrungen der eigenen Biografie zusammen. Die Beobachterin sollte sich immer wieder ins Bewusstsein rufen, inwiefern ihre Aufmerksamkeitsrichtung etwas mit ihren eigenen Lebenserfahrungen zu tun hat. Deshalb hilft es der pädagogischen Arbeit, wenn man sich klar werden kann, wo eigene Stärken und Schwächen liegen.

Wahrnehmendes, entdeckendes Beobachten sensibilisiert die Erzieherin für die Erzieherinnen-Kind-Interaktion.

Wahrnehmendes, entdeckendes Beobachten nimmt nicht isolierte Dinge oder Ereignisse wahr, sondern Zusammenhänge und Beziehungen. Dieses können verschiedene Formen von Beziehungen sein:

- Beziehungen der Kinder untereinander;
- Beziehungen der Kinder zu ihren Tätigkeiten und den damit verbundenen Materialien oder Gegenständen;
- Beziehungen von Kindern zu Erwachsenen und umgekehrt von Erwachsenen zu Kindern;
- Beziehungen der Beobachterin zu Kindern, Gegenständen, Prozessen, die beobachtet werden, wie auch zu anderen Erwachsenen, die sich an den Szenen beteiligen.

Klar sein sollte, dass auch Beobachten eine Form der Beziehung ist, die zu den Kindern aufgenommen wird. Deshalb kann man Beobachten nicht in eine Technik verwandeln und die möglichen Fragen und Probleme nur als methodisch-technische Probleme ansehen.

Beobachtendes Wahrnehmen bedeutet also nicht, eine distanzierte Haltung zum Kind aufzubauen. Zwar verlangt die Durchführung geplanter Beobachtungen, dass die Erzieherin nicht von anderen Aufgaben absorbiert oder abgelenkt wird. Doch ist damit nicht gemeint, dass sie sich demonstrativ als außenstehend und unerreichbar darstellt. Die Frage, ob sie durch eine teilnehmende Haltung die Situation nicht zu sehr beeinflusst, muss mit der Gegenfrage beantwortet werden, ob sich durch bewusste Distanzierung die Situation nicht ebenso und zudem in pädagogisch unerwünschter Weise verändern würde.

Wahrnehmendes, entdeckendes Beobachten unterstellt, dass alles kindliche Tun als sinnvoll verstanden werden kann.

Der Grundgedanke, der die Beobachtung leitet, könnte so zusammengefasst werden: Wie muss ich mir die Situation des Kindes und sein Erleben vorstellen, dass das, was ich von ihm wahrnehme, als sinnvoll erscheint. Gefragt ist also eine Perspektive, in der das Tun und Erleben des Kindes einen Sinn macht, auch wenn es aus einer Außenperspektive vielleicht für unsinnig gehalten werden kann. Wenn dieser Grundgedanke wahrnehmendes, entdeckendes Beobachten leitet, dann ist damit die Voraussetzung gegeben, dass das Kind sich von der Beobachterin auch in seiner Eigenwertigkeit respektiert und anerkannt fühlt. In so fern trägt es zu einer wertschätzenden Haltung dem Kind gegenüber bei.

Wahrnehmendes, entdeckendes Beobachten ermöglicht ergänzende Kooperation

Wahrnehmendes, entdeckendes Beobachten ermöglicht der Erzieherin zwischen Zurückhaltung einerseits und Aktivität andererseits abzuwägen; zwischen der Herausforderung von Themen oder der Erweiterung der Fragen, mit denen Kinder beschäftigt sind – einerseits – und einem Zurückhalten erwachsener Initiativen – andererseits. Es erleichtert einen Prozess der Verständigung zwischen Erwachsenen und Kindern, in dem ausgehandelt werden kann, was an Eigeninitiative für Kinder und Erwachsene jeweils möglich und zuträglich ist. Anstelle von Ko-Konstruktion, die – wenn überhaupt – nur zwischen Gleichaltrigen stattfindet, entsteht Ko-Operation, Zusammen-Arbeit. Sie beruht auf einem Handeln, in dem Erwachsene ergänzend das beitragen, was von den Kindern nicht geleistet werden kann. Davor müssen sie aber wenigstens ansatzweise das Potenzial

2. Erarbeitung

der Kinder erfassen, das diese für eine Aufgabenstellung einbringen können. Dazu dient wahrnehmendes, entdeckendes Beobachten. Über das, was
wahrgenommen wurde, muss man sich mit den
Kindern einig werden. Dadurch wird nicht Gleichheit (wie bei der Ko-Konstruktion) unterstellt, sondern Gleichwertigkeit, bei durchaus unterschiedlichen Ausgangslagen.

Schäfer, Gerd. E. (2004): Beobachten und dokumentieren.
Verfügbar unter: https://www.hf.uni-koeln.de/data/eso/File/
Schaefer/WahrnehmenUndDenken4.pdf (12.03.2011), S. 4–5

Aufgaben

Entscheidend für das wahrnehmende, ent-
deckende Beobachten ist, dass man seinen
Wahrnehmungen Aufmerksamkeit schenken
muss ohne gleich zu beurteilen. Eine Beurteilung sollte erst dann erfolgen, wenn man die
eigene Wahrnehmung mit anderen, im Team,
geteilt und von diesen eine Resonanz erfahren
hat. Das Reflektieren ist für ein wahrnehmendes, entdeckendes Beobachten bedeutsam, es
hilft die eigenen Anteile zu filtern und sich
ganz auf das Kind zu fokussieren.

1. Erläutern Sie, warum das Reflektieren so
   wichtig ist und zeigen Sie auf, welche
   Gefahren eine Beobachtung ohne Reflexion mit sich bringen kann.
2. Formulieren Sie Fragen, die Ihnen helfen
   können, Ihre Beobachtungen aus unterschiedlichen Perspektiven zu betrachten.
3. Erläutern Sie, wie sich das dem wahrnehmenden, entdeckenden Beobachten
   zugrunde gelegte Bild vom Kind den Alltag
   mitgestaltet bzw. was dieses für Konsequenzen für die Begleitung von Kindern
   mit sich bringt.

M 13   Selbstbildungspotenziale (Schäfer & Strätz)

Selbstbildungspotenziale sind Handlungs- und
Denkmöglichkeiten, die ein Mensch im Verlauf
seiner Biografie entwickeln, um sich in der Welt
zu orientieren, um leben, handeln und denken zu
können. Von Geburt an stehen dem Kind die Möglichkeiten der sinnlichen Wahrnehmung und
Erfahrung sowie die unterschiedlichen Möglichkeiten der inneren Verarbeitung zur Verfügung.
Diese erweitern sich in dem Maße, in dem sie in
Lebenssituationen tatsächlich angewendet werden: das Denken und Handeln entwickelt sich
durch innere Bilder, Vorstellungen und Phantasien
und durch die verschiedenen Formen des Spielens
und Gestaltens. Die Qualität dieser Denk- und
Handlungsmöglichkeiten hängt davon ab, inwieweit sie durch konkrete Herausforderungen auch
tatsächlich genutzt werden. So gehen die Selbstbildungspotenziale zwar auf biologisch gegebene
Wurzeln zurück, sind in ihrer jeweiligen Qualität
und Ausprägung jedoch immer das Ergebnis individueller Bildungsprozesse. Die Selbstbildungspotenziale sind Ausgangspunkte für das, was das
Wahrnehmen, Können, Wissen und Denken des
Kindes ausmacht. Alles, was das Kind wirklich
kann, beruht auf der Entwicklung von Selbstbildungspotenzialen.

Von welchen Selbstbildungspotenzialen gehen wir aus?

Schäfer unterscheidet fünf Selbstbildungspotenziale, die die Basis des Bildungsprozesses sind:

- die Differenzierung von Wahrnehmungserfahrungen;
- die innere Verarbeitung;
- die sozialen Beziehungen und die Beziehungen
  zur sachlichen Umwelt;
- der Umgang mit Komplexität und das Lernen in
  Sinnzusammenhängen;
- das forschende Lernen.

Die Selbstbildungspotenziale sollen helfen, den
Blick auf unterschiedliche Aspekte der kindlichen
Wahrnehmungs- und Verarbeitungsprozesse zu
richten, um eine differenzierte Reflexion der
Beobachtung im pädagogischen Alltag zu ermög-
lichen.

Der Blick auf die Selbstbildungspotenziale kann
auf drei Ebenen ein professionelles pädagogisches
Handeln der Erzieherin unterstützen:

1. Die gezielte Auseinandersetzung mit den
Selbstbildungspotenzialen ermöglicht der Erzieherin, das Handeln von Kindern differenziert
wahrzunehmen und zu erweitern. Denn nur das,
was sie vom Kind wahrnimmt, kann sie adäquat
pädagogisch unterstützen.

2. Die Frage nach den Selbstbildungspotenzialen
lenkt den Blick der Erzieherin auf den Weg, wie
Kinder lernen. Sie erfasst nicht nur, dass etwas
gelernt wurde, sondern auch, wie Kinder ein
Thema aufgegriffen haben.

3. Dieses „Wie" zu erfassen ist wichtig, wenn man Kinder in ihrer Selbstbildung unterstützen und durch Raumgestaltung, geeignetes Material oder inhaltliche Anregungen herausfordern will.

Schäfer, Gerd E. & Strätz, Rainer (2005): Beobachtung und Dokumentation in der Praxis. Arbeitshilfen zur professionellen Bildungsarbeit in der Kindertageseinrichtung nach der Bildungsvereinbarung NRW. Handbuch. Kronach: Wolters Kluwer, S. 21

M 14 Anregungen zum wahrnehmenden, entdeckenden Beobachten des Kindes / der Kinder (Schäfer)

Fragen an die Beobachtung zu dem Selbstbildungspotenzial Differenzierung von Wahrnehmungserfahrungen:

- Welche Wahrnehmungserfahrungen macht das Kind?
- Welche Differenzierungen und Qualitäten werden dabei erkennbar?
- Was hört, sieht und riecht das Kind (Wahrnehmung über die Fern- und Körpersinne)?
- Was fühlt und spürt es über seinen Körper?
- Welche Gefühle des Kindes sind wahrnehmbar?

Fragen an die Beobachtung zu dem Selbstbildungspotenzial innere Verarbeitung:

- Welche Bilder und Gedanken werden aus den Wahrnehmungserfahrungen erzeugt?
- Welche Themen beschäftigen die Kinder?
- Welche Handlungsformen und welches Können setzen die Kinder ein?
- Welche Vorstellungen oder Bilder entwickeln sie dazu?
- Welche Fantasien werden weitergesponnen?
- Was wird davon gesprochen / in Worte gefasst?
- Gibt es Ansätze für ein Denken in Zahlen oder Mengen / mathematischen Vorformen?
- Gibt es Ansätze für biologische, physikalische oder chemische Einsichten?

Fragen an die Beobachtung zu dem Selbstbildungspotenzial soziale Beziehungen und Beziehungen zur sachlichen Umwelt:

- Welche Formen von Beziehungen werden deutlich?
- Wie verständigen sich die Kinder untereinander, mit oder ohne Worte?
- Wie verständigen sich die Kinder mit Erwachsenen, mit oder ohne Worte?
- Wie gehen die Kinder miteinander um?

- Welche Ideen und Gedanken tauschen Kinder untereinander aus?
- Wie geht das Kind mit Dingen um, die es interessieren?

Fragen an die Beobachtung zu dem Selbstbildungspotenzial Umgang mit Komplexität und Lernen in Sinnzusammenhängen:

- Wie geht das Kind mit Komplexität um?
- Welche der hier aufgeführten Selbstbildungspotenziale nutzt das Kind gleichzeitig?
- Welchen Sinn gibt das Kind seinem Tun?
- Welche Handlungsmöglichkeiten nutzt das Kind in der Situation?
- Auf welche Weise ist die beobachtete Situation komplex und vielfältig?
- Auf welche Weise ist die Situation für das Kind nachvollziehbar und sinnvoll?
- Auf welche Weise greift das Kind auf vorhandene Erfahrungen zurück?

Forschendes Lernen
Fragen an die Beobachtung zu dem Selbstbildungspotenzial forschendes Lernen:

- Welche Hinweise gibt es für forschendes Lernen?
- Worum geht es dem Kind in der Situation?
- Wie stark lässt sich das Kind auf seine Tätigkeit ein und bleibt es bei der Sache?
- Werden neue Ideen entwickelt, besprochen, ausprobiert?
- Greift das Kind sein Thema wieder auf?
- Welche Fragen könnten sich hinter der Tätigkeit der Kinder verbergen? Was fragen die Kinder tatsächlich?
- Welche Erklärungen äußern die Kinder zu ihren Themen?
- Auf welche Weise geht das Kind in Bewegung und Handeln an die Grenzen seiner Möglichkeiten?

Schäfer, Gerd E. & Strätz, Rainer (2005): Beobachtung und Dokumentation in der Praxis. Arbeitshilfen zur professionellen Bildungsarbeit in der Kindertageseinrichtung nach der Bildungsvereinbarung NRW. Handbuch. Kronach: Wolters Kluwer, S. 23 – 30

Was wurde über Material / Raumbedingungen erfahren?

Bildungsprozesse spielen sich nicht im luftleeren Raum ab. Sie sind auf Anregungen von außen angewiesen. Es macht wenig Sinn, nach selbständigen Bildungsprozessen der Kinder zu forschen,

2. Erarbeitung

wenn das Umfeld, in dem sie sich befinden, keine Anregungen und Herausforderungen enthält, wenn der Neugier und dem kindlichen Können keine adäquate Nahrung geboten wird. Deshalb muss jede Beobachtung die situativen Umstände, die personellen und räumlichen Bedingungen, sowie die Ressourcen an Material, das die Kinder benutzen können, mit berücksichtigen. Sie sind also ein wesentlicher Teil der Reflexion. Fragen könnten sein:

- Standen dem Kind Personen zur Verfügung, mit welchen es seine Tätigkeit teilen konnte?
- Welche Materialien wurden genutzt?
- Wie haben sich die räumlichen Gegebenheiten auf die Kinder ausgewirkt?
- Wie haben die Kinder die strukturellen Gegebenheiten genutzt?

Ergeben sich Folgerungen aus der Beobachtung?

Schließlich wir man sich fragen müssen, was man aus den Beobachtungen schließen kann. Man könnte z. B. fragen:

- Eröffnen sie Anregungen für die weitere Arbeit mit den Kindern?
- Deuten sie Hindernisse oder Irrwege an?
- Welche materiellen oder strukturellen Ressourcen werden benötigt?
- Wie kann die Erzieherin durch eigene Beteiligung den Prozess voranbringen?

Schäfer, Gerd. E. (2004): Beobachten und dokumentieren. Verfügbar unter: https://www.hf.uni-koeln.de/data/eso/File/Schaefer/WahrnehmenUndDenken4.pdf (12.03.2011), S. 6–7

2.2.2 Bildungs- und Lerngeschichten

Bildquelle: http://www.amazon.de/Bildungs--Lerngeschichten-Bildungsprozesse-dokumentieren-unterstützen/dp/3937785671/ref=sr_1_1/278-9650280-8071620?ie=UTF8&qid=1430141168&sr=8-1&keywords=bildungs-+und+lerngeschichte

M 15 Lerngeschichte Lara (DJI)

Liebe Lara,

heute habe ich gesehen, wie du dir das rosafarbene Tuch geholt hast und damit in der ganzen Wohnung herumgelaufen bist. Beim runden Tisch im Wohnzimmer bist du stehen geblieben. Da hast du das Tuch über die Rückenlehne des Sofas gehängt. Danach hast du das Tuch über die Lehne gezogen bis runter auf die Sitzfläche des Sofas und hast es dort abgelegt. Dann hast du es wieder genommen und es auf den runden Tisch gelegt. Dabei hast du dich sehr gestreckt, damit das Tuch auf den ganzen Tisch passt. (Das Tuch ist ja ziemlich groß!)

Plötzlich hattest du eine Idee: Du hast das Tuch wieder vom Tisch weggenommen, hast es auf dem Fußboden ausgebreitet und dir im Spielzimmer nebenan viele kleine Bauklötze geholt. Die hast du dann unter das Tuch gelegt und manche auch übereinandergestapelt. Weißt du noch, wie schwierig das war? Du musstest ganz vorsichtig sein, damit die Klötze nicht einstürzen, wenn du das Tuch hochhebst. Das Ganze sah fast aus wie viele kleine Berge, die nebeneinander stehen. Warst du schon einmal in den Bergen wandern? Du hast jeden Klotz an eine andere Stelle unter dem Tuch gestellt. Das hat mich an eine schöne Landschaft erinnert. Mir scheint, als ob es dir wichtig war, dass nicht alle nur an einer Stelle stehen.

Als du einen Moment weggegangen bist, hat der kleine Max einen Bauklotz unter dem Tuch vorgeholt. Das hast du gesehen und bist sofort hingelaufen und hast den Klotz wieder an seine ursprüngliche Stelle gestellt. Du hast gut auf dein kleines Kunstwerk aufgepasst. Später habe ich noch gesehen, wie du mit dem Tuch auf das Sofa geklettert bist. Du hast es mit aller Kraft in die Luft geworfen und zugeschaut, wie es langsam wieder herunterfällt. Du hast versucht, es aufzufangen. Das war bei einem so großen Tuch bestimmt gar nicht so einfach. Du bist dann zu der Spielbox gegangen und hast das Tuch dort hineingelegt. Es war gar nicht so leicht, das Tuch glatt in die Box zu legen. Du hast es mehrmals probiert und dich dabei nicht von Max und Lisa stören lassen.

Magst du mir etwas erzählen von deinem Tuch? Du hattest viele Ideen, was du damit machen kannst, und hast ganz viel ausprobiert. Ich habe heute sehr gestaunt.

Deine Nicole, 30.03.

Deutsches Jugendinstitut e. V. (o. A.): Tätigkeitsbegleitende Fortbildung für Tagespflegepersonal. Qualifikationsmodul: Beobachten und Dokumentation – die Bildungs- und Lerngeschichten in der Kindertagespflege. Verfügbar unter: http://www.fruehe-chancen.de/fileadmin/ PDF/qualifizierungsmodul_beobachten_bf.pdf (21.03.2014)

M 16 Bildungs- und Lerngeschichten (Flämig)

Die Lernprozesse des einzelnen Kindes verstehen und in ihrer ganzheitlichen Bedeutung festhalten – das Projekt „Bildungs- und Lerngeschichten" des Deutschen Jugendinstituts bietet dazu konkrete
5 Vorschläge.

Kinder begreifen sich und die Welt ganzheitlich, d.h. sie lernen in einem komplexen Vorgang, in dem Denken, Fühlen und Handeln miteinander verschmelzen. Bildung im Kindergarten wird vor
10 allem als Selbstbildung verstanden. Das Kind entwirft von selbst und in Interaktion mit der Umgebung in einer ihm eigenen Art und Weise seine Welt (vgl. Laewen/Andres 2002). [...]

Worum geht es bei den Bildungs- und
15 ***Lerngeschichten?***

Beim Ansatz der Bildungs- und Lerngeschichten geht es darum, Erzählungen über die Bildungsprozesse eines Kindes anzufertigen. Im Unterschied zu standardisierten Beobachtungsverfahren wird
20 hier ein narrativer, d.h. erzählender Zugang zu den Bildungs- und Lernprozessen der Kinder verfolgt, weil dieser das ganzheitliche Lernen besser widerspiegelt. Durch Erzählung entstandene Geschichten konzentrieren sich nicht nur auf das Kind
25 allein, sondern berücksichtigen auch die Umgebung des Kindes, die Beziehung zwischen dem Kind und seinem Umfeld sowie die Situationen, in denen Lernprozesse stattgefunden haben. Zudem beziehen sie auch die Person der beobachtenden
30 Erzieherin mit ein. Es wird die Bedeutsamkeit klar, die ein Vorgang für das Kind und auch für die Erzieherin hatte. Der Blick ist dabei auf den Lernprozess gerichtet: Es interessiert nicht so sehr, was die Kinder gelernt haben, sondern wie sie dies
35 getan haben. Ziel ist es, sich den Bildungs- und Lernprozessen der Kinder durch Beobachtung und Dokumentation zu nähern und das Lernen in angemessener Weise zu unterstützen. Im Mittelpunkt des Beobachtungsverfahrens stehen die von Mar-
40 garet Carr entwickelten Lerndispositionen.

Flämig, Katja (2006): Bildungs- und Lerngeschichten. Verfügbar unter: http://www.kindergarten-heute.de/ zeitschrift/hefte/inhalt_lesen.html?k_beitrag=2187819 (12.04.2007)

M 17 Lerndispositionen I (Flämig)

Mit Lerndispositionen sind komplexe Orientierungs- und Handlungsmuster gemeint, die äußerst ausbaufähig sind und eng verknüpft mit der Aneignung von Wissen und Fertigkeiten. Wenn von Lerndispositionen die Rede ist, geht es um die von 5 Geburt an vorhandene Bereitschaft des Kindes, sich alles aneignen zu wollen, was zum Leben in der Familie, Gesellschaft und Umwelt benötigt wird. Es geht um einen möglichst großen Fundus an Teilhabemöglichkeiten und Handlungsfähig- 10 keiten des Kindes, mit dessen Hilfe es Lernmöglichkeiten erkennt, auswählt, zusammenstellt und konstruiert, einigen jedoch auch widersteht. Gut entwickelte Lerndispositionen sind notwendig, um sich in modernen Gesellschaften zurechtzufin- 15 den. Die Fähigkeiten beispielsweise, sich selbstständig neues Wissen anzueignen, Veränderungen einzuleiten und aushalten zu können und im Team zu arbeiten, werden immer wichtiger. Die Fokussierung auf die Lerndispositionen innerhalb der 20 Bildungs- und Lerngeschichten dient dazu, Stärken und Ressourcen des einzelnen Kindes darzustellen. Es geht darum, die Selbstwahrnehmung des Kindes als ein Mensch, der kompetent ist und etwas bewirken kann, positiv zu beeinflussen. Bil- 25 dungs- und Lerngeschichten richten das Interesse auch auf das Umfeld und die Situationen, in denen das Entstehen der Lerndispositionen erleichtert wird, und darauf, wie diese gefestigt werden können. Im Projekt „Bildungs- und Lerngeschichten" 30 des DJI werden in Anlehnung an den neuseeländischen Ansatz *[Anm.: Gemeint ist hier der Ansatz der „learning stories" von Margaret Carr von der Waikato Universität Neuseeland aus den 1990er Jahren.]* fünf Lerndispositionen unterschieden: 35

- interessiert sein
- engagiert sein, sich vertieft mit etwas beschäftigen
- standhalten bei Herausforderungen und Schwierigkeiten 40
- sich ausdrücken und mitteilen
- an der Lerngemeinschaft mitwirken und Verantwortung übernehmen

Flämig, Katja (2006): Bildungs- und Lerngeschichten. Verfügbar unter: http://www.kindergarten-heute.de/ zeitschrift/hefte/inhalt_lesen.html?k_beitrag=2187819 (12.04.2007)

2. Erarbeitung

M 18 **Lerndispositionen II (Leu u. a.)**

Das Besondere an den Lerndispositionen ist, dass sie an keine spezifischen Inhalte gebunden sind. Sie lassen sich in beliebigen Situationen und Tätigkeiten von Kindern (oder auch von Erwachsenen) erkennen. Dabei gilt, dass das, was in einer Person steckt und das, was in einer Situation liegt, in Wechselwirkung zueinander steht und diese beiden Seiten nicht getrennt voneinander zu interpretieren sind. Wieweit Kinder Interessen verfolgen und ihre Lerndispositionen entfalten können, ist demzufolge zum einen eine Frage der inhaltlichen Neigungen der Kinder, liegt zum anderen aber auch an den äußeren Bedingungen und Gelegenheiten für bestimmte Inhalte, auf die ein Kind in einer bestimmten Situation trifft und die für das Kind zugänglich sind. Carr spricht auch davon, dass das, was wir erwarten, wer oder wie die Kinder sein sollen, das in der Situation liegende Gegenstück zu den Neigungen und Interessen der Kinder bildet. Dementsprechend können Lerndispositionen auch eingeschränkt werden, wenn sie nicht gewürdigt werden oder wenn beispielsweise nur eine bestimmte Lerndisposition wertgeschätzt wird.

Im Folgenden werden die fünf Lerndispositionen nach Carr (2001) erklärt und mit Hilfe von Beispielen veranschaulicht.

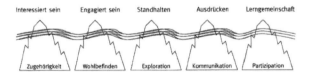

Interessiert sein:
Unter der ersten Lerndisposition ist zu verstehen, dass Kinder an etwas Interesse zeigen, sich Dingen oder Personen aufmerksam zuwenden und sich damit auseinandersetzen. Auf diese Weise erwerben sie Kenntnisse und Fähigkeiten. Solche Interessen müssen keineswegs nur im Bereich von kognitivem Verstehen liegen. Genauso gut kann es beispielsweise um körperliche, künstlerische und soziale Aktivitäten gehen. Kinder zeigen die Lerndisposition »Interessiert sein«, wenn die Situation ein interessantes anregendes Lernumfeld bietet. [...]

Zur Verdeutlichung dient das folgende [...] Beispiel *Paulina »Umherschauen«*.

Paulina geht von der Sandkiste zu einem Dreirad, das auf dem Weg steht. Vermutlich hat das Dreirad ihr Interesse geweckt. Paulina bleibt bei dem Dreirad stehen und dreht ihren Kopf in verschiedene Richtungen. Wahrscheinlich hat sie Interesse daran, was die anderen Kinder spielen, denn sie schaut sich an, was um sie herum passiert. Als ein Junge mit einem anderen Dreirad in ihrer Nähe anhält, geht sie dorthin. Als der Junge zu dem »freien« Dreirad hinfährt und es anfasst, hält auch Paulina das Dreirad am Schaltknauf fest.

Engagiert sein:
Die zweite Lerndisposition beinhaltet, dass sich Kinder engagiert zeigen, sie bereit und in der Lage sind, sich auf etwas einzulassen. Kinder sind engagiert, wenn sie sich einem Thema für einige Zeit widmen, sich vertieft damit befassen und zu einem gewissen Maß damit identifizieren. Die Kinder nehmen wahr, dass dieses Thema Teil der eigenen Person ist: Sie interessieren sich dafür und kennen sich damit aus. Ein solches Engagement der Kinder setzt eine Situation voraus, die es zulässt, dass sich Kinder längere Zeit vertieft mit etwas beschäftigen können.

Ein Beispiel eines engagierten Kindes und seiner Situation, die Raum für Engagiertheit bietet, zeigt [...] [das Beispiel] *Emilian* [als] »*Bauarbeiter*«.

Emilian hält sich bei den Bauarbeitern auf, die gerade einen Graben im Außengelände des Kindergartens zu schaufeln. Emilian ist vermutlich dort, weil ihn das Thema Bauarbeiten interessiert. Er selbst spielt häufig Tätigkeiten der Bauarbeiter nach. In dieser Sequenz schaufelt er Erde in den Graben. Er ist ausgerüstet mit einem Helm, seiner Arbeitskleidung »Matschhose« und er hält – wie die Bauarbeiter – eine Schaufel in den Händen. Wiederholt schaufelt er Erde in den Graben und macht sie dort anschließend »platt«. Als die Arbeiter eine Pause einlegen, schließt er sich ihnen an, wirft die Schaufel auf seine Schulter und verlässt die Baustelle. Emilian identifiziert sich mit dem »Bauarbeiter-Sein« – er ahmt die Bauarbeiter nach, passt sich ihnen an und nutzt jede Gelegenheit, mit ihnen zu arbeiten.

Standhalten bei Herausforderungen und Schwierigkeiten:
Die dritte Lerndisposition umfasst die Fähigkeit von Kindern, auch bei Herausforderungen und Schwierigkeiten eine Tätigkeit weiterzuführen. Kinder haben das Wissen und die Fähigkeiten, um

Fragen zu formulieren und Problemlösungen zu entwickeln. Darin eingeschlossen ist die Erfahrung, dass man aus Fehlern lernen kann und dass man selbst in der Lage ist, Schwierigkeiten zu bewältigen. Kinder zeigen explorierendes Verhalten, probieren etwas Neues aus oder gehen an die Grenzen dessen, was sie können. Besonders gut können Kinder bei Herausforderungen und Schwierigkeiten standhalten, wenn die Situation und Interaktion bestätigend gestaltet ist, so dass Fehler oder Schwierigkeiten als Teil des Lernprozesses gelten und explorierendes Verhalten unterstützt wird.

[Das folgende Beispiel] *Lara »Sand bringen«* lässt erkennen, dass die Intensität der Beschäftigung gegenüber den beiden ersten Lerndispositionen deutlich zunimmt.

Lara ist interessiert daran, mit ihrer älteren Schwester und deren Freundin zu spielen. Sie engagiert sich dafür, indem sie sich in ihrer Nähe aufhält, ihnen zuhört und sofort reagiert, als die Schwester, die oben auf dem Klettergerüst sitzt, herunterruft, dass sie mehr Sand benötige. Lara steht sofort auf und klettert das Klettergerüst hoch, während sie in einer Hand Sand festhält. Oben übergibt sie den Sand dann ihrer Schwester. Obwohl das Klettern mit einer Hand und einer Faust für Lara schwierig ist, der größte Teil des Sandes bei der Übergabe aus der Hand rutscht und sie auf dem Rückweg von der dritten Stufe des Gerüsts herunter in den Sand fällt, gibt sie nicht auf und klettert ein zweites Mal das Gerüst hoch, um der Schwester Sand zu bringen. Auch beim zweiten Klettern rutscht der Sand aus der rechten Hand. Auf dem Rückweg fällt Lara wieder ein großes Stück vom Klettergerüst herunter. Trotzdem klettert noch ein drittes Mal mit Sand in der Hand die Stufen des Gerüsts hoch.

Sich ausdrücken und mitteilen:

Bei der vierten Lerndisposition geht es darum, dass sich Kinder mitteilen, mit anderen austauschen sowie ihre Ideen und Gefühle, Wünsche und Interessen ausdrücken. Hierbei verwenden sie vielfältige Ausdrucksformen, d. h. sie kommunizieren mit anderen in einer der »100 Sprachen« und nehmen sich selbst als jemanden wahr, der anderen Wichtiges mitzuteilen hat.

Die Lerndisposition »sich ausdrücken und mitteilen« setzt voraus, dass die Lernumgebung so gestaltet ist, dass Kindern zugehört wird und sie sich sprachlich frei äußern können. […]

Paulina »Sand essen« ist ein Beispiel dafür, wie sich bereits junge Kinder mit nonverbalen Ausdrucksformen mitteilen und kommunizieren.

Paulina sitzt gegenüber von Vanessa in der Sandkiste. Paulina reicht Vanessa Sand, den Vanessa in die Hand nimmt und so tut, als würde sie ihn essen. Paulina erkennt, dass Vanessa bereit ist, mit ihr zu spielen. Wieder reicht Paulina Vanessa Sand und öffnet den Mund dabei. Paulina kommuniziert damit, dass Vanessa den Sand essen soll. Diesen Vorgang wiederholen beide einige Male. Paulina ist sehr konzentriert, wendet ihren Blick nicht ab vom Sand und von Vanessa und deutet Vanessa an, was zu tun ist: Jedes Mal, wenn Paulina den Sand an Vanessa übergibt, macht sie den Mund weit auf und bewegt ihn, als würde sie etwas essen. Vanessa lässt sich auf das Spiel mit Paulina ein. Dadurch kann die Kommunikation eine Weile andauern.

An einer Lerngemeinschaft mitwirken und Verantwortung übernehmen:

Die fünfte Lerndisposition besteht darin, an einer Lerngemeinschaft mitzuwirken und Verantwortung zu übernehmen. Es geht darum, dass Kinder die Bereitschaft zeigen, Dinge auch von einem anderen Standpunkt aus zu sehen, und eine Vorstellung von Gerechtigkeit und Unrecht entwickeln. Inhalt dieser Lerndisposition ist weiterhin, dass Kinder Entscheidungen treffen und in der Lage sind, Auskunft über sich oder etwas zu geben sowie Strategien oder Erklärungen im Austausch mit anderen zu entwickeln. Während eine Lerngemeinschaft mindestens zweier Kinder oder eines Kindes und eines Erwachsenen bedarf, kann ein Teil der Lerndisposition, bei dem es um die Übernahme von Verantwortung geht, auch in einer Situation mit nur einem Kind beobachtbar sein. Ein Kind kann beispielsweise Verantwortung für ein Spielzeug, die Natur oder die eigene Mahlzeit übernehmen. Dies ist – in großen sozialen Zusammenhängen gesehen – auch eine Art Mitwirkung an der Lerngemeinschaft. Die Entfaltung der Lerndisposition setzt eine Situation voraus, die Lerngemeinschaften fördert und zulässt, so dass Kinder für jemanden oder etwas Verantwortung übernehmen, mitwirken und partizipieren können.

[…] [Durch das Beispiel] *»Fass rollen«* wird deutlich, wie eine Gruppe von Jungen eine Lernge-

2. Erarbeitung

meinschaft bildet und gemeinsam Verantwortung
dafür übernimmt, dass das Spiel innerhalb der
Lerngemeinschaft über einen längeren Zeitraum
195 anhält.

Gemeinsam übernehmen die Jungen Verantwor-
tung dafür, dass das Fass immer wieder hin- und
hergerollt wird und das Spiel eine längere Zeit
andauern kann. Sie setzen ihre Kräfte ein, um das
200 *Fass bewegen zu können. Sie warten ab, wenn*
jemand aus dem Fass aussteigen bzw. in das Fass
einsteigen möchte. Dadurch ermöglichen sie sich
gegenseitig, verschiedene Positionen im Spiel ein-
nehmen zu können. Einige Jungen probieren beide
205 *Positionen aus: sich im Fass rollen zu lassen und*
das Fass anzuschieben. Die Jungen tragen damit
zur Lerngemeinschaft bei. Sie reagieren auf die
Aktivitäten anderer Kinder und erkennen, dass
das Fass nur zum Rollen gebracht werden kann,
210 *wenn die »Anschieber« gemeinsam auf einer Seite*
aktiv sind.

Die einzelnen Lerndispositionen können sich
überschneiden und sind nicht immer leicht voneinander zu trennen. So gilt in der Regel, dass die
215 Lerndisposition »Standhalten bei Herausforderungen« in der Regel auch »engagiert sein« und »interessiert sein« umfasst und »engagiert sein« nicht
ohne »interessiert sein« auftritt. Zudem müssen
keineswegs in jeder Beobachtung alle Lerndispo-
220 sitionen vorkommen. Die Lerndispositionen müssen auch nicht gleichgewichtig auftreten. So kann
eine Beobachtungssituation durch eine bestimmte
Lerndisposition besonders gekennzeichnet werden.

225 Auch kann bei der Interpretation einer Beobachtung eine bestimmte Disposition in den Vordergrund gerückt werden, um sie genauer zu betrachten. [...]

Ob und inwiefern die Lerndispositionen in den
230 Tätigkeiten der Kinder zum Tragen kommen, ist
ein Indikator für die »Bildungsrelevanz« ihrer
Aktivitäten. Setzen sich Kinder interessiert und
engagiert mit äußeren Anforderungen auseinander, so erwerben sie Kenntnisse und Fertigkeiten,
235 die für ein zunehmend differenzierteres und tiefe-
res Verstehen, für selbstständiges Handeln sowie
für eine zunehmende Partizipation notwendig
sind. Carr geht davon aus, dass mit der Erfahrung
erfolgreicher Partizipation eine verstärkte Motiva-
240 tion zum Lernen verbunden ist.

Ressourcenorientierung

Die Einschätzungen und Interpretationen kindlicher Aktivitäten im Sinne der »Bildungs- und
Lerngeschichten« orientieren sich an den Ressourcen der Kinder. Grundlegendes Ziel des Ansatzes 245
ist es, Lernerfolge und Prozesse im Zusammenhang mit der jeweiligen Situation und dem sozialen Kontext eines Kindes zu beschreiben. Ergebnis
dieser Erfassung sind Beobachtungen und Lerngeschichten, die der kontextuellen Einbindung und 250
der Individualität kindlicher Lern- und Entwicklungsprozesse Rechnung tragen. Ressourcenori-
entierung bedeutet dabei allerdings nicht, dass
Schwächen und Defizite unbeachtet bleiben, sondern dass die Informationen darüber, wo das Kind 255
selbst an sich arbeitet und wo es seine Stärken und
Interessen zeigt, Ausgangspunkt der Unterstützung werden.

Die Aufforderung »Stärken stärken, um Schwächen zu schwächen« (Haug-Schnabel, Bensel 260
2005, S. 12) bringt die Orientierung an den Ressourcen auf den Punkt. Die »Bildungs- und Lerngeschichten« sollen pädagogischen Fachkräften
demzufolge helfen, wahrzunehmen, zu erkennen
und selbst zu erforschen, wofür sich ein Kind inte- 265
ressiert, welchen Fragen das Kind nachgeht, was
das Kind ausprobiert, was es erreichen will und
welche Fähigkeiten und Kompetenzen das Kind
einbringt, um darauf aufbauend die Lernprozesse
des Kindes weitergehend zu unterstützen und zu 270
fördern. [...]

Der »Progressive Filter«

Das Verhältnis zwischen alltäglichem Beobachten
und Handeln und der systematischen Aufzeichnung, Auswertung und Dokumentation von Beob- 275
achtungen im Verfahren der »learning stories«
erläutert Carr mithilfe der Metapher eines »pro-
gressiven Filters«. Entsprechend der Tatsache,
dass wir ständig unterschiedlichsten Eindrücken
ausgesetzt sind, nimmt das Wahrnehmen den brei- 280
testen Raum ein. Nicht alle diese Wahrnehmungen
dringen ins Bewusstsein und werden damit zu
einem Erkennen. Hier findet ein erster Selektions-
prozess statt. Zu einer zweiten Selektion kommt es
unvermeidlich, weil wir nicht auf alles, was wir 285
erkennen, reagieren können oder wollen.

Der »Progressive Filter« nach Carr:

Diese Abfolge von Wahrnehmen und Erkennen, was ein Kind gerade tut, und spontan darauf zu reagieren ist das »Alltagsgeschäft« der Fachkräfte, das im pädagogischen Alltag ständig abläuft. Mit dem Verfahren der »Bildungs- und Lerngeschichten« werden nun für wenige Situationen Wahrnehmen und Erkennen aus dem alltäglichen Vollzug herausgehoben und das Dokumentieren und der Austausch mit anderen dem Reagieren im Sinne der Planung nächster Schritte vorangestellt. Diese Distanzierung von eingeschliffenen Abläufen, die sorgfältige, detaillierte Wahrnehmung und ihre Aufzeichnung, das Erkennen aufgrund einer systematischen Auswertung und der Austausch mit anderen eröffnen neue Interpretations- und Handlungsräume und helfen, qualifizierter wahrzunehmen, womit ein Kind sich gerade befasst, und wie es in seinen Bildungs- und Lernprozessen am besten begleitet und unterstützt werden kann. […]

Leu, Hans Rudolf & Fläming, Katja & Frankenstein, Yvonne & Koch, Sandra & Pack, Irene & Schneider, Kornelia & Schweiger, Martina (2012): Bildungs- und Lerngeschichten. Bildungsprozesse in der frühen Kindheit beobachten, dokumentieren und unterstützen. Weimar: verlag das netz, S. 51–55

M 19 Wie verläuft die Arbeit mit den Bildungs- und Lerngeschichten? (Flämig)

Die Arbeit mit den Bildungs- und Lerngeschichten umfasst vier Schritte, die nicht chronologisch aufeinander folgen, sondern ineinander greifen und als Eckpunkte verstanden werden können, innerhalb derer das Beobachtungsverfahren abläuft. Anhand des Fallbeispiels Lisa (3,5 Jahre) sollen diese Arbeitsschritte erläutert werden.

1. Das Beschreiben

Im ersten Arbeitsschritt beobachtet die Erzieherin das Kind in einer Alltagssituation in der KiTa und schreibt möglichst genau auf, was die Handlungen des Kindes sind und vor welchem Hintergrund diese stattfinden. Wichtig ist, dass die Aktivitäten des Kindes ohne vorweggenommene Bewertungen festgehalten werden. Die folgende Beschreibung zeigt eine Lernsequenz, wie sie von den ErzieherInnen in den Modelleinrichtungen festgehalten wird.

Beispiel Lisa: Lisa hüpft mit anderen Kindern über Holzelemente im Flur. Die Kinder rennen in einer Reihe an einer kleinen Wippe auf der einen Seite hinauf und auf der anderen Seite wieder herunter. Als Lisa an der Reihe ist, geht sie zur Seite. Sie schaut zu. Sie bückt sich und hält die Wippe für die anderen Kinder fest; jetzt wackelt sie nicht mehr so stark. Die anderen Kinder gehen zum Frühstück. Lisa ist allein mit den Holzelementen. Sie bewegt mit der Hand die Wippe, geht dann zwei Schritte daran hoch und hopst herunter. Dies wiederholt sie mehrmals. Irgendwann läuft sie bis zur Mitte der Wippe, wartet, bis diese umschlägt, und läuft auf der anderen Seite wieder herunter. Lisa lacht und klatscht in die Hände. Sie läuft zu den anderen Kindern.

Im Anschluss an die Beobachtung stellt die Erzieherin auf einem weiteren Formblatt dar, welche Lerndispositionen zum Ausdruck kamen, welcher Lernvorgang zu erkennen war und welche Fähigkeiten und welches Wissen das Kind in der beobachteten Situation gezeigt hat.

Beispiel Lisa: Lisa war sehr engagiert bei der Sache und interessiert an der Bewegung sowie am gemeinsamen Tun mit den anderen Kindern. Sie war richtig vertieft dabei und hat genau aufgepasst. Lisa zeigte Bereitschaft und Interesse, sich den Menschen, Orten und Dingen in ihrer Umgebung zuzuwenden und sich darauf länger einzulassen. Zunächst traute sie sich nicht, die Wippe hinaufzulaufen, und stieß so auf eine Herausforderung und Schwierigkeit. Sie fand jedoch eine Lösung, in der Spielgruppe zu bleiben, ohne über die Wippe laufen zu müssen, indem sie diese für die anderen Kinder festhielt. Hier zeigte sie die Bereitschaft und Fähigkeit, Schwierigkeiten und Unsicherheiten auszuhalten, ein Problem zu erkennen und eine Lösung dafür zu finden. Als Lisa allein war, reizte die Herausforderung sie immer noch. Sie setzte ihr Interesse durch, probierte aus und führte ihr Vorhaben erfolgreich zu Ende. Zudem versetzte sich Lisa in die Lage der anderen Kinder und übernahm Verantwortung.

2. Erarbeitung

Dadurch trug sie ihren Teil zur Lerngemeinschaft bei.

Beobachtungen wie die zu Lisa werden in zeitlichen Abständen mehrfach beim gleichen Kind durchgeführt und können von den verschiedensten Situationen handeln. So entsteht über einen gewissen Zeitraum aus solchen Ausschnitten des Lebens in der KiTa die ganz individuelle Lerngeschichte eines Kindes.

2. Die Diskussion

Die aufgezeichneten Beobachtungen jedes Kindes werden in einem weiteren Arbeitsschritt im Team diskutiert. TeilnehmerInnen an diesem Austausch sind meist die ErzieherInnen des Teilteams, aber auch andere KollegInnen, die das Kind kennen. Der Austausch über die Lerngeschichten dient dazu, einen Zusammenhang zur bisherigen Entwicklung des Kindes herzustellen und die Wahrnehmungen der KollegInnen einzubeziehen. Es werden verschiedene Sichtweisen zusammengetragen, auch die der Eltern und des Kindes. Ziel ist es, übereinstimmende Deutungen zu finden.

Beispiel Lisa: Bei der Zusammenschau von Lisas Lernsequenzen überlegen die ErzieherInnen gemeinsam, ob Lisas Interessen und Fähigkeiten komplexer geworden sind, ob bestimmte Problemlösungsstrategien wie beim Umgang mit der Wippe auch in anderen Lernsequenzen aufgetaucht sind, wie Lisa Kontakt zu anderen Kindern aufnimmt und wie sie kommuniziert. Die Ergebnisse dieser Überlegungen werden von den ErzieherInnen schriftlich festgehalten.

3. Die Entscheidung

Die Diskussionen über die Lerngeschichten der Kinder münden meist in den Arbeitsschritt „Entscheiden". Es wird darüber gesprochen, wie auf die Entwicklungen des einzelnen Kindes angemessen reagiert werden kann. Die ErzieherInnen diskutieren, wie man das Kind bei den unterschiedlichsten Tätigkeiten ermuntern kann, Interesse zu entwickeln, sich zu beteiligen, bei Herausforderungen standzuhalten, sich mit anderen auszutauschen und an der Lerngemeinschaft mitzuwirken. Es geht darum, die Lerndispositionen, die das Kind zeigt, zu festigen und zu erweitern und es in diesen Verhaltensweisen zu ermutigen. Die ErzieherInnen überlegen also gemeinsam, was getan werden kann, um Lernfortschritte, die sich durch höhere Komplexität, Häufigkeit und Intensität bemerkbar machen, zu fördern. Entscheidungen dieser Art werden nicht nur bewusst organisiert, sie können auch intuitiv und spontan auf die Initiativen des Kindes hin erfolgen.

Beispiel Lisa: Bei Lisa wurde überlegt, welche Angebote ihr gemacht werden können, damit sie u.a. ihre motorischen Stärken, ihre Widerstandskraft und ihre Ausdauer ausleben kann. Es wurde entschieden, dass sie im Moment keine weitere direkte Unterstützung für ihr Lernen benötigt. Sie braucht „nur" genügend Zeit und Raum, um sich ihren Möglichkeiten entsprechend zu betätigen.

4. Die Dokumentation

Die Dokumentation ist ein äußerst bedeutender Teil der Arbeit mit den Bildungs- und Lerngeschichten. Ziel ist es, die Lerngeschichte des Kindes gemeinsam mit Eltern, Kindern und ErzieherInnen immer wieder zu betrachten und so reflektieren zu können. Gerade über das wiederholte Betrachten und Nachdenken werden Lernprozesse bei allen Beteiligten in Gang gesetzt. Bei den Kindern kann sich so das Gefühl entwickeln jemand zu sein, der gut lernen kann und viele Stärken hat. Um solche Ziele zu erreichen, muss die Dokumentation gut aufbereitet sein und alle Beteiligten müssen einbezogen werden. Bildungs- und Lerngeschichten lassen sich besonders gut in Form von Portfolios dokumentieren. Diese eignen sich hervorragend, um im wahrsten Sinne des Wortes in die Hand genommen und herumgetragen zu werden. Portfolios können leicht und schnell verändert und erweitert werden. Aber auch an den Wänden können Bildungs- und Lerngeschichten sowie der Prozess ihrer Entstehung dokumentiert werden.

Flämig, Katja (2006): Bildungs- und Lerngeschichten. Verfügbar unter: http://www.kindergarten-heute.de/zeitschrift/hefte/inhalt_lesen.html?k_beitrag=2187819 (12.04.2007)

  Was bringt die Arbeit mit den Bildungs- und Lerngeschichten? (Flämig)

Erste Erfahrungen mit Bildungs- und Lerngeschichten in den Modelleinrichtungen zeigen, dass die Beobachtungen einen grundlegenden Prozess des Umdenkens auslösen, der auch die pädagogischen Handlungen verändert. Die ErzieherInnen erleben durch die Beobachtungen ihre Rolle und ihre eigenen Lernprozesse bewusster und reflek-

tieren ihre Handlungen stärker. Sie berichten, dass sich durch die freien Beobachtungen der Blick auf
10 die Kinder verändert. Und auch wenn gerade keine Beobachtungen durchgeführt werden, sehen sie eher, wann etwas Wichtiges für ein Kind passiert. So nehmen die pädagogischen Fachkräfte jedes einzelne Kind aufmerksamer wahr und lernen es
15 besser kennen. Sie stellen fest, dass sie die Kinder nach der Beobachtung häufig anders einschätzen, sie oft auch unterschätzt haben. Die ErzieherInnen sind gespannt darauf, wie ein Kind Lösungswege findet, und überrascht, welche eigenwilligen Wege
20 es manchmal geht, um etwas zu lernen. Sie merken, dass sie weniger in die Handlungen der Kinder eingreifen und sich eher zurückhalten. Zudem erleben die ErzieherInnen den regelmäßigen Austausch über die Bildungs- und Lerngeschichten
25 der Kinder als Gewinn für ihre Professionalität. Es wird als sehr positiv erlebt, dass man zusammenkommt, um anhand der schriftlichen Aufzeichnungen über einzelne Kinder zu sprechen. Die ErzieherInnen erfahren, dass die KollegInnen oft ähnli-
30 che Sichtweisen auf das Kind haben, und fühlen sich sicherer und bestätigt in ihrer Arbeit. In vielen Modelleinrichtungen hat jedes Kind einen eigenen Ordner, in dem die Lerngeschichten dokumentiert werden. Das Regal mit diesen Ordnern steht in den
35 Gruppenräumen meist an einem Ort, der gemütlich eingerichtet wurde. Sie sind dem Kind, den Eltern und den ErzieherInnen jederzeit zugänglich, so dass sich häufig Gespräche zwischen Eltern und ErzieherInnen, Kindern und Eltern
40 sowie zwischen ErzieherInnen und Kindern über die Lerngeschichten ergeben. Dadurch intensiviert sich der Austausch über das Kind und dessen Bildungs- und Lernprozesse. ErzieherInnen berichten, dass sie sich in den Gesprächen mit Eltern
45 sicherer fühlen und der Gesprächsverlauf zwangloser und partnerschaftlicher ist. Die Kinder genießen die Aufmerksamkeit und die Zeit, die sich die ErzieherInnen für sie nehmen, während sie beobachten und dokumentieren. Sie interessieren sich
50 sehr für ihre eigenen Lerngeschichten und erklären den ErzieherInnen anhand von Foto- oder Videodokumentationen, was sie in einer bestimmten Situation getan und gedacht haben.

Flämig, Katja (2006): Bildungs- und Lerngeschichten. Verfügbar unter: http://www.kindergarten-heute.de/ zeitschrift/ hefte/inhalt_lesen.html?k_beitrag=2187819 (12.04.2007)

2.2.3 Begleitende alltagsintegrierte Sprachentwicklungsbeobachtung in Kindertageseinrichtungen (BaSiK)

Bildquelle: http://www.herdershop24.de/Paedagogik-Erziehung/Beobachten-Dokumentieren/BaSiK-Grundpaket.html?adword=google/Vorschulpaedagogik-Bewertungsboegen/Basik&gclid=CLuF0bTKlsUCFUyWtAodjgMA8A

M 21   **Bild vom Kind, Bildung und Sprache (Zimmer)**

Pädagogisches Handeln ist immer davon abhängig, welches Menschenbild wir haben, welches Bild des Kindes unser Handeln leitet. Das Menschenbild, und damit verbunden die Haltung zum Kind, entscheidet über Inhalte und Methoden 5 pädagogischen Wirkens.

Das Kind ist ein soziales Wesen. Es ist auf die Interaktion mit anderen angewiesen und wird in seiner Entwicklung geprägt; durch die Qualität seiner sozialen Beziehungen. Kinder entwickeln 10 im täglichen Umgang mit anderen soziale Fähigkeiten, die die Voraussetzung für das soziale Miteinander bilden. Sie übernehmen zunehmend soziale Verantwortung und lernen, mit Konflikten umzugehen. Positive soziale Erfahrungen tragen 15 zur Entwicklung sozialer Kompetenzen bei. Hierfür sind Kinder auf ein Übungsfeld in einer sozialen Gemeinschaft angewiesen, in der sie Chancen zum Aufbau von Bindung und Beziehung haben (Zimmer 2014a). 20

Das Kind ist ein Bewegungswesen. Es ist auf Wahrnehmung und Bewegung angewiesen, um sich ein Bild von sich selbst zu machen, um die eigenen Fähigkeiten einzuschätzen und sich die Welt aktiv anzueignen. Dabei spielen insbeson- 25

2. Erarbeitung

dere die körpernahen Sinne eine wichtige Rolle: Wahrnehmung über die Körpersinne, die Haut, über die Bewegung und das Gleichgewichtsempfinden, die Wahrnehmung der eigenen Position
30 und Lage im Raum vermitteln dem Kind ein Bild von der Welt und von sich selbst in ihr. Sowohl über Bewegung als auch über Sprache teilt sich das Kind mit, äußert Bedürfnisse und tritt mit seiner Umwelt in Interaktion (Zimmer 2014a).

35 **Das Kind ist ein von Anfang an aktiv lernendes, kompetent handelndes Wesen,** das seine eigene Entwicklung vorantreibt und seine Umwelt deutet. Es lernt mit Gegenständen, aber auch mit Sprache zu handeln. Jedoch benötigt das Kind auch
40 Bezugspersonen, die es in seinem Bedürfnis nach forschendem und entdeckendem Lernen unterstützen, die ihm Anregungen und Herausforderungen geben und damit neue Erfahrungsmöglichkeiten eröffnen (Zimmer 2014a).

45 Ein solches Menschenbild führt zu einem Bildungsverständnis, das Sprache sowie Bewegung als elementare Handlungs- und Ausdrucksformen des Kindes in den Vordergrund der pädagogischen Arbeit stellt. Über einen körper- und handlungs-
50 orientierten Zugang kann die sprachlich-kommunikative Entwicklung der Kinder unterstützt werden. Eine Förderung, die auf dem genannten Menschenbild basiert, berücksichtigt einerseits die Selbstbildungsprozesse des Kindes, stützt sich
55 aber auch auf die anregende und begleitende Rolle der pädagogischen Fachkraft durch Angebote und Herausforderungen (vgl. Zimmer 2010, 2012c).

Auffassung von Bildung

Bildung wird verstanden als ein sozialer Prozess,
60 an dem Eltern, pädagogische Fachkräfte und andere Kinder beteiligt sind. Sie beginnt bereits mit der Geburt und entwickelt sich ein Leben lang weiter. Von klein auf beginnt das Kind Theorien zu bilden, die es durch eigenes Handeln überprüft
65 und den Erfahrungen entsprechend modifiziert. Anknüpfend an das Bild des Kindes als aktiv lernendes, kompetent handelndes und soziales Wesen erfolgt Bildung selbst initiiert, ist jedoch auch abhängig von den Erfahrungen, die das Kind in der
70 Auseinandersetzung mit seiner sozialen, dinglichen und kulturellen Umgebung macht (Zimmer 2010).

Für den Bildungsprozess ist ein Umfeld erforderlich, das die Anlagen und Fähigkeiten des Kindes
75 unterstützt und anregt (Zimmer 2012a). Die Auf-

gabe der Bezugspersonen ist es, diese Umgebungsbedingungen bereitzustellen (Zimmer 2014a). Das Ansetzen an der Erlebniswelt des Kindes und an seinen Stärken steht dabei im Vordergrund. In Anlehnung an das Bild des Kindes sind 80 Bildungsprozesse so zu gestalten, dass Sachverhalte weniger über Sekundärerfahrungen der erwachsenen Bezugspersonen vermittelt werden, sondern vielmehr durch eigenes Handeln und durch die Beteiligung unterschiedlicher Sinne 85 erworben werden (vgl. Zimmer 2010).

Für das Kind sinnvolle Handlungs- und Bewegungserfahrungen bieten den Zugang zu Bildungsprozessen. So weist Wehrmann (2003) darauf hin, dass Bewegungserfahrungen die 90 Grundlage und damit auch Ansatzpunkte zur Bildung genereller und sprachlicher Kompetenzen bilden. Über die Bewegung – die elementare Handlungs- und Ausdrucksform des Kindes – wird die sprachlich-kommunikative Entwicklung unter- 95 stützt.

Auffassung von Sprache

Sprache als Schlüsselkompetenz soll in Bezug zu allen Bildungsbereichen und unter Berücksichtigung eines Bildungsverständnisses, welches das 100 Kind als aktiven Gestalter seiner Bildung und Entwicklung betrachtet, gestärkt werden. Die frühkindliche Entwicklung wird nach Zimmer (2010, S. 24) als ein Prozess verstanden, „der geprägt ist durch die aktive sinnliche Aneignung der Welt, die 105 eingebettet ist in soziale Interaktionen des Kindes mit seiner Umwelt. Grundlage sozialer Interaktionen ist die Fähigkeit des Kindes, Beziehungen zu anderen aufzunehmen und sich mit ihnen zu verständigen. Dies geschieht vom ersten Lebenstag 110 an über verbale aber auch über non-verbale Ausdrucksmittel, durch Gestik und Mimik, durch die Körpersprachen". Bruner (2002) weist darauf hin, dass Kinder mit dem Sprechen die Kultur, in der sie leben, erlernen. Erwachsene geben die Kultur 115 an die Kinder weiter, auch beim Spracherwerb kommt ihr auf jeder Stufe eine wesentliche Bedeutung zu. Damit vergleichbar sind ebenso Wahrnehmungsprozesse und Bewegungshandlungen von Kindern kulturell und sozial geprägt. Mimik und 120 Gestik – die Mittel der Körpersprache – sind kulturspezifisch determinierte persönliche Ausdrucksmittel, die im sozialen Kontext erworben werden. Sprache wird nach diesem Verständnis nicht in punktuellen, kontextungebundenen Situa- 125 tionen erworben, sondern baut auf dialogreichen sinnhaften Interaktionen auf, in denen an das Interesse und die Bedürfnisse des Kindes angeknüpft wird.

Entwicklungspsychologisch betrachtet sind Körpererfahrungen Voraussetzungen für den Spracherwerb. Mit der Erweiterung des Bewegungsradius in der kindlichen Entwicklung macht das Kind neue, sinnliche, über den Leib erfahrene Entdeckungen in der sozialen und materiellen Umwelt, die als Repräsentationen in der verbalen Sprache wieder auftauchen und schließlich aktiv verwendet werden.

Zimmer, Renate (2014): BaSiK. Begleitende alltagsintegrierte Sprachentwicklungsbeobachtung in Kindertageseinrichtungen. Freiburg : Herder, S. 4–5

M 22 Aufbau des Beobachtungsverfahrens (Zimmer)

BaSiK ist durch drei Grundbausteine strukturiert, die aufeinander aufbauen. […]

1. Fragen zum Kind

BaSiK beginnt mit der Erhebung persönlicher Informationen zu dem Kind und zu seiner sprachlichen Biografie. Die Fragen sollen der pädagogischen Fachkraft zu einem Überblick über die Art und das Ausmaß des sprachlichen Inputs des Kindes verhelfen. Um Hintergrundwissen über das Kind zu erhalten, wird beispielsweise gefragt, ob sich das Kind bereits in sprachtherapeutischer Behandlung befindet. Im gegebenen Falle könnte die pädagogische Fachkraft weitere Informationen über eine Kooperation mit der entsprechenden therapeutischen Fachkraft einholen. Die Fragen zum Erst- und Zweitspracherwerb wurden aufgenommen, um die anschließenden Beobachtungen entsprechend des sprachlichen Inputs der deutschen Sprache interpretieren zu können und den Beobachtungsfokus auch auf die sprachlichen Kompetenzen in der Erstsprache des Kindes zu richten.

2. Basiskompetenzen

BaSiK liegt eine ganzheitliche Auffassung von Entwicklung zugrunde, die davon ausgeht, dass sich die Sprache durch ein Zusammenspiel verschiedener Bereiche der kindlichen Entwicklung bildet. Die Bereiche der kindlichen Entwicklung, die als Vorläufer für den Spracherwerb grundlegend sind, werden in BaSiK als sogenannte Basiskompetenzen *[Anm.: Gemeint sind hier die auditive Wahrnehmung, die Mundmotorik, die taktilkinästhetische Wahrnehmung, die emotional-motivationale Kompetenzen und die soziale Kompetenzen.]* gekennzeichnet. Damit die beobachtende Fachkraft die Vorläufer der Sprachentwicklung im Blick hat, wird der Beobachtungsfokus in BaSiK zunächst auf die Entwicklung entsprechender Basiskompetenzen gerichtet.

3. Sprachbereiche

Sprachwissenschaftlichen Erkenntnissen zufolge bildet sich Sprache, aufbauend auf den Basiskompetenzen, auf verschiedenen sprachlichen Ebenen. Hinsichtlich der Auswahl dieser einzelnen Sprachbereiche orientiert sich BaSiK an den linguistischen Erkenntnissen nach Weinert und Grimm (2008) […] [Demnach] umfasst […] BaSiK […] die Bereiche [Sprachverständnis,] Semantik und Lexikon (Wortbedeutung und Wortschatz), Phonetik und Phonologie (Lautproduktion und Lautwahrnehmung), Prosodie (Betonung und Stimmmelodie), Morphologie und Syntax (Wortbildung und Satzbau) sowie Pragmatik (sprachliches Handeln).

Um die Aufmerksamkeit auch auf sprachliche Entwicklungsschritte zu richten, die in anderen (Bildungs-)Bereichen erfolgen und unterstützt werden können, wird in BaSiK zudem der Bereich Literacy aufgenommen. Die Berücksichtigung der kindlichen Literacy-Erfahrungen in BaSiK liegt zudem darin begründet, dass sie besonders für Kinder, die aus einem sozial benachteiligten oder bildungsfernen Umfeld stammen, eine gute Möglichkeit darstellen, um Interesse an der Sprache zu gewinnen und sie zu unterstützen.

Zimmer, Renate (2014): BaSiK. Begleitende alltagsintegrierte Sprachentwicklungsbeobachtung in Kindertageseinrichtungen. Freiburg : Herder, S. 10–11

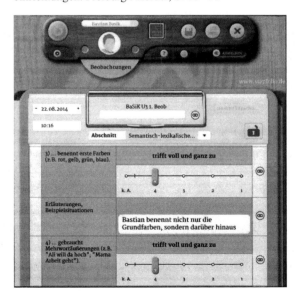

2. Erarbeitung

M 23 Beobachtungen im pädagogischen Alltag (Zimmer)

Im Alltag der Kindertageseinrichtungen bilden Beobachtungen der kindlichen Entwicklung die Basis der pädagogischen Arbeit. Durch Beobachtungen gewinnen die pädagogischen Fachkräfte individuelle Eindrücke über Interessen, Fähigkeiten und Stärken der Kinder. Sie können als Orientierung für die Gestaltung weiterer Bildungsprozessen dienen (vgl. Lueger 2009). Für die Beobachtung können unterschiedliche Vorgehensweisen gewählt werden, die sich nach Beobachtungsabsicht und Art der Beobachtungsdokumentation unterscheiden (vgl. Lamnek 2005). Beobachtet werden kann z. B. in offenen (Spiel-) Situationen, die sich im Alltag der Kinder ergeben, oder in standardisierten Situationen, die durch die pädagogische Fachkraft hervorgerufen werden (vgl. Zimmer 2012a). Auch in der Art der Dokumentation von Beobachtungen kann auf vielfältige Möglichkeiten zurückgegriffen werden, die von freien Aufzeichnungen über Orientierungsleitfäden bis hin zu standardisierten Beobachtungsbögen reichen (vgl. Lamnek 2005). Je nach Beobachtungswunsch oder -ziel sind unterschiedliche Vorgehensweisen von Vorteil.

Wege der Beobachtung

Durch offene Beobachtungen, die häufig keine bestimmten Kompetenzen fokussieren, sondern eine ganzheitliche Dokumentation der kindlichen Entwicklung verfolgen, können bereits viele wichtige Informationen gesammelt werden. Das Kind wird bei dieser Form der Beobachtung in selbst gestalteten (Spiel-) Situationen, in denen es ungezwungen und selbstbestimmt handeln kann, beobachtet (vgl. Zimmer 2012a). Laut Schäfer (2004) können dabei die individuellen Besonderheiten der Kinder entdeckt werden, die in festgelegten, von den pädagogischen Fachkräften hervorgerufenen (Test-) Situationen unbeachtet bleiben könnten. Das Kind wird hier durch die ressourcenorientierte Haltung der pädagogischen Fachkraft und das Widerspiegeln der kindlichen Ressourcen in seinem Erleben von Selbstwirksamkeit und Selbstbewusstsein gestärkt (vgl. Zimmer 2014a). Offene Beobachtungen werden meist über freie Aufzeichnungen, z. B. anhand von Lerngeschichten oder Lerntagebüchern, dokumentiert (vgl. Bertelsmannstiftung 2007). In der offenen, ungerichteten Beobachtung sind jedoch nur die Kompetenzen beobachtbar, die vom Kind selbst gezeigt werden (vgl. Lamnek 2005). Häufig meiden Kinder jedoch gerade die Situationen oder Sprachanlässe, deren Anforderungen sie sich nicht gewachsen fühlen. Um umfassende Beobachtungen vorzunehmen, ist die offene Beobachtung als alleiniges Vorgehen somit nicht ausreichend (vgl. Zimmer 2012a). Dagegen bietet eine strukturierte Beobachtung anhand von Orientierungsleitfäden durch gewisse Vorgaben (z. B. bestimmte Beobachtungsaufgaben) einen inhaltlichen Rahmen für die Beobachtung spezifischer Entwicklungsbereiche (vgl. Jampert et al. 2011). Jedoch sind individuelle Entwicklungsverläufe meist nur eingeschränkt durch Orientierungsleitfäden beobachtbar (vgl. Lamnek 2005), da selten einheitliche Bewertungsmaßstäbe zur Verfügung stehen. Standardisierte Beobachtungsverfahren hingegen ermöglichen die systematische Beobachtung gezielter Entwicklungsbereiche und liefern individuelle Informationen über Entwicklungsverläufe (Lamnek 2005; Moosbrugger & Kelava 2007). Damit das Kind jedoch nicht in seinem authentischen, unbefangenen Handeln beeinflusst wird, sollten die Kompetenzen, die in standardisierten Beobachtungsverfahren erfragt werden, in kindgerechte Spielsituationen eingekleidet und dokumentiert werden (vgl. Zimmer 2012a). Hierzu sind in Kapitel 8.2 exemplarische Sprachbildungssituationen zu finden.

In der Anwendung von BaSiK können mehrere Formen der Beobachtung kombiniert werden. Die pädagogische Fachkraft kann so von den Vorteilen der unterschiedlichen Beobachtungswege profitieren. Sie kann sowohl solche Situationen beobachten, die von den Kindern gestaltet werden, als auch selbst alltagsnahe Gelegenheiten schaffen, die Aufschluss über die sprachlichen Kompetenzen geben. Obwohl es sich bei BaSiK um ein standardisiertes Beobachtungsverfahren handelt, sind die Items (Beobachtungsaufgaben) so angelegt, dass eine Beobachtung in authentischen Situationen des pädagogischen Alltags möglich ist und auf eine künstliche „Test"-Situation verzichtet werden kann. [...]

Durch die wiederholte Beobachtung anhand von BaSiK können individuelle Entwicklungsverläufe beschrieben werden. Wie bei allen Formen der Beobachtung sollte auch hier auf situative Einflüsse und die subjektive Perspektive (der beobachtenden pädagogischen Fachkraft) geachtet werden. Um diesen Einfluss möglichst gering zu halten, wird nachfolgend auf entsprechende Aspekte hingewiesen.

Was bei der Beobachtung beachtet werden muss

Die Beobachtung kindlicher Kompetenzen ist ein komplexer Prozess, der ein hohes Maß an Kenntnissen und Aufmerksamkeit erfordert, um letztlich die Kompetenzen dokumentieren zu können, die das Kind gezeigt hat (vgl. Jäger & Petermann 1999). Dabei ist es wichtig, sich bestimmter Einflüsse bewusst zu sein, um eine Verzerrung der Beobachtung weitestgehend zu vermeiden. Situative Einflüsse entstehen beispielsweise durch die Tageszeit oder durch die Stimmung der Beobachterin bzw. des Beobachters sowie durch die des Kindes. Solche Einflüsse lassen sich durch die Beobachtung möglichst vieler und unterschiedlicher Situationen verringern. Somit kann ausgeschlossen werden, dass sich ein Ergebnis auf eine einzige Situation bezieht. Vielmehr wird durch die Beachtung vieler Situationen die eigentlich zu beobachtende Kompetenz des Kindes abgebildet.

Dennoch kann die Beobachtung durch weitere Effekte beeinflusst werden. Einige dieser Einflussfaktoren ergeben sich allein durch die Struktur und den Ablauf des Beobachtungs- bzw. Dokumentationsprozesses. So sollte beispielsweise darauf geachtet werden, dass alle Beobachtungen mit der gleichen Aufmerksamkeit und Konzentration durchgeführt werden und somit zu gleichen Anteilen in die Bewertung einfließen. Außerdem sollten einzelne Sprachkompetenzen oder Items nicht vor dem Hintergrund vorangegangener Kompetenzen oder Items bewertet werden (vgl. Moosbrugger & Kelava 2007; Jäger & Petermann 1999). Zwar bauen die Items gewissermaßen aufeinander auf, dennoch sollte jedes Item für sich genommen beurteilt werden.

Weitere Einflussfaktoren können durch die Beziehung zwischen der Beobachterin bzw. dem Beobachter und dem Kind entstehen. So sollten Beobachterinnen und Beobachter bei der Dokumentation der Sprachkompetenzen darauf achten, dass ihr Urteil nicht durch die Sympathie zum Kind beeinflusst wird. Ebenso sollten gewisse Erwartungen, die vor dem Dokumentationsprozess bestehen, bewusst gemacht werden, sodass bei der Beobachtung auf diese geachtet werden kann (Moosbrugger & Kelava 2007; Jäger & Petermann 1999). In Zweifelsfällen sollte sich die pädagogische Fachkraft mit Kollegen und Kolleginnen aus-

tauschen oder die Beobachtung zu einem anderen Zeitpunkt fortsetzen und gegebenenfalls wiederholen.

Zimmer, Renate (2014): BaSiK. Begleitende alltagsintegrierte Sprachentwicklungsbeobachtung in Kindertageseinrichtungen. Freiburg : Herder, S. 18–19

Aufgaben

Erstellen Sie eine Liste exemplarischer Sprachbildungssituationen, die sich in der Regel auch zur Beobachtung anderer Fähigkeiten und Fertigkeiten eignen.

M 24 Durchführung und Auswertung (Zimmer)

BaSiK dient einer prozessbegleitenden Beobachtung der kindlichen Sprachentwicklung in Kindertageseinrichtungen ab dem vollendeten ersten Lebensjahr bis zum Schuleintritt. Somit wird bei BaSiK nicht nur der momentane Stand des Spracherwerbs festgehalten, im Fokus steht vielmehr die Dokumentation des individuellen Sprachentwicklungsverlaufs eines Kindes. Damit können auch Faktoren und Ressourcen berücksichtigt werden, die den bisherigen Spracherwerbsprozess des Kindes möglicherweise mitbestimmt haben (vgl. Lueger 2009).

Aufbauend auf den Beobachtungsergebnissen können zum einen individuelle Maßnahmen einer alltagsintegrierten Sprachbildung abgeleitet werden, die natürliche Sprachanlässe des pädagogischen Alltags aufgreifen. […]

Zum anderen kann durch die zur Verfügung stehenden Normwerte auch ein interindividueller Vergleich zu Kindern gleichen Alters und ähnlichem Erwerbsbeginn der deutschen Sprache gezogen werden. Um den Sprachentwicklungsprozess anhand von BaSiK begleiten und unterstützen zu können, sollte einmal jährlich beobachtet und dokumentiert werden. In besonderen Fällen (z. B. wenn Auffälligkeiten in der Sprachentwicklung erkannt wurden) ist eine mindestens halbjährliche Beobachtung ratsam.

Allgemeine Hinweise zur Durchführung

BaSiK wurde für den pädagogischen Alltag konzipiert und ist von pädagogischen Fachkräften anzuwenden. Die intraindividuelle Entwicklung sprachlicher Kompetenzen von Kindern ab dem

2. Erarbeitung

ersten vollendeten Lebensjahr bis zum Schuleintritt steht dabei im Vordergrund.

Die Durchführung von BaSiK umfasst zum einen die Beobachtung und zum anderen die Dokumentation der in den Protokollbögen beschriebenen Items (Beobachtungsaufgaben). Die unterschiedlichen Items repräsentieren alltägliche Situationen der pädagogischen Arbeit. Die Protokollbögen können sowohl während als auch nach der Beobachtung (z. B. am Ende des Tages) ausgefüllt werden. Die Dauer der Protokollierung beträgt circa 20 bis 40 Minuten pro Kind, je nachdem, wie umfangreich dokumentiert wird. Lassen sich manche Items nicht direkt in alltäglichen Situationen beobachten, kann es sinnvoll sein, Beobachtungsanlässe herbeizuführen. Hierbei sind künstliche Aufforderungen zu vermeiden. Um entsprechende Kompetenzen im natürlichen Kontext zu beobachten, sollten Situationen gewählt werden, die für das Kind sinnvoll, handlungsrelevant und lustvoll sind, z. B. Bewegungsspiele, Musikangebote oder andere Aktivitäten.

Zur Beobachtung und Dokumentation stehen zwei Versionen von BaSiK zur Verfügung. Je nach Alter des Kindes sollte entweder die BaSiK-U3-Version oder die BaSiK-Ü3-Version verwendet werden:

- Kinder im Alter von 1;0-3;5 Jahren: BaSiK-U3-Protokollbogen
- Kinder im Alter von 3;0-6;11 Jahren: BaSiK-Ü3-Protokollbogen

Die Überschneidung der Altersbereiche wurde bewusst gewählt, da die sprachliche Entwicklung individuell sehr unterschiedlich verläuft. Je nachdem, welcher Protokollbogen genauere Informationen über die sprachliche Entwicklung des Kindes liefert, können die Altersgrenzen vernachlässigt werden. Wenn z. B. ein vierjähriges Kind erst seit einem Jahr mit der deutschen Sprache in Kontakt ist, empfiehlt es sich gegebenenfalls – trotz seines Alters –, den Protokollbogen der BaSiK-U3-Version zu verwenden. Ebenso verhält es sich mit entwicklungsverzögerten Kindern, bei ihnen ist der entwicklungsentsprechende und nicht der altersentsprechende Bogen zu wählen.

Beim Ausfüllen der Protokollbögen ist darauf zu achten, die Items weder aufgrund einer globalen Einschätzung noch durch die Beobachtung einer einzelnen Situation zu bewerten. Vielmehr sollte der Zeitraum der letzten vier Wochen mit unterschiedlichen Beobachtungssituationen als Grund-

lage der Dokumentation dienen. Dabei wird empfohlen, während der Beobachtung Beispielsituationen zu notieren. Sollten Unsicherheiten beim Ausfüllen bestehen, wird der Austausch mit Kollegen und Kolleginnen empfohlen [...]. BaSiK greift [...] neben bestimmten Sprachbereichen auch Basiskompetenzen auf. Die Beobachtung und qualitativ orientierte Auswertung der Basiskompetenzen wird empfohlen, damit vielfältige Anhaltspunkte einer alltagsintegrierten Sprachbildung gewonnen werden können. Eine quantitative Auswertung der Basiskompetenzen ist nicht vorgesehen, da die Sprachkompetenzen im Vordergrund des Verfahrens stehen. Demnach können alle Skalen auch unabhängig voneinander benutzt werden, wenn nur einzelne Kompetenzen von Interesse sind. Um einen Überblick über das Sprachprofil eines Kindes zu erhalten, sollten alle Sprachkompetenzen beobachtet werden. Für eine ganzheitliche Unterstützung der Sprachentwicklung empfiehlt es sich, zusätzlich auch die Basiskompetenzen zu dokumentieren.

In BaSiK wurde eine Skala von „1" (trifft noch nicht zu) bis „4" (trifft voll und ganz zu) gewählt. Auf eine fünfstufige Skala wurde absichtlich verzichtet, damit die Beobachterinnen und Beobachter ihre Einschätzung nicht auf eine mittlere, neutrale Antwortkategorie beschränken können (Tendenz zur Mitte) (Moosbrugger & Kelava 2007). Außerdem konnten viele Items nach Sichtung theoretischer und empirischer Grundlagen nicht sinnvoll in fünf oder mehr Entwicklungsschritte differenziert werden.

Manche Items erscheinen ab einem bestimmten Zeitpunkt wenig informativ, da die Kinder die geschilderte Kompetenz längst erworben bzw. schon weiterentwickelt haben (z. B. „Das Kind spricht in Zweiwortsätzen"). Für den Fall, dass eine quantitative Auswertung erfolgen soll, ist bei diesen Items eine „4" anzukreuzen. Ansonsten kann statt des Ankreuzens auch eine Notiz in dem freien Bereich für „Erläuterungen / Beispielsituationen" eingetragen werden. Die Items, die mit „Ja" oder „Nein" beantwortet werden, liefern wichtige Hintergrundinformationen, die gegebenenfalls auch über die Eltern erfragt werden sollten. Liegen Auffälligkeiten in diesen Items vor, sollten im Rahmen der qualitativ orientierten Auswertung die Eltern verständigt und ihnen nahegelegt werden, weitere Informationen einzuholen bzw. andere Professionen (z. B. den Kinderarzt) zu kontaktieren. Demzufolge finden sich nicht bei allen „Ja/Nein"-Items konkrete Verweise auf Sprachbildungssituationen. Diese Items dienen der Sensibilisierung und sind im Kontext alltagsintegrierter Sprachbildung zu berücksichtigen. Eine quantitative Auswertung der entsprechenden Items ist nicht vorgesehen.

Da anhand von BaSiK der Prozess der Sprachentwicklung dokumentiert werden soll, sind pro Item mehrere Zeilen für aufeinanderfolgende Beobachtungszeitpunkte zum Ankreuzen vorgegeben. Zusätzlich besteht durch die Wahl unterschiedlicher Farben die Möglichkeit, weitere Beobachtungszeitpunkte abzubilden.

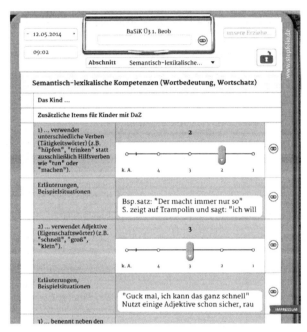

Auswertung

Im Anschluss an die Beobachtung und Dokumentation der in BaSiK enthaltenen Kompetenzen können eine qualitativ orientierte sowie eine quantitative Auswertung vorgenommen werden. Während bei der qualitativ orientierten Auswertung der individuelle Erkenntnisgewinn für die anschließende Sprachbildung im Vordergrund steht, kann im Rahmen der quantitativen Auswertung ein Sprachprofil erstellt werden, welches Aufschluss darüber gibt, wo sich das Kind – entweder im Vergleich zu vorangegangenen Beobachtungszeiträumen oder im Vergleich zu gleichaltrigen Kindern mit ähnlichem Erwerbsbeginn der deutschen Sprache – in seiner Sprachentwicklung befindet.

● *Qualitativ orientierte Auswertung*

Ziel der qualitativ orientierten Auswertung ist es, Erkenntnisse darüber zu erhalten, welches der aktuelle und nächste (Sprach-) Entwicklungsschritt des Kindes ist und auf welchen Kompetenzen aufgebaut werden kann. Auf Grundlage dieser Erkenntnisse können später – passend für jedes Kind und passend zu seinem jeweils nächsten Entwicklungsschritt – Ansatzpunkte für eine alltagsintegrierte Sprachbildung abgeleitet werden. Das Vorgehen der qualitativ orientierten Auswertung sieht vor, die einzelnen Items näher zu analysieren. Hierbei sind auch die Erläuterungen und Beispielsituationen, die handschriftlich auf dem Protokollbogen festgehalten wurden, von besonderer Bedeutung. Sie geben detailliert Aufschluss über die sprachlich-kommunikativen Ressourcen eines Kindes, zeigen auf, welche Interessen es hat, deuten jedoch auch auf mögliche Schwierigkeiten hin, die es zu bewältigen gilt. Nach der Beobachtung jeder Skala (Kompetenzbereich) sollten diese Ressourcen, Interessen und Schwierigkeiten, sprich die zentralen Erkenntnisse der Beobachtung, im Abschnitt „In diesem Bereich wurde beobachtet", der sich an jede Skala anschließt, festgehalten werden. Außerdem können erste Überlegungen für die Gestaltung von Sprachbildungssituationen im Abschnitt „Daraus folgt für die Sprachbildung" notiert werden.

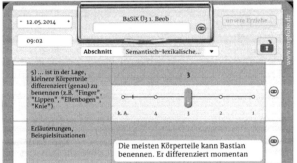

Beispiel für eine qualitativ orientierte Auswertung: Sara (3;7 Jahre): Im Protokollbogen von Sara (3;7 Jahre) zeigt sich, dass die Items der Skala „Semantisch-lexikalische Kompetenzen (Wortbedeutung & Wortschatz)" vermehrt im Bereich 1 bis 2 bewertet wurden (siehe Abbildung oben). Bereits auf den ersten Blick ist zu erkennen, dass es sich hierbei um einen Kompetenzbereich handelt, der einer verstärkten Berücksichtigung und möglicherweise auch einer besonderen Unterstützung bedarf.

2. Erarbeitung

Um Saras Ressourcen, die in einer anschließenden Sprachbildung zum Tragen kommen sollten, zu ermitteln und ihre Schwächen herauszufiltern, werden die Items nun einzeln analysiert. So ist zu sehen, dass Sara Adjektive bereits recht sicher verwendet. Auch die Farben benennt sie meist korrekt. Kommende Entwicklungsschritte könnten beispielsweise eine weitere Ausdifferenzierung der Adjektive („glatt" und „rau") und Farben („rot" und „orange") sein. Bei der genaueren Analyse des Items 5 ist zu erkennen, dass Sara zwar große Körperteile wie Hand oder Arm benennen kann, jedoch noch kaum in der Lage ist, kleinere Körperteile, wie Finger und Daumen, zu differenzieren (siehe Abbildung unten).

Im Anschluss an die Beobachtung sollten solche Erkenntnisse im Abschnitt „in diesem Bereich wurde beobachtet" eingetragen werden. Außerdem können im Abschnitt „Daraus folgt für die Sprachbildung" erste Überlegungen zur anschließenden Unterstützung von Saras semantisch-lexikalischen Kompetenzen festgehalten werden.

• *Quantitative Auswertung*

Die quantitative Auswertung der Sprachkompetenzen erfolgt in vier Schritten. Zunächst werden Summenwerte der entsprechenden Skalen gebildet. Dabei ist bei der BaSiK-U3-Version auf die Items zu achten, die altersbedingt nicht in den Summenwert einfließen (Items für einjährige Kinder), während bei der BaSiK-Ü3-Version die Summenwerte je nach Alter des Erwerbsbeginns der

deutschen Sprache (age of onset) unterschiedlich gebildet werden. Dazu wurden auf der Auswertungsschablone, die sich an die Dokumentation anschließt, die Items, die den jeweiligen „richtigen" Summenwert ergeben, aufgeführt. In einem weiteren Schritt werden die zu den jeweiligen Summenwerten zugehörigen Norm- bzw. Orientierungswerte (in BaSiK werden Prozentränge und T-Werte angegeben) aus den im Anhang zur Verfügung stehenden Tabellen ausgewählt. Diese geben Aufschluss darüber, wie die gebildeten Summenwerte eines Kindes im Vergleich zu gleichaltrigen Kindern mit ähnlichem Erwerbsbeginn der deutschen Sprache zu interpretieren sind.

Beispiel für eine quantitativ orientierte Auswertung: Sara (3;7 Jahre): In Saras Protokollbogen ergibt sich für die Skala „Semantisch-lexikalische Kompetenzen (Wortbedeutung & Wortschatz)" ein Summenwert von 15. Da Sara die deutsche Sprache ab einem Alter von 2;6 Jahren erworben hat, wir für sie der DaZ-Summenwert [DaZ = Deutsch als Zweitsprache] gebildet. In einem nächsten Schritt wird der zu einem Summenrohwert von 15 zugehörige T-Wert durch die Normtabellen [...] bestimmt.

Zimmer, Renate (2014): BaSiK. Begleitende alltagsintegrierte Sprachentwicklungsbeobachtung in Kindertageseinrichtungen. Freiburg : Herder, S. 20–23

Tab. 8: Stichprobe der *BaSiK*-Ü3-Version (N = 755)

BaSiK-Ü3	Alter bei Erwerbsbeginn der deutschen Sprache				Geschlecht	
Alter	Erstsprache	Simultaner Spracherwerb	Sukzessiver Spracherwerb 1	Sukzessiver Spracherwerb 2	Mädchen	Jungen
3;0–3;11	134	12	25	2	81	87
4;0–4;11	179	15	37	7	115	119
5;0–5;11	187	6	24	20	121	109
6;0–6;11	83	3	10	11	61	44

Anmerkungen: Ein simultaner Spracherwerb liegt vor, wenn ein Kind bis zu seinem 23. Lebensmonat mit der deutschen Sprache in Kontakt getreten ist bzw. sich im deutschen Spracherwerbsprozess befunden hat. Ein sukzessiver Spracherwerb liegt vor, wenn ein Kind ab seinem 24. (bzw. 48.) Lebensmonat bis zu seinem 47. (83.) Lebensmonat mit der deutschen Sprache in Kontakt getreten ist bzw. sich im deutschen Spracherwerbsprozess befunden hat.

2.2.4 Entwicklungsbeobachtung und -dokumentation (EBD)

Bildquelle: http://www.beltz.de/produkt_produktdetails/
2921-entwicklungsbeobachtung_und_dokumentation_
ebd_48_72_monate.html

| M 25 | **Entwicklungsüberprüfung in Tageseinrichtungen (Petermann et al.)**

Die ganzheitliche Beobachtung der kindlichen Entwicklung gehört schon lange zum Selbstverständnis pädagogischer Fachkräfte. Der aktuelle Trend nach Methoden zur systematischen Entwicklungsdokumentation führte auf dem Buchmarkt zu einem vielfältigen Materialangebot.

Dabei variieren der Beobachtungsfokus (z.B. auf Ressourcen oder Defizite, kindliche Interessen), die Art der Dokumentation (z.B. Portfolio oder Beobachtungsbögen) sowie der Grad der Strukturiertheit. Im besten Fall ist die Auswahl eines Verfahrens an das pädagogische Konzept einer Einrichtung gekoppelt. Der kleinste gemeinsame Nenner aller Formen der Entwicklungsdokumentation liegt wohl im Anspruch, Hinweise für eine individuelle Förderung von Entwicklungs- und Bildungsprozessen zu erhalten. Die ausgewählte Entwicklungsdokumentation bestimmt ganz entscheidend mit, welche Entwicklungs- und Bildungsprozesse bei einem Kind sichtbar gemacht werden und damit auch einer Förderung zugänglich sind. Vor diesem Hintergrund stellt die Auswahl eines Verfahrens zur Entwicklungsbeobachtung eine besondere Anforderung an pädagogische Fachkräfte dar.

Die Entwicklungsbeobachtung und -dokumentation für Kinder im Alter zwischen 48 und 72 Monaten (EBD 48–72) stellt ein hochstrukturiertes Verfahren dar. Sie führt die Entwicklungsbeobachtung und -dokumentation für Kinder im Alter zwischen drei und 48 Monaten (EBD 3–48; Petermann, Petermann & Koglin, 2008) fort und bietet vom vierten bis zum sechsten Lebensjahr in Halbjahresschritten spezifische Aufgaben zu sechs Entwicklungsbereichen an:

- Haltungs- und Bewegungssteuerung
- Fein- und Visuomotorik
- Sprache
- Kognitive Entwicklung
- Soziale Entwicklung
- Emotionale Entwicklung.

Die ausgewählten Aufgaben orientieren sich am sogenannten Meilenstein-Prinzip der Entwicklung. Nach diesem Konzept muss jedes Kind, unabhängig davon, wie unterschiedlich die Entwicklung teilweise zwischen verschiedenen Kindern verlaufen kann, innerhalb eines bestimmten Zeitrahmens in allen Bereichen bestimmte Fertigkeiten erworben haben. Das Prinzip der Meilensteine geht auf die Arbeiten von Michaelis und Niemann (2004) sowie Niemann (2002) zurück. In unterschiedlicher Form wird es auch in der kinderärztlichen Vorsorgediagnostik und der kinderpsychologischen Diagnostik verwendet. Bei den Meilensteinen handelt es sich um motorische, perzeptive, kognitive, sprachliche und soziale Fertigkeiten, die für eine ungestörte Entwicklung zentral sind. 90 bis 95% aller gesunden Kinder erreichen diese Meilensteine im vorgegebenen Zeitrahmen. Sie werden als notwendige Schritte in der Entwicklungsabfolge angesehen; fehlen sie, dann ist ein Entwicklungsrückstand wahrscheinlich. Des Weiteren wurden in die EBD 48–72 Aufgaben aufgenommen, die in anerkannten psychologischen Tests ebenfalls von ca. 90% aller Kinder gelöst werden. Damit beinhaltet die EBD 48–72 eher leichte Aufgaben mit dem Ziel, diejenigen 5 bis 10% aller Kinder zu entdecken, die im Vergleich zu Gleichaltrigen den geringsten Entwicklungsfortschritt aufweisen. Die in der Beobachtung auffälligen Kinder können dann einer weiterführenden, abklärenden Diagnostik und gezielten Fördermaßnahmen zugeführt werden. Dieser Orientierung an Meilensteinen und einer normgerechten (durchschnittlichen) Entwicklung liegt der Anspruch zugrunde, entwicklungsgefährdete Kinder zu identifizieren. Für die Autoren ist die Beobachtung jedoch nur ein Ausgangspunkt für die

2. Erarbeitung 67

darauf folgende individuelle Förderung der Kinder. Daher wird in der EBD 48–72 explizit auf die
Förderung der Kinder mithilfe der EBD eingegangen. Bewältigt ein Kind Aufgaben aus seinem
Altersbereich, dann werden Entwicklungs- und
Bildungsziele mit den Aufgaben der nächsthöhe-
ren Altersstufe gestellt. So ist es möglich zu erkennen, an welchen Aufgaben (Entwicklungsbereichen) ein Kind besondere Freude hat und Stärken
aufweist. Obwohl heute verstärkt über Defizite in
der kindlichen Entwicklung diskutiert wird, bildet
die normale Entwicklung noch immer die Regel
und nicht die Ausnahme.

Petermann, Ulrike & Petermann, Franz & Koglin, Ute (2013): Entwicklungsbeobachtung und -dokumentation EDB 3–48 Monate. Berlin: Cornelsen Schulverlage GmbH, S. 8–9

Koglin, Ute & Petermann, Franz & Petermann, Ulrike (2010): Entwicklungsbeobachtung und -dokumentation EDB 48–72 Monate.
Berlin: Cornelsen Schulverlage GmbH, S. 8–9

M 26 Die Entwicklungsbereiche (Petermann et al.)

Entwicklung vollzieht sich durch die aktive Auseinandersetzung eines Kindes mit seiner Umwelt
(Petermann & Macha, 2005). Die Gene und damit
die Entwicklung des zentralen Nervensystems
bestimmen den Rahmen der Entwicklung; sie
legen aber nicht fest, wie eine Fähigkeit in einem
bestimmten Alter ausgebildet wird. Hier spielt die
Umwelt eines Kindes, das heißt seine Lern- und
Lebensbedingungen, eine große Rolle. Aktuell
können wir auf keine allumfassende Theorie
zurückgreifen, die Entwicklung in den verschiedenen Bereichen erklären kann. Einige Theorien
erläutern mehr oder weniger umfassend oder spezifisch die Entwicklung in bestimmten Bereichen.
Die Theorie zur kognitiven Entwicklung von Piaget (1975a, 1975b) beschreibt zum Beispiel, wie
sich beim Kind mentale Strukturen herausbilden.
Diesen Prozessen wird ein Stufenmodell zugrunde
gelegt. Eine solche Stufenfolge kann aber nicht für
jeden Entwicklungsbereich beschrieben werden;
wenn auch von einer stufenförmigen Entwicklung
ausgegangen wird, so heißt das nicht, dass ein
Kind alle Stufen durchlaufen muss, um sich positiv entwickeln zu können. Ein Kind kann
bestimmte Stufen überspringen, was nicht unmittelbar mit einer Entwicklungsabweichung gleich-
gesetzt werden kann.

Darüber hinaus lässt sich beobachten, dass Kinder
in den verschiedenen Bereichen einen sehr unterschiedlichen Entwicklungsstand aufweisen können. So kann ein Kind in der Haltungs- und Bewegungssteuerung sehr gut entwickelt sein, aber Probleme mit feinmotorischen Aufgaben haben.
Neben dieser kindbezogenen Variabilität können
sich aber auch Gleichaltrige deutlich im Entwicklungsstand voneinander unterscheiden und dennoch „normal" entwickelt sein.

Im Folgenden werden die Entwicklungsbereiche
kurz dargestellt, die mit der EBD 48–72 Monaten
beobachtet werden können. Dabei wird jeweils der
Fähigkeitsbereich beschrieben, wichtige Entwicklungsschritte werden nachvollzogen und Hinweise
auf die Vernetzung mit anderen Entwicklungsbereichen gegeben.

Haltungs- und Bewegungssteuerung

Die Entwicklung der Haltungs- und Bewegungssteuerung lässt sich besonders gut in den ersten
Lebensjahren von Kindern beobachten. Innerhalb
eines Jahres werden aus Säuglingen mit einer sehr
geringen körperlichen Kontrolle Kleinkinder, die
krabbeln, sitzen, gehen, nach Objekten greifen und
mit diesen spielen. Zweijährige beginnen bereits
zu rennen, Dreirad zu fahren und Treppen zu steigen. Bis zum Eintritt in den Kindergarten haben
Kinder eine Reihe von Meilensteinen in der Hal-
tungs- und Bewegungssteuerung bewältigt.
Grundlegende Fertigkeiten, die den Haltungs- und
Stellsinn betreffen, aber auch Abstützreaktionen
oder die Fähigkeit, das Gleichgewicht zu halten,
sind bei vielen Kindern bereits automatisiert. Im
Vordergrund steht nun das Erlernen komplexer
Bewegungsabläufe, wie es beispielsweise beim
Turnen oder Fußballspielen nötig ist. Solche komplexen Bewegungsabläufe sind nur möglich, wenn
ein Kind bereits in der Lage ist, sein Handeln zu
planen und über automatisierte Handlungsabläufe
verfügt. Jede neue Bewegung muss also gelernt
und ständig wiederholt werden, bis sie schließlich
automatisch abläuft.

Je mehr Bewegungsabläufe schon beherrscht werden, desto leichter können neue Bewegungen ähn-
licher Art eingeübt werden (vgl. Holle, 2000).
Daher haben die Anforderungen oder Aufforderungen aus der Umwelt eine entscheidende Bedeutung im Hinblick darauf, welche Bewegungsmus-
ter ein Kind erlernt.

Bewegung spielt im Kindesalter eine herausra-
gende Rolle. Sie ist Voraussetzung dafür, dass sich
Kinder altersentsprechend – auch in anderen Ent-

wicklungsbereichen – entwickeln können. Defizite in der Grob- und Feinmotorik können das Ausführen alltäglicher Handlungen erschweren und sich negativ auf die psychosoziale Entwicklung auswirken, etwa in Form sozialer Isolation und verringertem Selbstwertgefühl. Bewegung ist eng mit anderen Entwicklungsbereichen verzahnt, wie mit der kognitiven, sprachlichen und emotionalen Entwicklung (Holle, 2000). Es konnte belegt werden, dass Kinder mit geringeren motorischen Leistungen häufiger auch durch Defizite in der Sprachentwicklung auffielen (Bishop, 2002), insbesondere im Bereich Aussprache. Man vermutet, dass Problemen bei der Artikulation und der Motorik eine gemeinsame genetische oder neurologische Ursache zugrunde liegt.

Kinder mit einer Störung der motorischen Koordination wirken oft unbeholfen: Sie stolpern, stürzen und lassen häufig Sachen zu Boden fallen. Beim Malen oder Basteln wirken sie eher ungeschickt. Studien deuten darauf hin, dass sich die Defizite im Bereich der motorischen Entwicklung nicht auf das Kindesalter beschränken, sondern bis ins Erwachsenenalter bestehen bleiben können (vgl. Kastner & Petermann, 2009).

Fein- und Visuomotorik

Feinmotorische Fähigkeiten beziehen sich auf die feinen Bewegungen der Finger, der Hand und des Armes zum Greifen und zum Manipulieren von Gegenständen, sie werden in der Regel durch visuelle Informationen gesteuert. Die Entwicklung der Fein- und Visuomotorik beginnt bereits im Säuglingsalter. Bei Neugeborenen kann man sie nur in einer rudimentären Form beobachten; ein gezieltes Greifen nach Gegenständen ist noch nicht möglich. Die Kopplung des Beugens und Streckens eines Armes mit dem Beugen und Strecken der Finger verliert sich erst etwa ab dem zweiten Lebensmonat.

Kinder können nun zunehmend besser und zielgerichteter nach Objekten greifen. Bis zum Ende des ersten Lebensjahres verfeinern sich die Greifformen immer mehr. Ein Kind kann immer kleinere Gegenstände greifen. So entwickelt sich aus dem sogenannten Scherengriff (Greifen zwischen der Basis von Daumen und Zeigefinger) die feinste Greifform, der Pinzettengriff (Greifen mit den Fingerspitzen von Daumen und Zeigefinger). Dadurch werden präzise Greifbewegungen zur Manipulation kleiner Gegenstände möglich und

der Grundstein für die weitere Entwicklung der Hand-Auge-Koordination ist gelegt (Holle, 2000).

Die Fein- und Visuomotorik erfordert von Kindern motorische, kognitive und perzeptuelle Kompetenzen. Motorisch müssen sie dazu fähig sein, feine Bewegungen auszuführen, die sie genau planen. Dies ist nur möglich, wenn wahrgenommene Informationen integriert verarbeitet werden, wie beispielsweise beim Schuhebinden. Im Kindergartenalter werden vor allem die räumlich-zeitliche Genauigkeit visuomotorischer Kompetenzen, die zuverlässige Bewegungsausführung bis hin zu automatisierten Bewegungsabfolgen weiter ausgebaut und die Geschwindigkeit der Bewegungen erhöht.

Eine unzureichend entwickelte Feinmotorik kann sich auf andere Entwicklungsbereiche negativ auswirken (vgl. Holle, 2000). Kann ein Kind nicht mit entsprechenden Materialien umgehen, bleiben ihm viele Erfahrungen verschlossen.

Beim Hantieren mit Bauklötzen lernt es den Umgang mit Raumdimensionen, Oberflächenbeschaffenheit und Gewichten. Beim Ausführen von Steckspielen erfährt es Form- und Größenzuordnungen. Die Selbstständigkeitsentwicklung wird behindert, wenn ein Kind Schwierigkeiten im Umgang mit Knöpfen und Reißverschlüssen hat. Besonders nachhaltig wirkt sich eine unterentwickelte Visuomotorik zum Beispiel auf das Schreibenlernen aus, aber auch auf alle anderen Bereiche, in denen das genaue Wahrnehmen und Reproduzieren von Symbolen eine Rolle spielt. Frühgeborene Kinder haben oftmals Probleme mit der Fein- und Visuomotorik. Diese Schwierigkeiten können auch bei einer normalen kognitiven Entwicklung auftreten. Die Kinder haben dann Probleme, schreiben zu lernen (vgl. Steiß, Langer & Neuhäuser, 2005). Schreiben stellt eine komplexe Leistung dar, bei der feinmotorische Bewegungsabläufe, die visuelle Wahrnehmung, Raum-Lage-Wahrnehmung und die Auge-Hand-Koordination von Bedeutung sind. Bei Defiziten in einem der Bereiche ist das Erlernen des Schreibens deutlich erschwert.

Sprachentwicklung

Der Erwerb der Sprache stellt eine der wesentlichen Herausforderungen der ersten Lebensjahre dar. Die Sprache ist die elementare Voraussetzung des Kommunizierens und Sich-Mitteilens. Sie spielt eine zentrale Rolle in der sozial-emotionalen

2. Erarbeitung

Entwicklung und beim Wissenserwerb eines Kindes; damit kommt ihr auch beim Erwerb höherer kognitiver Funktionen ein besonderer Stellenwert zu. Erst durch die Fähigkeit, Sprache zu verarbeiten, das heißt, sprachliche Äußerungen zu verstehen und sie zu produzieren, werden Teilhabe an und Integration in Kultur und Gesellschaft möglich (Roos & Schöler, 2007).

Obwohl Unterschiede zwischen den verschiedenen Sprachen bestehen, folgen die meisten Kinder beim Spracherwerb einem nahezu identischen Zeitplan. Zuerst sprechen sie einzelne Worte, dann Zweiwortsätze, gefolgt von komplexen Kombinationen. Diese Entwicklung vollzieht sich in der Regel zwischen dem Ende des ersten und fünften Lebensjahres (Nußbeck, 2007). Kinder beherrschen in diesem Alter die Grundstruktur ihrer Muttersprache und können sich nun fast so gut wie Erwachsene mitteilen. Zwar sind Ausdrucksvermögen und Wortschatz noch eingeschränkt, doch ist die sprachliche Kompetenz voll ausgeprägt. Die Sprachentwicklung verläuft in Phasen, die eng mit der Hirnreifung verknüpft sind; ebenso abhängig ist sie jedoch von reichhaltigen Anregungen durch die soziale Umwelt.

Sprachlich normal entwickelte Kinder beherrschen im Alter von drei Jahren bereits die grundlegenden Satzmuster und Strukturen der jeweiligen Muttersprache. Zudem sind sie in der Lage, Mehrzahl und Pronomina korrekt zu verwenden und sie verstehen gebräuchliche Vergleiche (größer/kleiner). Mit vier bis fünf Jahren treten zunehmend komplexe Satzformen (Relativsätze, Temporalsätze usw.) sowie verbindende Wörter (bevor, nachdem, als, falls, seit, aber, obwohl usw.) hinzu (Weinert & Lockl, 2008).

In Studien zur Sprachentwicklung wurde jedoch nicht nur beobachtet, welche Sprachäußerungen Kinder in welchem Alter beherrschen, sondern auch die typischen Fehler, die sie machen. Es ist nachvollziehbar, weshalb Vierjährige Formen wie „gingte" und „kamte" verwenden: Diese Irrtümer resultieren aus einer Verallgemeinerung. Das Kind nimmt ein unregelmäßiges Verb und versucht ein regelmäßiges, schwach konjugiertes daraus zu machen. Solche Fehler kommen mehrere Jahre lang immer wieder vor. Das Erstaunliche dabei ist, dass sie in der Sprache sehr junger Kinder häufig nicht auftreten. Oft konjugieren sie einige unregelmäßige Verben richtig (z. B. gekommen, gegangen), ehe sie merken, dass hierfür eine Regel gilt;

erst dann fangen sie an, „gekommt" und „gegeht" zu sagen (Marcus, 1996). Der Abbau dieser nicht regelentsprechenden Verallgemeinerungen wird durch die tägliche Sprachhörpraxis bewirkt: Je sicherer ein Kind im Umgang mit der Sprache wird, desto seltener treten solche Abruffehler auf.

In der Regel beherrschen Kinder mit vier Jahren sämtliche Laute; nur schwierige Konsonantenverbindungen wie „kl" und „dr" und Zischlaute bereiten manchmal noch Schwierigkeiten. Im Alter von sechs Jahren werden zumeist alle Laute beherrscht und ein Kind verwendet die Sprache weitgehend korrekt (Nußbeck, 2007). Im Alter von vier Jahren ist die Sprachentwicklung in groben Zügen abgeschlossen. Danach werden vor allem Wortschatz, Ausdrucksvermögen und Erzählfähigkeit erweitert. Kinder, die die oben beschriebenen Meilensteine im Alter von vier Jahren noch nicht erreicht haben, müssen deshalb eine besondere Beachtung finden, damit effektive therapeutische Maßnahmen gegebenenfalls zeitnah in Anspruch genommen werden können.

Im weiteren Verlauf der Sprachentwicklung differenzieren Kinder ihre sprachlichen Fähigkeiten weiter aus, indem sie von Monologen zu längeren Gesprächen übergehen. Besonders wichtig ist dabei zunächst die Fähigkeit, ihre Erlebnisse in zusammenhängenden Erzählungen darzustellen. Mit vier Jahren sind Kinder zunehmend in der Lage, komplexere Sätze zu verstehen und zu bilden, bis sie schließlich kleine Geschichten erzählen können. Für die sprachliche Entwicklung spielt das Erzählen von Geschichten eine wichtige Rolle und es ist überdies eine Vorläuferkompetenz für die Entwicklung der Lese- und Schreibkompetenz. Im Hinblick auf die Schulvorbereitung wird es für die Kinder zunehmend wichtiger, zusammenhängende Texte zu verstehen. Ein gutes Sprachverständnis kann als eine wesentliche Voraussetzung für die Schulreife angesehen werden (Zollinger, 2004). Insbesondere Kinder mit Sprachverständnisstörungen zeigen jedoch vermehrt Schwierigkeiten, wenn sie Fragen zu einem vorgegebenen Text beantworten sollen (Gebhard, 2008). Sie reagieren häufig mit Unruhe und Desinteresse, was fälschlicherweise als Unaufmerksamkeit gedeutet wird (Zollinger, 2004; Nußbeck, 2007).

Die meisten Kinder sind bis zum Schulalter sprachlich so weit entwickelt, dass sie sich in ihrer Muttersprache bis auf wenige Ausnahmen grammatikalisch korrekt verständigen können. Das zugrundeliegende Regelsystem wird aber nicht bewusst verwendet. Vielmehr handelt es sich bis zum sechsten Lebensjahr um ein implizites Sprachwissen, mit dem instinktiv richtig gesprochen wird (Karmiloff-Smith, 1992). Mit sechs Jahren kann sich ein Kind selbstständig spontan korrigieren. Im Vergleich mit jüngeren Kindern ist es auch erfolgreicher beim Lösen von Korrekturaufgaben, die man ihm vorlegt. Die metasprachliche Kompetenz bildet sich stetig weiter aus, das heißt, Kinder sind jetzt in der Lage, über Sprache zu kommunizieren. Deutlich wird dies zum Beispiel an Äußerungen wie: „Wie meinst du das?" oder „Sprich leiser!"

Zahlreiche Studien deuten daraufhin, dass die phonologische Bewusstheit sowohl für den Sprech- und Spracherwerb als auch für den Lese- Rechtschreiberwerb von großer Bedeutung ist (Schnitzler, 2008) und dass Defizite in der phonologischen Bewusstheit bei Kindern im Vorschulalter maßgeblich an der Entstehung einer Lese-Rechtschreibstörung beteiligt sind (Marx, Weber & Schneider, 2001; Ziegler, Perry, Ma Wyatt, Ladner & Schulte-Köhne, 2003). Unter dem Begriff „phonologische Bewusstheit" wird die Fähigkeit verstanden, die Aufmerksamkeit unabhängig vom Inhalt oder der Bedeutung des Gesagten auf die formal-lautlichen Aspekte der Sprache zu richten (Ptok et al., 2007). Die phonologische Bewusstheit bezeichnet keine isolierte Fähigkeit, sondern ein komplexes Konzept, dessen Entwicklung bereits im Vorschulalter beginnt. Kinder lernen, dass man Sprache in kleinere Einheiten zerlegen und diese auch wieder zu größeren Einheiten zusammenfügen kann. So lernen sie beispielsweise, dass eine Hose ein Kleidungsstück darstellt (inhaltliche Information). Darüberhinaus erfahren sie, dass man das Wort „Hose" in zwei Silben teilen kann, dass es sich auf „Dose" reimt und dass „Hose" am Anfang des Wortes genauso klingt wie zum Beispiel „Haus" (formale Information). Eine allgemeingültige Erklärung für den rasanten Fortschritt beim Spracherwerb eines Kindes gibt es bis heute nicht. Es finden sich verschiedene Annahmen darüber, wie sich der Spracherwerb vollzieht. Die einzelnen Schritte verlaufen bei allen Kindern in der gleichen Abfolge. Jedoch kann der Zeitpunkt des Erreichens von einem dieser sprachlichen Meilensteine gerade in der frühen Lebensphase stark variieren. Das Erlernen der Sprache scheint an die Lateralisierung der Hirnhälften gebunden zu sein. Das bedeutet, dass es zur Ausbildung eines sogenannten Sprachzentrums in einer der beiden Hirnhälften kommt. Bei über 90% der Menschen liegt dieses in der linken Hirnhälfte.

Diese Hemisphärendominanz scheint sich bereits mit fünf bis zwölf Monaten auszubilden und ist bis zum fünften Lebensjahr weitgehend abgeschlossen (Holowka & Petitto, 2002). Damit bildet die Zeit zwischen dem zweiten und fünften Lebensjahr ein entscheidendes diagnostisches und therapeutisches Zeitfenster, das genutzt werden sollte. Sprache dient dem Austausch von Informationen, Gedanken und Gefühlen. Sprachstörungen behindern demzufolge nicht nur die Aneignung neuen Wissens, sondern auch die Persönlich Persönlichkeitsentwicklung (von Suchodoletz, 2008). Sie sind daher oftmals mit gravierenden Folgen sowohl für die kognitive, speziell die schulische, als auch für die sozial-emotionale Entwicklung verbunden (vgl. Petermann & Wiedebusch, 2008). Obwohl Kinder in der Regel effiziente und robuste Sprachlerner sind, ist kein anderer Entwicklungsbereich so häufig von Störungen betroffen wie der sprachliche. So bilden Störungen der Sprachentwicklung die größte Gruppe unter den Entwicklungsstörungen (Grimm, 2003). Die Auftretenshäufigkeit wird mit 5% bis 8% angegeben, wobei Jungen zwei- bis dreimal so oft betroffen sind wie Mädchen (von Sucho doletz, 2008).

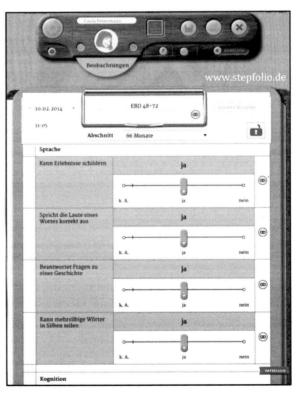

2. Erarbeitung

Kognitive Entwicklung

Die kognitive Entwicklung umfasst verschiedene Aspekte des Lernens, Denkens und der Intelligenzentwicklung.

Eine Reihe von Erkenntnissen zur kognitiven Entwicklung wurde maßgeblich von Piaget (1975a, 1975b) geprägt; sie sind bis heute mit Ergänzungen gültig. Nach Piaget und Inhelder (2000) kann die kognitive Entwicklung eines Kindes nur über eine Auseinandersetzung mit der Umwelt erfolgen, in deren Verlauf die bereits erworbenen Denk- und Handlungsschemata durch eine kognitive Umorganisation immer wieder an neue Situationen angepasst werden. Zur globalen Einteilung der kognitiven Entwicklung beschrieb Piaget vier qualitativ unterscheidbare Stufen:

- Im sensumotorischen Stadium von der Geburt eines Kindes bis zum Alter von zwei Jahren modifiziert ein Kind seine angeborenen Reflexe zu strukturierten Verhaltensmustern und erlangt unter anderem die Fähigkeit der symbolischen Repräsentation.

- Im vor-operatorischen Stadium, das sich etwa vom zweiten bis zum siebten Lebensjahr erstreckt, lernt das Kind insbesondere, Zustände und Ereignisse mental zu repräsentieren.

- Im konkret-operatorischen Stadium erwirbt das Kind im Alter von etwa sieben bis elf Jahren ein Verständnis von Kategorien oder Klassen und kann von gegebenen Informationen abstrahieren, das heißt, ein Kind kann nun mit konkreten Gegenständen mental operieren. Es entwickelt die Fähigkeit, die Perspektive einer anderen Person einzunehmen.

- Das Stadium formaler Operationen ab etwa dem elften Lebensjahr ist durch die Unabhängigkeit der logischen Operationen von konkreten Problemen gekennzeichnet.

Piaget betrachtete die kognitive Entwicklung als fortlaufenden Prozess der aktiven Anpassung des Individuums an seine Umwelt, um einen kognitiven Gleichgewichtszustand zu erreichen (Äquilibration). Diese Anpassung erfolgt entweder durch die Aufnahme von Informationen in bereits vorhandene kognitive Schemata (Assimilation) oder indem die Schemata durch die Aufnahme der Informationen verändert werden (Akkomodation).

Neuere Erkenntnisse im Anschluss an die Theorie Piagets deuten darauf hin, dass er die kognitiven Fähigkeiten von Kindern in den einzelnen Entwicklungsstadien zu unterschätzen schien. Darüberhinaus werden das starre Stufenmodell und die konsequente Vernachlässigung interindividueller Differenzen bemängelt.

Aktuellen Annahmen zufolge verläuft die Intelligenzentwicklung im Kindes- und Jugendalter nicht linear und unterliegt bis zum sechsten Lebensjahr relativ starken Schwankungen, bevor sie sich etwa ab dem siebten Lebensjahr stabilisiert (Holling et al., 2004). Dennoch bauen die meisten späteren Annahmen zur kognitiven Entwicklung auf dem Modell von Piaget auf.

Zwischen drei und sechs Jahren bilden Kinder bereits wichtige Vorläuferfähigkeiten für den Erwerb des Lesens, Schreibens und Rechnens aus. Dabei spielt die Entwicklung in allgemeinen Fähigkeitsbereichen wie der Intelligenz, der Gedächtniskapazität und der Informationsverarbeitungsgeschwindigkeit eine Rolle. Der größte Zuwachs der Gedächtnisspanne vollzieht sich bei Kindern im Alter zwischen drei bis sieben Jahren und sinkt danach wieder ab. Durchschnittlich können Kinder zwischen drei bis fünf Jahren sechs bis acht Wörter eines vorgesprochenen Satzes wiedergeben (vgl. Daseefking & Petermann, 2009). Eine gesteigerte Aufmerksamkeits- und Gedächtnisleistung trägt dazu bei, dass sich Kinder Wissen aneignen und zunehmend besser Handlungen planen und Probleme lösen können (Daseking & Petermann, 2008). Die Fähigkeit, Aufmerksamkeit auf bestimmte Reize zu lenken und sie aufrechtzuerhalten, bildet eine grundlegende Voraussetzung für Lernprozesse. Sie ist bei Kindern ab dem zweiten Lebensjahr nachgewiesen (Blumberg & Torrenberg, 2005). Von der Kindheit über das Jugendalter bis zum frühen Erwachsenenalter steigen die Aufmerksamkeitsleistungen an. Durch Reifungsprozesse und Lern- sowie Übungsprozesse können Kinder immer besser ihre Aufmerksamkeit intensivieren, schneller auf Reize reagieren und die Aufmerksamkeit länger auf eine Tätigkeit richten, wie beispielsweise beim Bauen eines Turms aus Bauklötzen (vgl. Krampen, 2008). Die Aufmerksamkeitsintensität entwickelt sich dabei schneller als selektive Aufmerksamkeitsleistungen, wie die Koordination von zwei parallel auszuführenden Aufgaben. Für die Reaktionsgeschwindigkeit und -genauigkeit gelingt dies beispielsweise erst Jugendlichen ab dem Alter von 16 Jahren so gut wie Erwachsenen (Fimm, 2007).

Für den Schriftspracherwerb und das Rechnen lassen sich neben der Intelligenz, der Gedächtniskapazität und der Informationsverarbeitungsgeschwindigkeit weitere spezifische Fähigkeitsbereiche benennen. Nach Daseking und Petermann (2008) sind für das Erlernen des Lesens und Rechtschreibens auditive Prozesse besonders wichtig ($\rightarrow$ Kap. 2.3, Ausführungen zur phonologischen Bewusstheit), während dem Rechnen eher visuelle Verarbeitungsprozesse zugrundeliegen. Kinder im Kindergartenalter erkennen bereits Mengenunterschiede im Sinne von „größer" oder „mehr" und sie können Mengen mit bis zu vier Elementen vergleichen (z. B. vier rote und drei gelbe Bausteine). Zunehmend können sie die Zahlenreihenfolge für das Zählen und einfaches Rechnen verwenden. Die im Vorschulalter erworbene Fähigkeit von Kindern, zu zählen und mit geometrischen Figuren umzugehen, steht im Zusammenhang mit späteren Rechenleistungen von Kindern in der Grundschule (vgl. Daseking & Petermann, 2008).

Emotionale Entwicklung

Emotionen bilden einen Teil der genetischen Ausstattung des Menschen. Sie dienen als eine Art Radar, um Situationen zu bewerten, oder als schnelles Alarmsystem, um auf Reize zu reagieren.

Damit tragen sie entscheidend zum Überleben der Menschen bei. Emotionen sind die Werkzeuge, mit denen wir Erfahrungen bewerten und nach denen wir unser Handeln ausrichten (Cole, Martin & Dennis, 2004). Nehmen wir z. B. eine Situation als gefährlich wahr, bereitet diese Bewertung unser Handeln vor. Emotionen sind keine Zustände, sondern beziehen sich auf einen Prozess, den wir mehr oder mal weniger bewusst wahrnehmen und der manchmal auch von Freunden, Erzieherinnen oder Eltern beobachtet werden kann, und zwar dann, wenn eine Emotion mit starker Intensität auftritt.

Bei der Entwicklung von Emotionen spielen Vererbung ebenso wie Umwelteinflüsse eine Rolle. Darüber, in welchem Ausmaß die Gene oder die Umwelt von Bedeutung sind, gibt es aktuell keine einhellige Meinung. Die bekannte Emotionsforscherin Izard (1991) geht davon aus, dass Emotionen angeboren sind. Sie sind auch mit bestimmten körperlichen Reaktionen und einem spezifischen Gesichtsausdruck verbunden, wodurch Emotionen bereits im frühen Kindesalter unterschieden

werden können. Andere Studien belegen, dass die Emotionsentwicklung stärker von der sozialen Umwelt geprägt wird. Dies sei daran zu erkennen, dass Säuglinge zunächst ein grobes Emotionserleben zeigen und dieses durch Erfahrung zunehmend ausdifferenzieren (vgl. Petermann & Wiedebusch, 2008). Bei Säuglingen können zunächst Distress und Zufriedenheit beobachtet werden und erst ab ca. dem dritten Lebensmonat die Emotionen Wut oder Freude.

In den ersten Lebensjahren müssen Kinder den angemessenen Umgang mit eigenen Emotionen und den Emotionen anderer und deren Konventionen erlernen. Um welche Fähigkeiten es sich dabei handelt, kann aus Konzepten zur emotionalen Kompetenz abgeleitet werden. Nach Saarni (2002) handelt es sich um acht Schlüsselfertigkeiten, deren effektiver Einsatz in sozialen Interaktionen emotionale Kompetenz kennzeichnet ($\rightarrow$ Kasten 2). Sind Kinder dazu in der Lage, emotionale Kompetenzen effektiv einzusetzen, erleben sie sich als selbstwirksam. Emotionale Kompetenz wird deshalb nach Saarni als Selbstwirksamkeit in sozialen Situationen definiert.

Schlüsselfertigkeiten emotionaler Kompetenz

- Die eigenen Gefühle erkennen
- Die Gefühle anderer erkennen und verstehen
- Die Fähigkeit, altersangemessenes Emotionsvokabular zu verstehen und einzusetzen
- Sich in andere einfühlen können
- Wissen, dass Gefühlserleben und Gefühlsausdruck unterschiedlich sein können
- Mit belastenden Emotionen und Problemsituationen angemessen umgehen können
- Wissen, dass soziale Beziehungen durch emotionale Kommunikation mitgeprägt werden
- Emotionales Selbstwirksamkeitserleben

2. Erarbeitung

Die Entwicklung dieser emotionalen Fertigkeiten kann nur in sozialen Beziehungen gelingen, das heißt, in den Beziehungen der Kinder zu ihren Eltern, zu Gleichaltrigen oder auch zu Erziehenden. Ein wichtiger Kompetenzbereich stellt die selbstständige Regulation der eigenen Emotionen dar. Eine mangelnde Emotionsregulation wird mit einer Reihe von psychischen Störungen in Zusammenhang gebracht, wie Ängste, trotziges und aggressives Verhalten. Die regulierende Funktion von Emotionen kann auf zwei Ebenen betrachtet werden (Cole et al., 2004). Zunächst regulieren Emotionen zwischenmenschliche Beziehungen, indem beispielsweise Weinen andere zum Trösten anregt. Das Trösten wiederum kann die Beziehung beeinflussen, indem es diese stärkt oder deren Qualität verändert. Die andere Ebene der Emotionsregulation meint die Fähigkeiten eines Kindes, seine Emotionen zu verändern in Bezug auf deren Häufigkeit, Intensität und Art.

Der Prozess der Emotionsregulation bezieht sich auf die Veränderung einer aktuell erlebten Emotion. Ein Kind wird wütend, weil ihm ein anderes Kind seinen Platz weggenommen hat. Richtet es nun die volle Aufmerksamkeit auf das andere Kind und denkt dabei, dass es absichtlich den Platz besetzt hat, würde dies zu einer Verstärkung seiner Wut beitragen (Beisp. 1). Würde es jedoch denken, das andere Kind habe unabsichtlich gehandelt, weil es nicht wusste, dass der Platz besetzt ist, würde sich die Wut verringern (Beisp. 2). Die Emotionsregulationsstrategien entsprechen also der Fokussierung der Aufmerksamkeit auf das frustrationsauslösende Objekt (Beisp. 1: auf das andere Kind) oder einer kognitiven Strategie (Beisp. 2: Neubewertung der Situation; → Kasten 3).

Ab dem zweiten Lebensjahr haben Kinder zunehmend mehr Fähigkeiten, selbstständig Emotionen zu regulieren. Beispielsweise wenden sie weniger häufig körperliche Selbstberuhigungsstrategien wie Nuckeln an, sondern nehmen aktiv Interaktionen mit Erwachsenen auf, um ihnen mitzuteilen, warum sie sich ärgern, weinen oder sich freuen.

Die Fähigkeit eines Kindes, eigene Emotionen zu regulieren, ist eine wichtige Voraussetzung für den Beziehungsaufbau und -erhalt zu Gleichaltrigen, aber auch zu erwachsenen Bezugspersonen.

Emotionsregulationsstrategien in der frühen Kindheit

Interaktive Regulationsstrategien
- Im Säuglings- und Kleinkindalter: etwa eigenständig Kontakt mit Bezugspersonen aufnehmen, um Unterstützung bei der Bewältigung der emotionsauslösenden Situation zu erhalten
- Im Vorschulalter: z. B. Unterstützung durch Eltern oder Gleichaltrige suchen

Aufmerksamkeitslenkung
- Die Aufmerksamkeit von der Erregungsquelle abwenden und auf einen anderen Reiz lenken

Selbstberuhigungsstrategien
- Im Säuglings- und Kleinkindalter: etwa durch selbstberuhigende Verhaltensweisen wie Saugen oder Schaukeln;
- Im Vorschulalter: etwa durch beruhigende Verhaltensrituale oder Selbstgespräche

Rückzug aus der emotionsauslösenden Situation
- Zum Beispiel mit zunehmenden motorischen Fähigkeiten wegkrabbeln oder weglaufen

Manipulation der emotionsauslösenden Situation
- Etwa durch eine spielerische Aktivität

Kognitive Regulationsstrategien
- Im Vorschulalter: zum Beispiel innengesteuerte Aufmerksamkeitslenkung, positive Selbstgespräche, kognitive Neubewertung der emotionsauslösenden Situationen, Verleugnung von Gefühlen

Externale Regulationsstrategien
- Emotionen beispielsweise körperlich ausagieren

Einhalten von Regeln und Normen beim Emotionsausdruck
- Im Vorschulalter: etwa erlebte Emotion im Ausdruck maskieren (sich „verstellen").

Diese Fähigkeit beeinflusst auch das Denken eines Kindes, da Emotionen die Aufmerksamkeit lenken, das Durchdenken sozialer Probleme verhindern oder fördern können und damit unser Wohlbefinden entscheidend bestimmen.

Soziale Entwicklung

Die Entwicklung sozialer Fähigkeiten beginnt bereits im Säuglingsalter. Säuglinge nehmen andere Kinder als Individuen wahr und zeigen Interesse an ihnen und auch an ihren Handlungen.

Gegen Ende des ersten Lebensjahres lassen sich erste Annäherungsversuche beobachten sowie erste rudimentäre Muster sozialen Verhaltens in der Interaktion mit Gleichaltrigen.

Dieses Verhalten bezieht sich bevorzugt auf Objekte (Spielsachen), es wird bereits mit Lauten und mimischen Ausdrücken begleitet. Im zweiten Lebensjahr lässt sich zunehmend wechselseitige Bezugnahme beim Spielen erkennen.

Kleinkinder beobachten ihren Spielpartner und stimmen ihr Verhalten auf diesen ab. Ein solcher Abstimmungsprozess ist für die Entwicklung sozial kompetenten Verhaltens notwendig. Soziale Kompetenz ist gegeben, wenn man persönliche Ziele im Sozialkontakt unter Beachtung allgemeingültiger sozialer Regeln und Normen erreicht (Rose-Krasnor, 1997). Das Verhalten soll für die handelnde Person und für den Partner zu möglichst vielen positiven Konsequenzen führen und zu möglichst wenig negativen (Petermann, 2002). Werden soziale Kompetenzen angemessen in Handeln umgesetzt, spricht man von sozialen Fertigkeiten oder sozial kompetentem Verhalten.

Dazu gehört zum Beispiel, auf Kritik angemessen zu reagieren, sich zu entschuldigen oder Schwächen einzugestehen. Soziale Kompetenz bildet dabei nicht einfach die Kehrseite von Verhaltensproblemen. Es ist möglich, dass ein Kind Verhaltensauffälligkeiten zeigt und dennoch ein bestimmtes Ausmaß sozialer Kompetenz besitzt sowie bei anderen Kindern beliebt ist.

Die Entwicklung von Sozialverhalten ist eng mit der emotionalen Entwicklung verknüpft. Dies äußert sich darin, dass Kinder langfristige positive Beziehungen zu anderen aufbauen können. Dazu gehört auch, dass sie lernen, eigene Ziele unter Berücksichtigung von allgemeingültigen Regeln und Normen zu erreichen, beispielsweise ein Spielzeug von einem anderen Kind zu erhalten, ohne es ihm gewaltsam wegzunehmen. Caldarella und Merrell (1997) beschreiben fünf Aspekte der sozialen Kompetenz:

- Fähigkeit zur Bildung positiver Beziehungen zu Gleichaltrigen (z. B. anderen helfen oder loben)
- Selbstmanagementkompetenzen (z. B. Konflikte bewältigen)
- Kognitive Kompetenzen (z. B. auf die Anweisungen der Erzieherin hören)
- Kooperative Kompetenzen (z. B. soziale Regeln anerkennen)
- Positive Selbstbehauptung und Durchsetzungsfähigkeiten (z. B. ein Gespräch beginnen).

Soziale Kompetenzen umfassen auch sogenannte prosoziale Verhaltensweisen, die sich auf das Bestreben beziehen, andere zu unterstützen, indem man zum Beispiel jemandem hilft, etwas teilt oder ein anderes Kind tröstet.

Eine solche soziale Kompetenz kann sich erst dann entwickeln, wenn ein Kind Empathie zeigen kann. Kinder mit einer hohen sozialen Kompetenz weisen in der Regel weniger Verhaltensprobleme auf. So konnten viele Studien belegen, dass sich Kinder, die über ein hohes Maß an Empathie verfügen, prosozialer sowie seltener aggressiv verhalten und bei Gleichaltrigen beliebter sind (vgl. Koglin & Petermann, 2006).

Emotionsausdruck, Emotionsverständnis und die Fähigkeit zur Emotionsregulation im Alter von drei und vier Jahren tragen entscheidend zur sozialen Kompetenz im Einschulungsalter bei (Denham et al., 2003). Kinder, die Freude häufiger als negative Emotionen ausdrückten, die in der Lage waren, die Auslöser von Emotionen zu benennen und ihre Gefühle angemessen zu regulieren, wurden in verschiedenen Altersstufen von ihren pädagogischen Fachkräften im Kindergarten als sozial kompetenter beurteilt (z. B. kooperatives Verhalten, Beliebtheit bei Gleichaltrigen). Der enge Zusammenhang von emotionalen und sozialen Kompetenzen hat dazu geführt, dass häufig von sozialemotionalen Kompetenzen gesprochen wird (Koglin & Petermann, 2006).

Als besonders wichtig für angemessenes Sozialverhalten gilt die Entwicklung der „Theory of Mind". Sie bezieht sich darauf, ob ein Kind in der Lage ist zu berücksichtigen, dass andere Menschen etwas anderes als es selbst denken und somit zu anderen Urteilen oder Entscheidungen gelangen. Die „Theory of Mind" entwickelt sich zwischen dem zweiten und dem fünften Lebensjahr

2. Erarbeitung

(Wellman, Cross & Watson, 2001). Zunächst
erkennen Kinder Wünsche anderer Menschen, beispielsweise, dass ein anderes Kind gerne eine
bestimmte Puppe zum Spielen hätte. Anspruchs-
voller ist es, wenn ein Kind Wissen und Überzeugungen von anderen berücksichtigen kann. Fragt
man ein dreijähriges Kind, wo ein anderes ein
Spielzeug suchen würde, wenn es dieses in einen
Schrank gelegt hat, dann würde das Kind sagen, es
würde im Schrank suchen. Wird zwischenzeitlich
das Spielzeug aus dem Schrank genommen und in
einen Kasten gelegt, würde das befragte Kind
sagen, das Kind würde im Kasten suchen, und
zwar auch dann, wenn das suchende Kind nicht
mitbekommen hat, dass das Spielzeug dorthin
gelegt wurde. Ein dreijähriges Kind kann den dazu
notwendigen Perspektivenwechsel noch nicht
nachvollziehen. Es müsste sich vorstellen, was das
andere Kind weiß und dieses Wissen unabhängig
vom eigenen für die richtige Lösung verwenden.
Diese kognitive Perspektivenübernahme gelingt
Kindern meist erst im vierten Lebensjahr. Piaget
(1975b) bezeichnete Fehler, die Kinder durch das
Fehlen dieser Fähigkeit machen, als kindlichen
Egozentrismus.

Die Fähigkeit, über die Gedanken, Wünsche oder
Einstellungen anderer nachzudenken, ist eine
wesentliche Basis für soziale Fertigkeiten und pro-
soziales Verhalten.

Koglin, Ute & Petermann, Franz & Petermann, Ulrike (2010): Entwicklungsbeobachtung und -dokumentation EDB 48–72 Monate.
Berlin: Cornelsen Schulverlage GmbH, S. 10–21

M 27 Hinweise zur Durchführung der Beobachtungen (Petermann et al.)

Nachdem Sie die altersentsprechenden Aufgaben
ausgewählt haben, ist es wichtig, eine positive
Beobachtungssituation zu schaffen. Für Aufgaben,
die Sie im Tagesablauf beobachten können, brauchen Sie keine gesonderte Beobachtung durchzuführen.

Die Konzentrationsspanne junger Kinder ist sehr
begrenzt und eine willentliche Steuerung der Aufmerksamkeit erfordert viel Anstrengung. Das Herstellen einer angenehmen und entspannten Atmosphäre ist deshalb eine Grundvoraussetzung bei
der Anwendung der EBD 48–72. Es soll eine Situation geschaffen werden, in der ein Kind das
gewünschte Verhalten überhaupt zeigen kann. Insbesondere ist darauf zu achten, dass die Aufmerk-

samkeit eines Kindes nicht von der eigentlichen
Aufgabe abgelenkt wird. Gehen Sie – wenn nötig
und möglich – in einen separaten Raum und führen
Sie die Aufgaben stets im Einzelkontakt durch,
auch wenn zu einem bestimmten Termin mehrere
Kinder einer Altersgruppe einzuschätzen sind. Vor
allem sehr zurückhaltende, schwächer begabte
oder ungeschickte Kinder zeigen ihr Können lie-
ber in einer Einzelsituation.

Wird ein Kind während der Situation so unruhig
oder müde, dass eine zuverlässige Überprüfung
seiner Fähigkeiten unwahrscheinlich erscheint,
sollte eine kurze Pause eingelegt oder die Beobachtung an einem anderen Tag wiederholt werden.

Während der Durchführung ist auf eine möglichst
ablenkungsfreie Umgebung zu achten. In der
Beobachtungssituation sollte nur das für die konkrete Aufgabe erforderliche Material vorhanden
sein und keine weiteren attraktiven Gegenstände,
die die Aufmerksamkeit eines Kindes ablenken
könnten. Auch sollten keine weiteren Kinder oder
Erwachsene anwesend sein, die ein Kind beeinflussen könnten. Die Beobachtungen sollten möglichst nicht in der Nähe großer und geöffneter
Fenster stattfinden, sodass das Kind nicht durch
akustische oder visuelle Reize abgelenkt wird.
Stellen Sie bei allen Präsentationen unbedingt
sicher, dass das Kind Ihre Handlungen verfolgt
und Ihnen ungeteilte Aufmerksamkeit schenkt.
Wenn Sie das Gefühl haben, dass es bei der
Instruktion oder Durchführung abgelenkt wurde
oder unaufmerksam war, wiederholen Sie die Aufgabe. Auf Seiten des Kindes ist darauf zu achten,
dass bestimmte Grundbedürfnisse, wie Schlafen,
Essen und Trinken, befriedigt sind und es nicht auf
die Toilette muss. Des Weiteren sollte vor der
Beobachtung die Stimmung des Kindes berücksichtigt werden. Steht ein besonderer Besuch im
Kindergarten an, beispielsweise von der Polizei
oder Feuerwehr, oder steht ein Geburtstagsfest
oder Ähnliches bevor, was dazu führt, dass ein
Kind auf anderes eingestimmt ist, sollte die Beobachtung verschoben werden.

Der Raum, in dem die Beobachtungen stattfinden,
sollte warm und hell sein, über einen Tisch und
Stühle für den Beobachter und das Kind verfügen.
Für die Beobachtung des Kindes können die Eltern
befragt werden. Dies empfiehlt sich dann, wenn
Sie überprüfen möchten, ob das Kind außerhalb
der Einrichtung ein bestimmtes Verhalten zeigt,
das Sie bisher nicht beobachten konnten. Dies

kann beispielsweise auf die Aufgaben zur sozialen und emotionalen Entwicklung zutreffen. Diese Aufgaben sind weniger stark reifungsabhängig und zur Ausbildung und Präsentation der Fertig-keiten ist die Beziehungsqualität (Mutter-Kind-Beziehung, Erzieherinnen- Kind-Beziehung) von wesentlicher Bedeutung.

Dasselbe Vorgehen empfiehlt sich für Beobach-tungen aus dem Bereich der Sprachentwicklung, wenn ein Kind eine andere Muttersprache spricht. Die Eltern des Kindes können befragt werden, ob das Kind in der Muttersprache die Aufgaben bewältigt; gegebenenfalls kann auch eine andere Erzieherin gebeten werden, die Beobachtungen durchzuführen, wenn sie dieselbe Muttersprache wie das Kind spricht. Im Vordergrund steht dabei, ob die Sprachentwicklung des Kindes in der Mut-tersprache normal verläuft. Sollte ein mehrspra-chiges Kind die Aufgaben auch in der deutschen Sprache bewältigen, empfiehlt es sich, die Beob-achtungen zu den Aufgaben in beiden Sprachen zu dokumentieren. Verständnisprobleme aufgrund einer anderen Muttersprache können jedoch auch in anderen Entwicklungsbereichen auftreten, da eine Reihe von Aufgaben sprachlich vermittelt wird. Dies ist bei der Interpretation der Beobach-tungsergebnisse zu berücksichtigen.

Das heißt, dass fehlende Punkte aufgrund von Ver-ständnisproblemen nicht dazu führen dürfen, dass die Entwicklung eines Kindes als grenzwertig oder abweichend beurteilt wird. Einige Aufgaben lassen sich nicht durch eine punktuelle Beobach-tung zu einem Zeitpunkt beantworten. Dies trifft beispielsweise auf Aufgaben zur sozialen Ent-wicklung zu, wie „Lobt andere Kinder" oder „Lässt andere ausreden". Es ist möglich, dass ein Kind dieses Verhalten am Beobachtungstag nicht zeigt oder nicht zeigen kann. Berücksichtigen Sie deshalb bei diesen Aufgaben das Verhalten des Kindes in den letzten vier Wochen. Konnten Sie in diesem Zeitraum beispielsweise beobachten, dass ein Kind ein anderes gelobt hat?

Koglin, Ute & Petermann, Franz & Petermann, Ulrike (2010): Ent-wicklungsbeobachtung und -dokumentation EDB 48–72 Monate. Berlin: Cornelsen Schulverlage GmbH, S. 31–33

M 28   Protokollierung der Beobachtungen

Für jede Altersgruppe liegt ein separater zweisei-tiger Protokollbogen vor, der von der beiliegenden CD-ROM ausgedruckt werden kann.

Tabelle 3: Protokollbogen (66 Monate) Seite 1: allgemeine Angaben und Ergebnisprofil

Auf der ersten Seite können die persönlichen Angaben des Kindes (Name, Geburtsdatum usw.) sowie die Angaben zu Ihrer Einrichtung eingetra-gen werden, außerdem befindet sich dort das aus-zufüllende Ergebnisprofil sowie Platz für zusätz-liche Eintragungen (Beobachtungen, Auffälligkei-ten etc.) (→ Tab. 3). Auf der zweiten Seite wird die aktuelle Entwicklungsbeobachtung protokol-liert (→ Tab. 4).

Nehmen Sie für die Altersgruppe des zu beobach-tenden Kindes den entsprechenden zweiseitigen Protokollbogen zur Hand und füllen Sie zunächst die Sparten mit den Angaben zum Kind und zu Ihrer Einrichtung aus. Für die Protokollierung der aktuellen Entwicklungsbeobachtung eines Kindes findet sich auf der zweiten Seite eine tabellarische Auflistung der Aufgaben für die jeweilige Alters-gruppe (→ Tab. 4).

Sie ist auf der horizontalen Ebene nach den Ent-wicklungsbereichen gegliedert (Haltung und Bewegung, Feinmotorik/Visuomotorik usw.), auf der vertikalen Ebene gibt sie die einzelnen Beobachtungsaufgaben in der Abfolge wieder, in der sie in Kapitel 8 aufgeführt werden. Führen Sie die Aufgaben durch bzw. beobachten oder erfragen Sie sie. Vergeben Sie dann ein Kreuzchen für eine vollständig erfüllte Aufgabe oder einen Querstrich

2. Erarbeitung

Beobachtung des aktuellen Entwicklungsstandes des Kindes

Tabelle 4: Beispiel für einen ausgefüllten Protokollbogen (66 Monate)

66 Monate	Haltung und Bewegung	Fein- und Visuomotorik	Sprache	Kognition	Soziale Entwicklung	Emotionale Entwicklung	Anzahl der erfüllten Aufgaben
• Wirft kleinen Ball einhändig und zielsicher	X						
• Steht sicher auf einem Bein	—						
• Kann aus vollem Lauf abrupt stoppen	X						2 von 4
• Gelangt aus der Rückenlage direkt in den Stand	X						
• Führt Farbreihenfolge weiter		X					
• Fädelt Perlen auf Schnur		—					
• Führt Stift mit Fingerspitzen		X					3 von 4
• Greift kleine Perle präzise mit den Fingerspitzen		X					
• Kann Erlebnisse schildern			X				
• Spricht die Laute eines Wortes korrekt aus			X				
• Beantwortet Fragen zu einer Geschichte			X				4 von 4
• Kann Reimen und Wörter in Silben teilen			X				
• Zeichnet Menschen mit Kopf, Rumpf, Armen und Beinen				X			
• Verwendet Zeitbegriffe richtig				X			
• Erkennt Richtungen				X			4 von 4
• Erkennt unterschiedliche Mengen				X			
• Kann sich mit Worten gut verteidigen					X		
• Entschuldigt sich ohne Aufforderung					X		
• Lässt andere Kinder und Erwachsene ausreden					X		4 von 4
• Ist ein beliebter Spielpartner					X		
• Erkennt Emotionen am mimischen Ausdruck						X	
• Kann Emotionen mimisch darstellen						X	
• Kennt situative Gründe für Emotionen						X	4 von 4
• Setzt seinen Gefühlsausdruck gezielt ein						X	

für eine nicht oder nur eingeschränkt erfüllte Aufgabe.

Verfahren Sie auf diese Weise, bis alle Aufgaben bearbeitet worden sind. In die äußerste rechte
35 Spalte können Sie das Ergebnis Ihrer Beobachtung zu den jeweiligen Entwicklungsbereichen eintragen. Dazu summieren Sie einfach die Anzahl der vollständig erfüllten Aufgaben. Die Summe der vergebenen Kreuzchen ergibt dann die erreichte
40 Punktzahl (→ Tab. 4). Schließlich können Sie auf der ersten Seite des Protokollbogens die erreichte Punktzahl in das Ergebnisprofil übertragen. Kreuzen Sie dazu die Anzahl der bewältigten Aufgaben an.

Außerdem besteht die Möglichkeit, für jedes 45 Kind eine Gesamtübersicht über den Entwicklungsverlauf anzulegen (→ Tab. 5). Hierzu liegt ein Bogen vor, auf dem fortlaufend alle Beobachtungsergebnisse eines Kindes von 48 bis 72 Monate eingetragen werden können. 50 Dies ermöglicht eine schnelle und übersichtliche Darstellung des Entwicklungsverlaufs in den einzelnen Bereichen über die gesamten Erhebungszeitpunkte.

Tragen Sie auch auf diesem Bogen zunächst die 55 persönlichen Daten eines Kindes ein. In der Tabelle suchen Sie dann die entsprechende Altersspalte auf. Kreisen Sie die betreffende Altersgruppe ein und tragen Sie daneben noch einmal das genaue Alter in Monaten und Tagen 60 ein. Ist ein Kind z. B. am Beobachtungstag 60 Monate und 10 Tage alt, notieren Sie 60;10. In der gleichen Spalte notieren Sie das Datum, an dem Sie die Beobachtung vorgenommen haben. Anschließend übertragen Sie die 65 erreichte Punktzahl aus dem Beobachtungsprotokoll durch einfaches Ankreuzen der entsprechenden Zahlen unter den Entwicklungsbereichen.

Die untereinander stehenden Kreuze können Sie 70 pro Bereich auch zu einem Profil verbinden. Die letzten drei Zeilen der Seite stehen zur freien Verfügung; hier kann notiert werden, wenn zum Beispiel bei einem Kind eine Beobachtung wiederholt wurde. 75

Koglin, Ute & Petermann, Franz & Petermann, Ulrike (2010): Entwicklungsbeobachtung und -dokumentation EDB 48–72 Monate. Berlin: Cornelsen Schulverlage GmbH, S. 33–35

Tabelle 5: Übersicht über den Entwicklungsverlauf eines Kindes

Alters-gruppe	Alter (Monate; Tage) Datum der Beobachtung	Haltung und Bewegung					Fein- und Visuo-motorik					Sprache					Kognition					Soziale Entwicklung					Emotionale Entwicklung				
48		0	1	2	3	4	0	1	2	3	4	0	1	2	3	4	0	1	2	3	4	0	1	2	3	4	0	1	2	3	4
54		0	1	2	3	4	0	1	2	3	4	0	1	2	3	4	0	1	2	3	4	0	1	2	3	4	0	1	2	3	4
⑥⓪	60;10 14.1.10	0	1	2	X	4	0	1	2	3	X	0	1	2	3	X	0	1	2	3	X	0	1	2	X	4	0	1	2	3	X
⑥⑥	65;24 28.6.10	0	1	X	3	4	0	1	2	X	4	0	1	2	3	X	0	1	2	3	X	0	1	2	3	X	0	1	2	3	X
72		0	1	2	3	4	0	1	2	3	4	0	1	2	3	4	0	1	2	3	4	0	1	2	3	4	0	1	2	3	4

M 29 Auswertung und Interpretation der Beobachtungen (Petermann et al.)

Die Auswertung und Interpretation richtet sich danach, wieviele Punkte ein Kind in einem Entwicklungsbereich erreichen konnte. Im Sinne eines Screeningverfahrens ist es Ihnen damit möglich einzuschätzen, ob ein Kind in keinem, einem oder mehreren Entwicklungsbereichen eine auffällige Entwicklung aufweist.

Bei der Auswertung und Interpretation der Beobachtungsergebnisse ist zu berücksichtigen, wie die Aufgaben zusammengestellt wurden. In einigen Entwicklungsbereichen orientieren sich die Aufgaben am Meilensteinprinzip. Sie sind relativ einfach und können von über 90% der Gleichaltrigen bereits bewältigt werden.

Die erfolgreiche Bewältigung der Aufgaben zum angegebenen Alter ist damit der spätmöglichste Zeitpunkt, zu dem ein Kind eine Aufgabe meistern sollte. Eine nicht gelöste Aufgabe stellt somit einen Warnhinweis dar. Kinder, die die Aufgaben auch zu diesem Termin noch nicht lösen können, dürfen nicht mehr als Spätentwickler angesehen werden!

In einigen Entwicklungsbereichen lassen sich nicht durchgängig Meilensteinaufgaben formulieren.

Wie in Kapitel 3.3 aufgezeigt wurde, ist z. B. die Sprachentwicklung bis zum Alter von vier Jahren in groben Zügen abgeschlossen. Danach stehen insbesondere die Erweiterung des Wortschatzes, des Ausdruckvermögens usw. im Vordergrund. Eine korrekte Aussprache von Lauten und ein weitgehend korrekter Einsatz der Sprache kann bereits erwartet werden. Diese Anforderung lässt sich jedoch nicht in eine Beobachtungsaufgabe mit Meilenstein-Charakter überführen. Die ausgewählten Aufgaben repräsentieren daher Fähigkeiten, deren Vorliegen mit einer angemessenen Entwicklung einhergeht. Die Konzeption der Aufgaben orientierte sich an Entwicklungstests, wie beispielsweise dem Sprachstandserhebungstest für Kinder im Alter zwischen fünf und zehn Jahren (SET 5 – 10; Petermann, 2010).

Einige Beobachtungsaufgaben wurden aus Studien abgeleitet, die Informationen darüber geben, wieviel Prozent von Kindern einer Altersgruppe bereits ein bestimmtes Verhalten zeigen. Im Bereich der emotionalen Entwicklung sind dies beispielsweise Aufgaben zum Erkennen von Emotionsausdrücken. Es wird definiert, dass die meisten Kinder diese Aufgaben in einem bestimmten Alter bereits bewältigen können. Es sind jedoch keine Meilenstein-Aufgaben; das heißt, Beobachtungsergebnisse dürfen nicht in der Art interpretiert werden, dass nicht erfüllte Aufgaben zwangsläufig zu einer Entwicklungsabweichung führen. Die den Aufgaben zugrundeliegenden Studien verweisen vielmehr auf einen Zusammenhang zwischen mangelnden Fähigkeiten einerseits und Entwicklungs- oder Verhaltensstörungen andererseits, beispielsweise zwischen Problemen beim Erkennen von Emotionen und aggressivem Verhalten.

Weisen Kinder emotionale Defizite auf kann man von einem erhöhten Risiko für bestimmte Verhaltensprobleme ausgehen. Diese müssen jedoch nicht zwangsläufig auftreten.

Die Ergebnisse der EBD sollten nicht isoliert von anderen Untersuchungsbefunden (z. B. kinderärztliche Vorsorge, psychologische Testergebnisse) betrachtet werden. Die EBD 48 – 72 ist als Screening-Verfahren angelegt und liefert lediglich eine erste Orientierung darüber, ob ein Kind angemessen entwickelt ist oder ob und in welchen Entwicklungsbereichen es möglicherweise Unterstützung benötigt. Mit der EBD 48 – 72 kann keine Diagnose gestellt werden, da es sich um keinen psychologischen Entwicklungstest handelt. Nicht bewältigte Aufgaben zu einem bestimmten Alterszeitpunkt sollen in erster Linie eine Warnfunktion für Eltern und pädagogische Fachkräfte haben. Sie helfen dabei, entwicklungsgefährdete oder bereits auffällig gewordene Kinder rechtzeitig zu erkennen, einer genaueren Diagnostik zuzuführen und gezielt Fördermaßnahmen einzuleiten.

Haben Sie bei der Durchführung und Auswertung der Beobachtungsaufgaben bei einem Kind Auffälligkeiten in einem oder mehreren Entwicklungsbereichen festgestellt, so wird empfohlen, sich mit Kolleginnen auszutauschen, ob diese Ihre Einschätzungen teilen. Verlassen Sie sich dabei auch auf Ihre persönlichen Erfahrungen und Beobachtungen im Umgang mit dem Kind (z. B. kindliches Verhalten in der Gruppensituation im Vergleich zur Einzelsituation).

Bewältigt ein Kind alle Aufgaben aus seinem Altersbereich, heißt das nicht, dass seine Entwicklung auf jeden Fall unauffällig ist. Es gibt weitere Bereiche, die in der EBD 48 – 72 nicht aufgenom-

2. Erarbeitung

men werden konnten, in denen jedoch Probleme
100 vorliegen können, beispielsweise Probleme mit
dem Toilettengang, wiederkehrende Bauch-
schmerzen oder anderes.

Ebenso bedeutet ein auffälliges Ergebnis nicht
unbedingt eine folgenschwere Entwicklungsab-
105 weichung. Liegt ein auffälliges Ergebnis vor,
bedarf es einer weiteren, umfassenden Abklärung
durch einen Kinderarzt oder Klinischen Kinder-
psychologen.

Koglin, Ute & Petermann, Franz & Petermann, Ulrike (2010): Entwicklungsbeobachtung und -dokumentation EDB 48–72 Monate.
Berlin: Cornelsen Schulverlage GmbH, S. 36 f.

2.2.5 Validierte Grenzsteine der Entwicklung

M 30   **Was sind die »Grenzsteine der Entwicklung«? (Laewen)**

Zunächst einmal: Sie sind kein Diagnoseinstru-
ment. »Die Grenzsteine der Entwicklung« lenken
die Aufmerksamkeit der Erzieherin auf wichtige
Entwicklungs- und Bildungssegmente, die in
5 ihrem Verlauf und auf den jeweiligen Altersstufen
bei den allermeisten Kindern bestimmte beobachtbare Kompetenzen hervorbringen. Sind diese
Kompetenzen, die in der Grenzstein-Tabelle zu
den verschiedenen Altersstufen aufgeführt sind,
10 für die Erzieherin nicht erkennbar, dann sollte das
Kind dem Kinderarzt oder Psychologen vorgestellt werden. Dieser kann mit seinen Mitteln
genauer überprüfen, ob Handlungsbedarf existiert.

Die »Grenzsteine der Entwicklung« sind ein
15 Instrument, das in der Hand der Erzieherin dazu
dienen kann, Risiken in den Bildungsverläufen
von Kindern frühzeitig zu erkennen. Die Kindertageseinrichtungen können, wenn das Instrument
systematisch eingesetzt wird, Teil eines Frühwarn-
20 systems werden. Dieses Frühwarnsystem vermag
auf ein Zurückfallen von Kindern hinter Entwick-
lungsmarken in sechs wichtigen Bereichen hinzuweisen, die von 90 bis 95 Prozent aller gleichaltrigen Kinder erreicht werden.

25 Das Verfahren hat den Vorzug, dass einige wenige
Fragen ausreichen, um Warnhinweise auf ernst-
hafte Risikolagen erkennen zu können, so dass es
im Alltag einer Kindertageseinrichtung leicht eingesetzt werden kann. Es ersetzt – auch nach
30 Ansicht der Autoren – keine klinische Diagnose,
sondern gibt Hinweise, dass eine diagnostische

Abklärung von entsprechend ausgebildeten und
erfahrenen Fachkräften erfolgen sollte. Frühför-
derstellen, sozialpädagogische und psychosoziale
Zentren oder Kinderärzte und Psychologen mit 35
entsprechender fachlicher Qualifikation verfügen
über die nötige Kompetenz dazu.

Laewen, Hans-Joachim: Grenzsteine der Entwicklung. Ein Frühwarnsystem für Risikolagen. S. 36 Verfügbar unter:
http://www.mbjs.brandenburg.de/media/5lbm1.c.107479.de
(16.06.2015)

M 31   **Wie werden die Grenzsteine definiert? Anmerkungen von Richard Michaelis (Laewen)**

Grenzsteine der Entwicklung sind Entwicklungs-
ziele, die von etwa 90 bis 95 Prozent einer definierten Population gesunder Kinder bis zu einem
bestimmten Alter erreicht worden sind. Die ausgewählten Grenzsteine sind unerlässliche Durch- 5
gangsstadien der kindlichen Entwicklung in den
westlichen Zivilisationen.

Nicht alle sind verbindlich für Kinder, die in anderen Teilen der Welt aufwachsen. Grenzsteine müssen klar definiert sein, so dass sie von den Eltern 10
leicht erfragt und von diesen auch leicht verstanden und sicher beantwortet werden können, oder in
der kinderärztliche Praxis leicht zu beobachten
sind. Kinder, die ein Entwicklungsziel nicht zum
Grenzsteinalter erreicht haben, dürfen den Eltern 15
gegenüber nicht mehr nur als »Spätentwickler«
bezeichnet werden. Eine Suche nach den möglichen Ursachen der verzögerten Entwicklung, in
allen oder nur in bestimmten Bereichen, in denen
die Kinder ihre Grenzsteine nicht erreicht haben, 20
ist notwendig. Mit den Grenzsteinen selbst kann
keine Diagnose gestellt werden. Nicht erreichte
Grenzsteine sollen vor allem eine Warnfunktion
haben und dazu auffordern, ein Kind in seiner weiteren Entwicklung genau zu verfolgen oder eine 25
Entwicklungsdiagnostik zu veranlassen. Validierte
Grenzsteine sind in einer definierten Population in
ihrem zeitlichen Auftreten überprüft worden, das
heißt dass 90 bis 95 Prozent der Kinder bis zum
Zeitpunkt des angegebenen Grenzsteines ein 30
bestimmtes Entwicklungsziel erreicht haben. Das
Grenzsteinprinzip darf nicht mit einem Entwicklungstest verwechselt werden, da es ausschließlich
dazu dient, auf entwicklungsgefährdete oder
bereits entwicklungsauffällige Kinder früh – oder 35
zumindest rechtzeitig und nicht zu spät – in der
kinderärztlichen Praxis aufmerksam zu werden.

Die Grenzsteine der sozialen Kompetenz erfassen die zunehmend komplexeren Fähigkeiten eines Kindes, mit anderen Kindern und Erwachsenen soziale Beziehungen aufnehmen und gestalten zu können. Die Grenzsteine der emotionalen Kompetenz erfassen die zunehmend komplexeren Fähigkeiten eines Kindes, sein eigenes emotionales Erleben wahrnehmen zu können und damit auch eine eigene emotionale Kompetenz zu entwickeln. Die Grenzsteine der kognitiven Entwicklung bedienen sich im Vorschulalter der Fragen nach Handlungsstrategien, nach Aufmerksamkeit und Konzentration, nach dem Spielverhalten, nach Malen und nach den Fähigkeiten zu kategorisieren.

Laewen, Hans-Joachim: Grenzsteine der Entwicklung. Ein Frühwarnsystem für Risikolagen. S. 40 Verfügbar unter: http://www.mbjs.brandenburg.de/media/5lbm1.c.107479.de (16.06.2015)

M 32 Was ist beim Einsatz des Instrumentes zu beachten? (Laewen)

Die »Grenzsteine der Entwicklung« sind in den beiden Tabellenblättern im Anhang für das Alter von drei Monaten bis sechs Jahren beschrieben. Aus den USA liegen vielfältige Erfahrungen vor, die darauf verweisen, dass möglichst früh begonnen werden sollte, wenn es um den Ausgleich von ungünstigen Bildungschancen geht. Das heißt nicht, dass nicht auch zu einem späteren Zeitpunkt, also auch im Jahr, bevor ein Kind eingeschult werden soll, Erfolge möglich sind. So sind für das sogenannte »Würzburger Trainingsprogramm« im Bereich der Sprachförderung positive Effekte für das sechste Lebensjahr durch Untersuchungen belegt. Die Einbettung der Kompetenzentwicklung von Kindern in langdauernde und umfassendere Bildungsprozesse lässt es jedoch allemal als die bessere Alternative erscheinen, über derartige – und als solche legitime – Notmaßnahmen hinaus möglichst frühzeitig auf Einschränkungen in den frühen Bildungsprozessen von Kindern aufmerksam zu werden und mit entsprechenden Bildungsangeboten zu reagieren.

Das Grenzstein-Instrument enthält Hinweise aus Entwicklungsschienen, die von den meisten Kindern in den betreffenden Altersstufen erreicht werden, schon für das Alter von drei, sechs, neun und zwölf Monaten. Für das zweite Lebensjahr sind mit 15 und 8 Monaten Zwischenstufen beschrieben, die ebenfalls kürzere Abstände der Überprüfung erlauben, während ab dem zweiten Geburtstag der Kinder einmal jährlich anhand der Tabelle hingeschaut werden sollte, ob das betreffende Kind die für sein Alter beschriebenen Kompetenzen zeigt.

Drei Grundsätze sind dabei zu beachten:

- Erstens sollte dieses Hinschauen bei jedem Kind in der Einrichtung zum selbstverständlichen Service werden.
- Zweitens müssen die Zeitpunkte der Tabelle so genau wie möglich eingehalten werden. Das bedeutet, dass die Beurteilung der in der Tabelle beschriebenen Kompetenzen der Kinder zeitnah zu den angegebenen Altersangaben erfolgen muss. Zeitnah bedeutet, dass der Bogen nicht länger als zwei Wochen vor oder nach dem angegebenen Zeitpunkt ausgefüllt werden soll.
- Drittens – aber keinesfalls letztens – sollten in jedem Fall die Eltern bzw. Sorgeberechtigten über diese Beobachtungen und ihre Bedeutung informiert werden. Die Beobachtungen sind eine gute Grundlage für Elterngespräche, um gemeinsam mit den Eltern über Fortschritte, besondere Stärken und Vermeidungen des Kindes zu reden. Insbesondere dann, wenn Auffälligkeiten beobachtet wurden, sollte das Ergebnis in taktvoller und einfühlsamer Weise mitgeteilt werden. Die enge Bindung an ihre Kinder lässt Eltern im Allgemeinen sehr empfindlich auf kritische Informationen über ihr Kind reagieren. Das ist legitim und muss respektiert werden. Darüber hinaus kann es durchaus vorkommen, dass trotz Auffälligkeiten beim Grenzsteininstrument die folgende diagnostische Abklärung ohne Befund bleibt und keine Behandlungsbedürftigkeit gegeben ist.

Laewen, Hans-Joachim: Grenzsteine der Entwicklung. Ein Frühwarnsystem für Risikolagen. S. 36f. Verfügbar unter: http://www.mbjs.brandenburg.de/media/5lbm1.c.107479.de (16.06.2015)

M 33 Welche Zeitpunkte zum Beobachten sind geeignet? (Laewen)

Die Zeitpunkte für das Ausfüllen des Bogens sind jeweils auf das Ende des angegebenen Alterszeitraums bezogen, wobei ein zeitlicher Spielraum von maximal vier Wochen eingehalten werden sollte. Der richtige Zeitpunkt für die Beurteilung eines Kindes, das zwei Jahre alt ist, also die Beant-

2. Erarbeitung

Alter des Kindes	Grenzsteine der Körpermotorik	Grenzsteine der Hand-Finger-Motorik	Grenzsteine der Sprachentwicklung	Grenzsteine der kognitiven Entwicklung	Grenzsteine der sozialen Kompetenz	Grenzsteine der emotionalen Kompetenz
Wenn das Kind 15 Monate alt ist	• Kind geht und hält sich dabei mit den Händen an Erwachsenen, Möbeln und Wänden fest	• Kind kann zwei Klötzchen (Kantenlänge zwei bis drei Zentimeter) nach Aufforderung (und Zeigen) aufeinander setzen	• Kind sagt »Mama«, »Papa« in sinngemäßer Bedeutung	• Kind prüft manipulierend Objekte auf ihre einfachste Verwendbarkeit (durch Gegeneinanderklopfen, Schütteln, Versuch an andere Objekte zu adaptieren)	• Kinderreime, Fingerspiele, Nachahmungsspiele, rhythmische Spiele werden vom Kind sehr geschätzt; es beteiligt sich intensiv, emotional engagiert und anhaltend	• entfällt
Wenn das Kind 18 Monate alt ist	• Kind geht frei und zeitlich unbegrenzt, kontrolliert sicher das Gleichgewicht, geht noch etwas breitbeinig und noch nicht in ganz gerader Körperhaltung, es hält die Arme noch etwas abgespreizt	• Kind gibt kleine Gegenstände, die es in der Hand hält, auf Aufforderung (geöffnete Hand) oder auf Bitte her • Kind benutzt Zeigefinger bewusst zum Betasten, Befühlen oder zum Drücken von Tasten oder Schaltern	• Kind benutzt Symbolsprache (Babysprache): zum Beispiel »Wau-wau«, »Nam-nam«, »Heia« (nicht obligatorisch) oder Pseudosprache (unverständlich, aber wie eine echte Sprache wirkende Lautäußerung) • Kind bildet lebhafte Laute	• Kind spielt Rollenspiele mit sich selbst, ahmt tägliche Gewohnheiten nach, zum Beispiel trinkt aus Spielzeugtasse, versucht, sich zu kämmen, Telefonhörer an das Ohr zu halten • Kind kann für 10 bis 20 Minuten sich selbst beschäftigen (Rein-Raus-Holspiele, Explorieren der Struktur, noch keine strukturierten Spielabläufe)	• Kind winkt auf Aufforderung oder auf Abschieds- oder Begrüßungsworte mit der Hand • Kind versteht Bedeutung von »Nein«, hält mindestens einen Augenblick inne	• Bezugsperson kann sich für ein bis zwei Stunden von Kind trennen, wenn es während dieser Zeit von gut bekannter Person betreut wird (zum Beispiel Babysitter)

wortung der Fragen in der Zeile, in deren Altersspalte »Wenn das Kind zwei Jahre alt ist« eingetragen ist, wäre also der Zeitraum von zwei Wochen
10 vor dem Tag, an dem das Kind zwei Jahre alt wird, bis zwei Wochen nach diesem Tag. Für die Angabe »Wenn das Kind 18 Monate alt ist« wäre das korrekte Zeitintervall der Tag, an dem das Kind 18 Monate alt wird mit einem Spielraum von zwei
15 Wochen vor diesem Tag und zwei Wochen danach. Wäre ein Kind beispielsweise am 17.2.2000 geboren, so würde der Bogen in der Zeile »Wenn das Kind 15 Monate alt ist« zwischen dem 3.5.2001 und dem 31.5.2001 ausgefüllt werden. Die Zeile
20 »Wenn das Kind 18 Monate alt ist« müsste dann zwischen dem 3.8.2001 und dem 31.8.2001 ausgefüllt werden und die Zeile »Wenn das Kind zwei Jahre alt ist« zwischen dem 3.2.2002 und dem 3.3.2002. Wenn diese Zeitintervalle nicht einge-
25 halten werden können, weil beispielsweise wegen Ferien der Kinder oder Schließzeiten der Einrichtung eine Beobachtung nicht möglich ist, kann zumindest dann, wenn dieser Sachverhalt vorherzusehen ist, auch früher beobachtet werden. Kön-
30 nen zu einem deutlich früheren Zeitpunkt alle Fragen mit »Ja« beantwortet werden, ist alles in Ordnung. Wenn eine oder mehrere Fragen mit »Nein« beantwortet werden, muss nach Ende der Schließzeit oder der Ferien des Kindes noch einmal hinge-
35 schaut werden. Ist dann immer noch eine »Nein«-Antwort zu verzeichnen, sollte eine diagnostische

Abklärung erfolgen. Können nach Ende der Schließzeit oder der Ferien des Kindes alle Fragen mit »Ja« beantwortet werden, bei denen zuvor ein »Nein« vermerkt war, sollte der Bereich, in dem 40 das Kind bei der Beobachtung zuvor auffällig war, von der Erzieherin besonders im Auge behalten werden. Je nach dem, in welchem Bereich die »Nein«-Antwort zu verzeichnen war, kann die Erzieherin das Kind darin besonders herausfor- 45 dern, seine Kompetenzen zu erweitern.

Laewen, Hans-Joachim: Grenzsteine der Entwicklung. Ein Frühwarnsystem für Risikolagen. S. 38 Verfügbar unter:
http://www.mbjs.brandenburg.de/media/5lbm1.c.107479.de
(16.06.2015)

M 34 **Welche Bereiche werden mit den Validierten Grenzsteinen der Entwicklung beobachtet? (Laewen)**

Zu den jeweiligen Beobachtungszeitpunkten (mit 3/6/9/12/15/18/24/36/48/60/72 Monaten) werden mittels kurzer Fragen folgende Bereiche beobachtet:

- Körpermotorik
- Hand-Finger-Motorik
- Sprachentwicklung
- Kognitive Entwicklung
- Soziale Kompetenz
- Emotionale Kompetenz

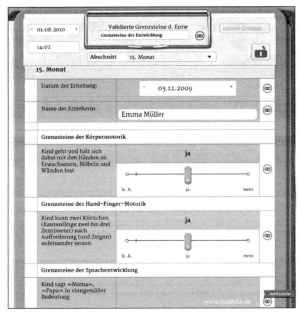

Zum letzten Beobachtungszeitpunkt werden diese Bereiche noch erweitert um die Beobachtungen zum Körperbewusstsein sowie zur Entwicklung der Selbstständigkeit.

Laewen, Hans-Joachim: Grenzsteine der Entwicklung. Ein Frühwarnsystem für Risikolagen. S. 41–48 Verfügbar unter: http://www.mbjs.brandenburg.de/media/lbm1.a.3973.de/Grenzsteine_Fassung2009_Tabellen.pdf

M 35 Was kann in der Kindertageseinrichtung getan werden, wenn ein Kind in einem oder mehreren Kompetenzbereichen Probleme zu haben scheint? (Laewen)

Hier sind natürlich in erster Linie die Empfehlungen zu berücksichtigen, die auf Grund einer diagnostischen Abklärung erfolgen. Grundsätzlich kann daneben oder darüber hinaus die Einrichtung den Kindern aber die Möglichkeit geben, sich »weiter zu bilden«, in dem sie Gelegenheiten und Situationen schafft, die das Kind herausfordern, seine Kompetenzen in den entsprechenden Bereichen und die ihnen zugrunde liegenden Welt- und Selbstkonstruktionen weiter voranzutreiben und zu differenzieren. Es geht dabei in aller Regel nicht um das Einüben isolierter Fähigkeiten.

Das würde beispielsweise für den Sprachbereich bedeuten, dass dem Kind Gelegenheit zum aktiven Sprachgebrauch gegeben wird und dazu Situationen geschaffen werden, die das Kind dazu herausfordern. Dabei muss bedacht werden, dass (schon) für Kinder »sprechen« mehr als »Worte sagen« bedeutet. »Mit Sprache etwas zu tun«, das heißt, mit Sprache etwas zu bewirken. Es wäre also zu prüfen, ob und zu welchen Gelegenheiten die Erzieherin als eine für das Kind sehr wichtige Person sich durch Sprachäußerungen des Kindes beeinflussen lässt, ob sie es dem Kind gestattet, mit Sprache etwas zu bewirken. Mit Sprache etwas bewirken kann bedeuten, den Anderen zu einer Antwort zu veranlassen, die das angesprochene Thema aufgreift und weiterführt, zumindest widerspiegelt, oder den Anderen zu Handlungen zu veranlassen, sich dem Kind zuzuwenden, aufmerksam zu sein oder Geschichten zu erzählen oder – besser noch – sich anzuhören. Zum Sprechen gehört es auch, das Umfeld, in dem Sprache sich entwickelt, im Auge zu behalten. Das bedeutet einerseits, häufig Situationen zu schaffen, die Sprechen herausfordern – Spiele, in denen Reime, Rhythmen, Singen etc. vorkommen, Geschichten erzählen über Alltägliches oder Besonderes, das in den Erfahrungen der Kinder eine Rolle spielt, »Tischgespräche« ermutigen, Themen der Kinder identifizieren und im wahrsten Sinne des Wortes »zur Sprache bringen«. Andererseits gilt es im Auge zu behalten, dass sich die gesprochene Sprache in einem Umfeld von Kommunikation entwickelt, das weitere Ausdrucksformen kennt – Tanz, Musik oder melodische oder rhythmische Vokalisierungen, Mimik und Gesten, theatralisch-dramatische Darstellungen mit oder ohne »Verkleidungen«, Malereien, plastische Arbeiten, etc. – kurz gesagt alle Ausdrucksformen, die in Reggio unter den Begriff der »Hundert Sprachen der Kinder« fallen.

Im rhythmisch-gestischen Kommunizieren begegnen sich Sprach- und Bewegungskonstruktionen der Kinder, so dass es in der »Sprachförderung« – genauer der Herausforderung der Selbstkonstruktion des Kindes als einem sprechenden Wesen – nicht so fern liegt, Bewegungsmöglichkeiten, -herausforderungen und -spiele in die situativen Überlegungen einzubeziehen. Die genaue Beobachtung der Kinder ist dabei – wie sonst auch – unerlässliche Voraussetzung für eine gute Pädagogik. Hier könnte das Instrumentarium der »Bildungs-/Zugangsbereiche« (vgl. Andres & Laewen 2005), über das der ggf. bevorzugte aktuelle Zugang des Kindes zu sich selbst und seiner Umgebung identifiziert werden kann – eine nützliche Rolle spielen. Darüber können vom Kind bevorzugte »Bildungsbereiche« – zum Beispiel der »Bildungsbereich

2. Erarbeitung

70 Mechanik und Konstruktion« oder der »Bildungsbereich Musik« – mit einigem Geschick mit beispielsweise dem Sprachbereich verknüpft werden.

Insgesamt sollte durch eine konsequente Weiterentwicklung von Kindertageseinrichtungen zu »Bildungsorten für Kinder« – wie sie im »Projektverbund Bildung in der Kindertageseinrichtung« angestrebt wird – die Zahl der Kinder, die über das Grenzstein-Instrument oder andere Verfahren als auffällig identifiziert werden, zumindest verringert werden können.

Laewen, Hans-Joachim: Grenzsteine der Entwicklung. Ein Frühwarnsystem für Risikolagen. S. 39 Verfügbar unter: http://www.mbjs.brandenburg.de/media/5lbm1.c.107479.de (16.06.2015)

2.2.6 Baum der Erkenntnis

Bildquelle: Berger, Marianne & Berger, Lasse (2014): Der Baum der Erkenntnis der Erkenntnis für Kinder und Jugendliche im Alter von 1 – 16 Jahren. Bremen: o. A. des Verlags

M 36 Grundlagen (Berger & Berger)

Die Grundidee und die Umsetzung des „Baums der Erkenntnis" gehen maßgeblich auf Göran Frisk und seine Kolleginnen und Kollegen aus Halmstadt zurück.

5 Halmstadt liegt im Südwesten Schwedens und bildet die Hauptstadt des schwedischen Verwaltungsbezirks Halland. In der Kommune, der bereits 1307 das Stadtrecht verliehen wurde, leben heute ungefähr 86.000 Einwohner. Das Stadtwappen von Halmstadt ist gekennzeichnet durch drei gekrönte Herzen. Das Herz steht aber nicht nur als Symbol für die Stadt, sondern kann auch als Symbol für die von ihr ausgehende Pädagogik geltend gemacht werden, eine Pädagogik die von einer ressourcenorientierten Sichtweise ausgeht und den Ansatz eines lebenslangen Lernens beinhaltet. […]

Struktur des Bildungssystems

Im schwedischen Bildungssystem werden vorschulische und schulische Angebote kombiniert und strukturell zusammengeführt. Für alle Kinder und Jugendlichen von 1 bis 16 Jahren besteht die Möglichkeit an Bildungsangeboten in entsprechenden Einrichtungen teilzunehmen.

Die erste Stufe hierbei bilden Kindertagesstätten (in Schweden: Vorschulen). Deren Besuch ist nicht verpflichtend, aber es gibt einen Rechtsanspruch ab dem Alter von 1 Jahr des Kindes. Sie werden daher auch von den meisten Familien genutzt. Für Kinder von 6 Jahren gibt es eine einjährige Vorklasse. Die Schule beginnt ab dem 7. Lebensjahr. In Schweden herrscht eine allgemeine Schulpflicht. Die Schule wird von allen Kindern und Jugendlichen bis zur 9. Klasse gemeinsam besucht. Zur Betreuung der Schulkinder der Altersstufen von 6 bis 12 Jahren werden zusätzliche Angebote gemacht.

Die Gesamtverantwortlichkeit für die Schaffung der gesetzlichen Rahmenbedingungen für das Bildungswesen hat die schwedische Regierung. Sie hat verbindliche Lehrpläne für die Vorschule (LPFÖ) (Kinder von 1 bis 5 Jahren) und für die Schule (LPO) (Kinder und Jugendliche von 6 bis 16 Jahren) verabschiedet. Diese landesweit geltenden Bildungspläne bieten allgemeine Ziele für die Bildungsarbeit. Sie müssen von den Kommunen aufgegriffen und für die jeweilige kommunale Situation in Form von Schulplänen angepasst werden. Der „Baum der Erkenntnis" ist in diesem Sinne eine Umsetzung des nationalen Bildungsplanes für die Gemeinde Halmstadt. Für die konkrete Umsetzung vor Ort in einzelnen Stadtvierteln oder Stadtgebieten in Form eines lokalen Arbeitsplans ist dann wiederum das entsprechende Rektorat zuständig. Ein Rektorat ist hierbei verantwortlich für alle Einrichtungen wie Vorschulen, Schulen und Freizeitangebote dieses Stadtviertels.

Beide Lehrpläne (Vorschule und Schule) sind durchzogen von grundlegenden kulturellen Werten, die gesellschaftsübergreifend für Schweden gelten. Mittels der Lehrpläne sollen sie Kindern und Jugendlichen vermittelt werden.

Im Mittelpunkt der Vermittlung stehen dabei die Werte

- **Sicherheit** (Unantastbarkeit des Menschenlebens),

- **Verantwortung** (Freiheit und Integrität des Einzelnen),
- **Demokratie** (Gleichwertigkeit aller Menschen),
- **Gleichheit** (Gleichberechtigung zwischen den Geschlechtern),
- **Solidarität** (Solidarität mit den Schwachen).

Ausgangspunkt hierbei ist zum einen die Erkenntnis, dass ein Mensch lebenslang lernt und zum anderen ein umfassendes Verständnis von Wissen und Wissensvermittlung.

Wissen wird nicht als statisch, sondern als veränderbar, die Aneignung von Wissen daher nicht als starres Konstrukt, sondern als aktiver Austauschprozess des Individuums mit seiner Umwelt angesehen. Dieser Auffassung, vom Menschen als aktiv handelnder Person, liegt ein humanistisches Menschenbild zugrunde.

Diese humanistische Grundhaltung spiegelt sich auch im Paradigmenwechsel der Denkmuster von der Kindesentwicklung wider. Frühere Annahmen, die besagten, dass sich Kinder in voneinander abgegrenzten Stadien und unabhängig vom sozialen Milieu entwickeln, wurden überdacht und modifiziert. Die heutige Entwicklungspsychologie geht vielmehr davon aus, dass es einen erkennbaren Zusammenhang zwischen der Entwicklung von Kindern und dem sozialen Milieu gibt, das sie umgibt. Das soziale Milieu beeinflusst maßgeblich die Wissensaneignung und somit die Bildungskarrieren von Kindern.

Grundlage hierfür waren jahrelange Forschungstätigkeiten in diesem Feld. So konnte beispielsweise durch Studien auch die These bestätigt werden, dass sich früh geförderte Kinder besser entwickeln können, kooperativer sind und selbständiger beim Lernen vorgehen.

Das schwedische Vorschulsystem erfüllt zugleich zwei wichtige Aufgaben. Zum einen ermöglicht sie es den Müttern und Vätern ihre Elternschaft und ihren Beruf miteinander zu vereinbaren. Zum anderen werden wichtige Entwicklungs- und Lernprozesse des Kindes angebahnt und unterstützt. Die Vorschule damit wird als ein Teil des Bildungssystems begriffen und staatlich gefördert. Sie bildet die erste Stufe im Prozess des lebenslangen Lernens und vermittelt Basiskompetenzen. Alle Kinder in Schweden haben ein Recht auf einen Vorschulplatz ab 1 Jahr, unabhängig vom sozialen Milieu, in dem sie sich befinden.

Dieser Rechtsanspruch bezieht sich derzeit auf 15 Stunden pro Woche. Darüber hinausgehende Betreuungszeiten orientieren sich an den Bedarfen der Eltern und berücksichtigt deren Arbeits- und Wegezeiten. [...]

Pädagogische Grundsätze

Aktive Lernprozesse können nur angeregt und eine positive Entwicklung der Kinder sichergestellt werden, wenn Kinder sich wohlfühlen. Dieses Wohlfühlen müssen gerade die vorschulischen Einrichtungen zum Maßstab ihrer Arbeit nehmen. Kinder lernen permanent, mit allen Sinnesorganen und aus alltäglichen Situationen heraus. Der seit 1998 gültige Lehrplan für die Bildung in der Vorschule geht daher von einem kompetenten Kind aus, das ständig danach strebt, sein Wissen über die Umwelt zu erweitern. Diese ganzheitliche Sichtweise kommt besonders bei den zu fördernden Kompetenzbereichen, die gleichwertig betrachtet und gefördert werden, zum Tragen. Diese sind nachfolgend:

- intellektueller Bereich,
- emotionaler Bereich,
- Sprachbereich,
- körperlicher Bereich,
- sozialer Bereich.

Diese fünf Entwicklungsbereiche finden sich auch im „Baum der Erkenntnis" wieder. [...]

Eine wesentliche Methode bei der Gestaltung von Lernprozessen ist das kindliche Spiel. Im alltäglichen Spiel lernt das Kind seine Umwelt wahrzunehmen und zu begreifen, Fantasie und Schaffenskraft zu entwickeln und soziale Verhaltensweisen auszubilden. Hierbei wird der Rolle von peergroups eine große Beachtung geschenkt. Die individuelle Entwicklung und Sozialisation des Kindes in der Gruppe wird pädagogisch gewürdigt. Die schwedische Bildungspolitik basiert auf der Erkenntnis, dass Kinder sich ganzheitlich entwickeln. Somit bilden Bildungsprozesse der Kinder, Betreuung und Erziehung eine Einheit. [...]

Der Baum der Erkenntnis ist nach Göran Frisk das Ergebnis der gelebten Integration von Vorschule und Schule.

Dies begann schon mit seiner Entwicklung: Er wurde von Vorschul-, Schul- und Freizeitpädagogen und -pädagoginnen gemeinsam entwickelt.

Mit dem Bild des Baumes soll ausgedrückt werden, dass Wurzel, Stamm und Krone in direkter

2. Erarbeitung

Beziehung zueinander stehen. Ohne gute Wurzel wird es keine ausgeprägte Baumkrone geben. Außerdem soll damit gewährleistet werden, dass sich zwei Traditionen in der schwedischen Pädagogik, die der Elementar- und der Schulpädagogik gegenseitig ergänzen. Beide sind damit gleichwertige Partner bei der Gestaltung von Bildungsprozessen.

Dieser Ansatz durchzieht den gesamten „Baum der Erkenntnis". Angefangen von den auszubildenden Wurzeln, die die Kleinkindentwicklung repräsentieren, über den Stamm, der den Vorschulbereich verdeutlicht, bis hin zu den Ästen in der Baumkrone, die die verschiedensten Schulfächer und ausdifferenzierten Fähigkeiten und Kompetenzen von Kindern und Jugendlichen zeigen, werden Bildungsziele für jedes Niveau abgestuft dargestellt.

Im Grundsatz besteht das Buch aus zwei Büchern. Der untere Teil setzt den Bildungsplan für die Vorschule um. Er unterteilt sich in die Beschreibung der verschiedenen Kompetenzbereiche mitsamt Beispielen in der Wurzel. Im unteren Teil des Stammes sind die anzustrebenden Ziele aus dem nationalen Bildungsplan beschrieben.

Der obere Teil setzt den Bildungsplan für die Schule um, er wird unterteilt nach den Schulfächern. Er besteht aus 3 von unten nach oben zu lesenden Schichten: die Ziele, die bis zum 5. Schuljahr, bis zum 9. Schuljahr und die allgemein erreicht werden können.

Der „Baum der Erkenntnis" wird von unten nach oben gelesen. Die alles entscheidende Frage der Pädagogen ist: *„Wie sollen wir arbeiten, um gerade diese Kompetenz bei diesem Kind hier und jetzt zu entwickeln?"* (aus: Baum der Erkenntnis 2004).

Am Beispiel der sprachlichen Entwicklung soll kurz verdeutlicht werden, wie Bildungsziele für die Vorschule, aber auch für die Schule mit dem Erlangen von Basiskompetenzen direkt zusammenhängen. Sprachliche Entwicklung heißt, ein Werkzeug für Kommunikation Begriffsbildung und Denken auszubilden. Die Lernziele für die sprachliche Entwicklung in der Vorschule sind unter anderem:

- seine Redesprache und seine Fähigkeit, mit anderen zu kommunizieren, entwickeln,
- sein Vermögen entwickeln, Ideen und Gedanken auszudrücken,

- konzentriert zuhören und aktiv am Gruppengespräch teilnehmen
- seinen Wort- und Begriffsvorrat entwickeln,
- Symbole und deren kommunikativen Wert verstehen.

Dafür ist jedoch das Erlangen von verschiedenen Basiskompetenzen notwendig wie zum Beispiel mit Lauten spielen, Lallen, Nachahmen, Gegenstände benennen, Zuhören und Teilnehmen an Reimen, sich selbst nennen, die Fähigkeit Informationen zu geben und entgegenzunehmen, reflektierende Fragen stellen oder spielerisches Schreiben. Des Weiteren sind noch relevante motorische, intellektuelle, soziale und affektive Basiskompetenzen für den Spracherwerb notwendig.

Erst wenn notwendige Basiskompetenzen sicher erworben wurden, können die Lernziele für die Schule, wie zum Beispiel Ereignisse und Erlebnisse schildern können, den Inhalt von Berichten wiedergeben oder kurze Schilderungen schreiben zu können, erlangt werden.

Gelingt es nicht ein stabile Basis im frühen Kindesalter aufzubauen, sind Fehlentwicklungen in späteren Entwicklungs- und Bildungsstadien möglich. Auftauchende Defizite in der Schule oder in späteren Bildungsphasen auszugleichen, ist im Grunde nur möglich, wenn bei den notwendigen Basiskompetenzen angesetzt wird.

Haltung des Pädagogen/der Pädagogin

Bei der Umsetzung des „Baums der Erkenntnis" wird von den Pädagogen bzw. Pädagoginnen auf nachfolgende Prinzipien in allen Lernbereichen sehr viel Wert gelegt. Die Haltung des Pädagogen bzw. der Pädagogin ist hierbei von besonderer Bedeutung. Göran Frisk versucht daher auch den Fachkräften zu verdeutlichen, dass sie Prinzipien, mit denen sie Kindern und Jugendlichen begegnen, auch für sich selbst leben sollten. Wer beim Kind das Positive sieht, sollte dies auch bei sich selbst sehen.

1. Es werden die Stärken hervorgehoben

Selbstbewusstsein kann unter einer negativen, defizitorientierten Blickrichtung kaum wachsen. Der auf ihre Stärken gerichtete ressourcenorientierte Ansatz stützt die Kinder und unterstützt deren Entwicklung. Zur Überprüfung des eigenen Blicks auf Kinder legt Göran Frisk eine Folie mit Rechenaufgaben auf. Die Teilnehmer und Teilnehmerinnen sollen sagen, was sie zuerst sehen. Die meisten Teilnehmer sehen überraschenderweise, dass es nur zwei Fehler in den Aufgaben gibt. Bei näherer Betrachtung wird vielen Teilnehmer bzw. Teilnehmerinnen aber klar, dass sie die anderen vier richtig gelösten Aufgaben erst später gesehen haben. Ressourcenorientiert zu arbeiten heißt somit auch, sich als pädagogische Fachkraft darauf zu konzentrieren, das Positive zuerst zu sehen.

2. Es wird von dem ausgegangen, was das Kind kann und was es bereits im Alltag gelernt hat

Alle Menschen lernen gerade auch in Alltagssituationen und im Alltagsleben. Beim Lernen in der Vorschule und Schule kann und muss daran angeknüpft werden. So soll mit dem „Baum" auch so gearbeitet werden, dass beim Lesen der Fokus auf die vorhandenen Fähigkeiten gelenkt wird. Dies ist auch für Gespräche mit den Kinder und Jugendlichen und deren Eltern von Bedeutung. Göran Frisk untermauerte diese Aussage mit einem Beispiel: Ein Junge aus Somalia kann mit den Händen den Ton einer Panflöte nachmachen. Er war in Somalia Schafhirte und hat mit diesem Ton die Schafe bei Gefahr – z.B. durch Wölfe – zusammengehalten. In Somalia war dies für ihn eine lebenswichtige Kenntnis, in Schweden braucht man diese Fähigkeit nicht. Der somalische Junge verfügt somit – auch wenn dies in Schweden nicht so erschien – über wichtige Fähigkeiten. In einer Schulaufführung bekam er nun eine Rolle, in der er sein Können einem breiten Publikum demonstrieren konnte, und er erntete die Bewunderung seiner Klassenkameraden, auch wenn seine Kenntnis bei den schwedischen Schafen nicht wirkte, da sie ja keine somalischen sondern nur schwedische Flötentöne verstanden.

3. Zeit zur Reflexion

Die Möglichkeit zur ständigen Reflexion des eigenen Handelns ist sehr wichtig. Bereits das oben beschriebene Experiment mit der Rechenaufgabe zeigt, dass wir oft das eine sagen und wollen, aber anders handeln. Gerade unser pädagogisches Handeln müssen wir ständig reflektieren und in seinen Wirkungen hinterfragen. Zur Erläuterung erzählt Göran Frisk auch hier eine Geschichte: Eine Vorschulklasse geht in den Zirkus. Alle Kinder sind mit Begeisterung dabei, außer einem Mädchen, das sich die Hände vor die Augen hält und auf den Boden schaut. Die Erzieherin schleicht zum Kind und fragt mit Empathie nach den Gründen. „Kannst du das nicht anschauen, fürchtest du dich …". Das Mädchen antwortet mit nein. Nach den Gründen für das Wegschauen befragt antwortet das Mädchen: „Ich möchte nicht malen, wenn wir wieder in der Schule sind".

Und wir müssen auch unsere Kinder immer wieder betrachten und über sie nachdenken. Nur so wird uns vieles auffallen, was uns sonst vielleicht verborgen bleibt. Auch hierzu erzählte Göran Frisk eine eindrückliche Anekdote: Oskar hat eine Idee, um eine Geschichte zu schreiben. Da Adam gut schreiben kann, hilft er Oskar. Erik kann gut zeichnen und beteiligt sich an der Geschichte des Trolls Laban. Was sehen wir zuerst? Wir sehen, wie schön Adam geschrieben hat. Wir sehen die tolle Zeichnung von Erik. Ein Oskar, der diese geniale Idee hatte und auch für die Durchführung gesorgt und die Führung übernommen hat, wird oft übersehen.

Diese Haltungen der Pädagogen und Pädagoginnen unterstützen die Prinzipien für ein lebenslanges Lernen:

- *der individuelle Plan im Alltag*
  Jeder Mensch lernt entsprechend seiner eigenen Voraussetzungen. Pädagogen müssen hierauf mit individuellen Entwicklungsplänen eingehen. Mit Hilfe des „Baumes der Erkenntnis" kann ein solcher individueller Entwicklungsverlauf dargestellt und weitergeführt werden.

- *Ausgehen von dem, was man im Alltag kann*
  Die Erfahrungen, Erlebnisse und Interessen der Kinder sind Ausgangspunkt des Lernens.

- *Werte im Alltag*
  Die oben beschriebenen Grundwerte sollen durchgehend von den Fachkräften gelebt und den Kindern und Jugendlichen vermittelt werden.

- *Reflexion im Alltag*
  Motivation zum Nachdenken, zum Reden über Gedanken, zum Respekt vor den Gedanken anderer soll die pädagogische Arbeit maßgeblich mitbestimmen.

- *Spielen im Alltag*
  Das Spiel ist eine Voraussetzung für die Entwicklung und das Lernen des Kindes.

Merger, Marianne & Berger, Lasse (o. A.): Inhaltliche Eindrücke einer Fachtagung zum „Baum der Erkenntnis". In: ver.di (Hrsg.) (o. A.): Macht Knäckebrot schwedische Kinder klüger? Der Baum der Erkenntnis. Umsetzung des schwedischen Bildungsplanes für Kindertagesstätten und Schulen. Dokumentation von Fachtagungen mit Göran Frisk, S. 8 – 19. Verfügbar unter: http://www.dorrance.eu/Site_Carmen/Carmen/Schulsysteme_international_files/Broschure-Macht-Knaeckebrot-schwedische-Kinder-kluger.pdf (02.05.2015)

2. Erarbeitung

M 37 Individuelle Lernfortschritte wahrnehmen und dokumentieren (Berger & Berger)

Kinder sind aktive Mitschöpfer ihres eigenen Wissens. Sie sind ressourcenreich, neugierig und haben eigene Kraft und Lust zu lernen. Das erfordert aktive Pädagogen, die sich der Herausforde-
5 rung stellen, die Möglichkeiten der Kinder zu sehen und sich auf sie einzustellen.

Aufgabe der Pädagogen ist es, die Lust der Kinder am Lernen lebendig zu halten, indem sie das Spiel der Kinder beobachten und Acht geben auf die
10 unbewussten Erkenntnisse, die die Kinder ununterbrochen erwerben. Sie machen die Kinder auf das eigene Lernen aufmerksam und helfen ihnen, über ihre Erfahrungen zu reflektieren. Beobachtung und Dokumentation wird damit zu einem
15 wichtigen Instrument der Bildungsbegleitung. Dabei spielt der Blickwinkel eine wichtige Rolle. Was verstehen wir unter Entwicklung und Lernen? Haben wir ein positives Bild vom Kind oder schauen wir zuerst auf die Defizite? Von unserer
20 Art der Beobachtung hängt es ab, welche Konsequenzen wir für unsere Planung ziehen. Unsere Rückmeldungen beeinflussen die Wahrnehmung des Kindes von seinem eigenen Können, sein Selbstbild. Eine gute Dokumentation soll das Kind
25 stärken in dem Bewusstsein „Ich kann etwas!"

Die Förderung sozialer und emotionaler Kompetenzen ist in allen schwedischen Bildungsplänen konzeptionell verankert und nimmt in der praktischen Arbeit einen breiten Raum ein. Dabei geht
30 man davon aus, dass mit steigendem Selbstvertrauen auch die Fähigkeit wächst, sich in andere Menschen hineinzufühlen, und dass gleichzeitig die Chancen zunehmen, sowohl die eigene als auch die Situation Anderer zu beeinflussen. Der
35 „Baum der Erkenntnis" ist eine Dokumentationsunterlage, die wertschätzend und positiv ausgerichtet ist. Es ist sowohl im vorschulischen Bereich als auch in der Schule einsetzbar, kann in unterschiedlichen Altersstufen angelegt und danach bis
40 ins Jugendalter fortgeführt werden.

Seine Ziele:

- die Fähigkeit der Kinder zu entwickeln, über ihre eigene Entwicklung zu reflektieren.
- ihr Selbstbewusstsein zu stärken.
45 - das Verständnis der Pädagogen für den Lernprozess der Kinder zu entwickeln.

- die Entwicklung des Kindes sichtbar zu machen.
- den Zusammenhang zwischen der Entwicklung der Kinder und den durchgeführten Aktivitäten zu sehen. 50
- eine Unterlage für Entwicklungsgespräche zwischen Kind – Eltern – Pädagogen zu bilden. [...]

Der „Baum der Erkenntnis" [für Kinder und Jugendliche im Alter von 1 bis 16 Jahren] ist ein gemeinsamer Bildungsplan für Vorschule und 55 Schule, entwickelt in der Gemeinde Halmstad in Schweden. Er verdeutlicht in hervorragender Weise die ganzheitliche Sicht auf das Kind, die das schwedische Bildungswesen kennzeichnet. Hier werden die gesamtschwedischen Lehrpläne für 60 Vorschule und obligatorische Schule zusammengefügt, so dass man in ihm die Entwicklung und das Lernen des Kindes vom ersten bis zum 16. Lebensjahr verfolgen kann.

Dieser Lehrplan hat die Form eines Baumes: 65 KUNSKAPENS TRÄD – BAUM DER ERKENNTNIS.

Die Wurzeln des Baumes beschreiben die Entwicklung des Kindes aus fünf verschiedenen Perspektiven: sozial, gefühlsmäßig, intellektuell, 70 motorisch und sprachlich.

In der Krone findet man sämtliche Ziele der schwedischen Grundschule. Sie umfasst die Klassen 1–9 und ist obligatorisch für alle Schüler. Bis zur 8. Klasse gibt es keine Zensuren, stattdessen 75 regelmäßige Entwicklungsgespräche mit Eltern und Kindern.

Die Entwicklung persönlicher Kompetenzen, das Kennenlernen von kulturellen und gesellschaftlichen Werten und die Aneignung von fachlichem 80 Wissen werden in diesem Modell als Einheit gesehen. Vorschule, Schule und Hort nehmen dabei spezifische, dem Alter und der Entwicklung des Kindes entsprechende Aufgaben wahr.

Das vorliegende Buch [Anm.: Der Baum der 85 Erkenntnis wird für jedes Kind als ein Art Buch geführt] ist einerseits für die PädagogInnen bestimmt. Das pädagogische Team kann sich um dieses Buch sammeln, um Stoff und Methodenwahl zu diskutieren, damit die angegebenen Ziele 90 erreicht werden. Andererseits eignet es sich als Dokumentationsmaterial, als ein Buch für jedes Kind, in dem angezeichnet wird, wie weit das Kind/der Jugendliche mit seinem Lernen gekommen ist und welche Ziele es schon erreicht hat. 95 Dabei werden die Stärken, nicht die Mängel dokumentiert. Denn: „Jedes Kind soll in seinem eigenen Tempo klettern dürfen und in dem Takt lernen, wie sich Interesse und Reife einfinden."

100 Da diese Dokumentation dem Kind vom Eintritt in die Vorschule bis zum Ende der obligatorischen Schule folgen soll, erleichtert sie Übergänge, z. B. den Übergang von der Vorschule in die Schule. Die aufnehmenden Pädagogen sehen durch die Mar-
105 kierungen im Baum praktisch auf einen Blick, wie weit das Kind bei der Eroberung von Kompetenzen schon gekommen ist und können es dadurch ohne große Brüche weiter fordern und fördern. Darüber hinaus kann das Kind mit Hilfe einer
110 solchen Dokumentation seiner eigenen Entwicklung und seinem eigenen Lernen folgen und darüber reflektieren. Es geht darum, Schüler zu befähigen, über ihr eigenes Lernen nachzudenken und sie zu ermuntern, eine möglichst große Verantwor-
115 tung für ihre Arbeit zu übernehmen. Und schließlich: Als Unterlage für Entwicklungsgespräche mit Eltern ist dieses liebevoll gestaltete Buch wohl unübertroffen, denn es zeigt nicht nur, was das eigene Kind schon kann, sondern es veranschau-
120 licht selbst für bildungsfernere Eltern den Zusammenhang zwischen Grundkompetenzen – den Wurzeln – und dem schulischen Lernen – der Baumkrone.

Berger, Marianne & Berger, Lasse (2014): Der schwedische Bum der Erkenntnis. Verfügbar unter: http://www.bllv.de/Baum-der-Erkenntnis.9128.0.html (02.05.2015)

M 38 Dokumentation im Interesse aller Beteiligten (Berger & Berger)

Als Pädagogen müssen wir hellhörig sein für jedes Kind, jedem Kind die Möglichkeit geben, seine Ideen und Gedanken einzubringen und im Dialog mit dem Kind eine mit-forschende Haltung ein-
5 nehmen. Das setzt auch voraus, dass Pädagogen die Arbeit dokumentieren, so dass das Kind und der Jugendliche seiner eigenen Entwicklung und seinem eigenen Lernen folgen und darüber reflektieren kann. Die Dokumentation ist das Werkzeug
10 des Pädagogen, um die Entwicklung des Kindes und die eigene Arbeit zu reflektieren. Jedes Kind und jeder Jugendliche hat das Recht, mit vielen Augen betrachtet zu werden. Lernen ist situationsbezogen und geschieht meistens in sozialen
15 Zusammenhängen.

Die Lernziele im Elementarbereich richten sich an die Pädagogen. Sie haben den Auftrag, das Lernmilieu zu gestalten und den Kindern Anlässe zu geben, ihre Kompetenzen zu entwickeln. Bei der Dokumentation geht es nicht darum, Kinder zu 20 bewerten oder mit der Altersgruppe zu vergleichen, sondern um die Wahrnehmung des individuellen Entwicklungsverlauf, der Stärken und Interessen des Kindes. Dokumentation soll Lernen sichtbar machen – für das Kind, für die Eltern, für 25 die Pädagogen.

Es geht um *Beachtung*!

Wenn es um das Lernen der Schulkinder geht, so muss deutlich belegbar sein, was einer Beurteilung zu Grunde liegt. Man kann die Lehrerrolle zum 30 Beispiel als Beurteiler/Richter sehen oder als Mitkonstrukteur/Mitforscher. Letzteres bedeutet, dass der Mitforscher seine Beurteilungskriterien offen legt. In unserer Tradition bestehen Dokumentationen von Lernen aus Punkten für abfrag- 35 bares Wissen und sind nicht auf die Kompetenzen und Fähigkeiten bezogen, die Kinder und Jugendliche entwickeln sollen. Der Auftrag der Schule der Zukunft sollte jedoch auf Verständnis und Kommunikation fokussiert sein anstelle von 40 Gedächtnistraining und individuellem Pauken.

Schülern soll ein größerer Einfluss auf ihr Lernen und mehr Verantwortung dafür übertragen werden. Das bedeutet, dass Lehrer nicht mehr Vermittler von fertigem Wissen sind, sondern Partner in der 45 Zusammenarbeit und Ratgeber. Sie müssen die Kontrolle lockern und darauf vertrauen, dass ihre Schüler etwas lernen wollen. Dafür müssen sie Möglichkeiten und Herausforderungen schaffen. Das erfordert eine Atmosphäre, die von Geborgen- 50 heit und gegenseitigem Vertrauen geprägt ist. [...]

Das Lernen kann man nicht in Teilchen und Fächer zergliedern. Der „Baum der Erkenntnis" soll deshalb ein Werkzeug sein, um das Lernen in einer Perspektive von 1–16 Jahren zu sehen. Das erfor- 55 dert Reflexion über sämtliche Wurzelbereiche und Äste der Kronen, da sie einander beeinflussen. [...]

Fragen, die man während der täglichen Arbeit und bei Reflexion und Planung stellen sollte 60

- Wie gestalten wir die Lernorte?
- An welchen Zielen arbeiten wir gerade?
- Wie kommunizieren wir darüber mit den Kindern/Jugendlichen?
- Lassen wir bewusst spielen? 65

2. Erarbeitung

- Welche Erlebnisse und Aufgaben bieten wir an, um Fähigkeiten und Kompetenzen zu entwickeln?
- Welche verschiedenen Ausdrucksmöglichkeiten wenden wir in unserer Arbeit an?
- Geben wir den Kindern/Jugendlichen, um Stellung zu nehmen, zu analysieren, zu reflektieren, zu vergleichen, das Ganze zu erfassen, Zusammenhänge zu sehen, gemeinsam zu lernen, zu deuten?
- Wie setzen wir Dokumentationen aktiv für den fortlaufenden Lernprozess der Kinder/Jugendliche ein?
- Wann und wie reflektieren die Pädagogen gemeinsam über die Dokumentation?
- Wie können Kinder/Jugendliche von ihren eigenen Erfahrungen und Interessen ausgehen?
- Auf welche Weise können Kinder/Jugendliche selbst die Inhalte beeinflussen, mitbestimmen und Fragen formulieren?
- Arbeiten wir so, dass Mädchen und Jungen sich entsprechend ihrer einzigartigen Persönlichkeit entwickeln können, und nicht entsprechend unserer Vorstellung davon, wie Jungen und Mädchen sein sollten?

Berger, Marianne & Berger, Lasse (2014): Der Baum der Erkenntnis der Erkenntnis für Kinder und Jugendliche im Alter von 1–16 Jahren. Infomaterial. Bremen: o. A. des Verlags

M 39 Wie wird mit dem Baum gearbeitet? (Brandt)

Kinder, Jugendliche und Erwachsene benötigen drei Schlüsselerfahrungen:

1. Erfahrung, dass sie etwas können. (Entwicklung von Selbstbewusstsein, erfahren dass sie respektiert und gebraucht werden.)

2. Erfahrung, dass sie lernen, wie man lernt. (Erfordernis von Lebenskompetenz, einschließlich Sozialen Lernens. Die Kinder lernen, die Pädagogen und anderen Erwachsenen „als Ressourcen für das eigene Lernen" zu gebrauchen, indem die Erwachsenen sie unterstützen.)

3. Erfahrung, dass sie etwas wollen und dass ihr Wollen Bedeutung hat. (Wegen ihres „inneren Motors" haben Kinder von Natur aus immer irgendwelche Anliegen und Vorhaben. Für die Lust am Lernen, muss „der persönliche Einfluss auf das Lernen wachsen". Dazu müssen „unterschiedliche Bedingungen für eine Beteiligung" geschaffen werden. „Kapazitäten und Fähigkeiten entwickeln sich nur in Menschen, die etwas wollen".) […]

Schwerpunkte/Hintergrund/Annahmen

Der Lehrplan hat die Form eines Baumes. Bildlich vorgestellt:

- befinden sich in der Baumkrone die Ziele, die man in der Schule erreichen sollte (z. B. Musik, naturwissenschaftliche Fächer, Englisch, Sport und Gesundheit, Hauswirtschaft usw.);
- befindet sich in den Zweig-Schichten/im Stamm der Weg, der zu den Zielen aufgezeigt wird;
- befinden sich in den Wurzeln
  a) die fünf Säulen, auf denen die kindliche Entwicklung ruht: die **soziale** Säule (= soziale Entwicklung); die **emotionale** Säule (= gefühlsmäßige Entwicklung); die **intellektuelle** Säule (= intellektuelle Entwicklung); die **motorisch** Säule (= motorische Entwicklung); die **sprachliche** Säule (= sprachliche Entwicklung)
  b) die Grundwerte der Gesellschaft, deren vollwertige Mitglieder die Kinder und Jugendlichen sind. Es handelt sich dabei um: Demokratie, Solidarität, Verantwortung, Gleichheit, Sicherheit/Geborgenheit. […]

„Die Entwicklung persönlicher Kompetenzen, das Kennenlernen von kulturellen und gesellschaftlichen Werten und die Aneignung von fachlichem Wissen" bilden eine Einheit (ganzheitlicher Ansatz), die von Vorschule, Schule und Hort unter Beachtung ihrer dabei spezifischen, dem Alter und der Entwicklung des Kindes entsprechenden Aufgaben gemeinsam getragen werden muss. […]

Bildquelle: privat

Der Baum der Erkenntnis ist nicht nur ein *Bildungsplan*, sondern auch ein *Werkzeug* für Pädagogen, um die Entwicklung von Kindern und
55 Jugendlichen zu dokumentieren und zu reflektieren, eine *Grundlage für Entwicklungsgespräche* mit Eltern, Schülern und dem Arbeitsteam, eine *Hilfe* für Kinder und Jugendliche, um die eigenen Kompetenzen und das eigene Lernen zu reflektie-
60 ren […] [sowie] ein *Beitrag für die Zusammenarbeit* von Kindergarten, Schule und Hort. […]

Dabei geht es immer um die Dokumentation, wie weit das Kind mit seinem Lernen gekommen ist und welche Ziele es schon erreicht hat. […]

65 ***Wie wird mit dem Baum gearbeitet?***

1. Im oberen Teil der Baumkrone sucht man sich ein Lernziel. Dann untersucht man „welche Kompetenzen = welche der o. g. 5 Entwicklungsbereiche im Wurzelbereich nötig sind, um dieses Ziel zu
70 erreichen."

2. Man beginnt mit der […] „Zettelmethode" [Anm.: siehe unten], dann mit dem Heranziehen des „Baumes der Erkenntnis". Liegt der vor einem, muss man „entsprechend dem Alter des Kindes
75 wählen, auf welchem Niveau man beginnen will". Begonnen wird immer bei den Wurzeln. Man diskutiert dann Begriff für Begriff, der im speziell für den „Baum der Erkenntnis" erschienen Buch beschrieben wird. Man prüft, ob das Kind diese
80 Kompetenzen schon erobert hat oder nicht. Jede eroberte Kompetenz ist mit einem Textmarker zu markieren.

3. […] Für die Begriffe des Baumes hat jeder seine eigenen Vorstellung. Es ist deshalb solange
85 miteinander zu diskutieren, bis man eine gemeinsame Definition gefunden hat, die schriftlich festzuhalten ist.

4. Die Eltern sind über Zielsetzung und Handhabung des Baums ausreichend zu informiert. Eltern
90 sehen, was ihr Kind bereits kann. Sie sehen aber auch die nächste mögliche Entwicklungsstufe. Zeigt das Kind nur zu Hause bestimmte Kompetenzen? Woran liegt das? Wie kann man das ändern?

95 5. Beteiligung der Kinder und Jugendlichen: Mit den Anzeichnungen im Baum kann man mit dem Kind „Ziele und Inhalte der Aneignungtätigkeit reflektieren." „Das Kind lernt dadurch seine Stärken und Fähigkeiten kennen und freut sich über die
100 Dokumentation individueller Lernerfolge." Die Kinder erhalten damit einen „Wegweiser für die zu

erreichenden Bildungsstationen, der ihnen eine Orientierung bei der Selbstorganisation ihrer Aneignungtätigkeit ermöglicht." Sie werden zu „eigenverantwortlichen Akteuren ihrer Entwick- 105 lung".

6. Erleichterung der Übergänge bei enger Zusammenarbeit der Kita mit einer Schule: Treffen der pädagogischen Teams aus Vorschule und Schule zwei Monate vor dem Übergang zu einem Überga- 110 begespräch. Hier spricht man über den Baum der Erkenntnis eines jeden Kindes. […]

a) Markieren auf dem Baum

Die im Baum beschriebenen Begriffe werden vom Beobachter diskutiert. Er überlegt, „ob das Kind 115 diese Fähigkeiten schon erobert hat oder nicht". Ist er sich darüber im Unklaren, berät er sich dazu mit den anderen ErzieherInnen im Team und auch mit den Eltern.

b) Zettelmethode 120

Man sucht sich im Erzieherteam ein Kind aus. Die ErzieherInnen schreiben jeder für sich „auf einem Zettel ihre Meinung zum Kind (zu Kompetenzen und Fähigkeiten) auf". In einem „Baum der Erkenntnis" dokumentieren die ErzieherInnen 125 gemeinsam „alle bereits er oberten Kompetenzen des Kindes". Die Kompetenzen werden mit allen anderen in einem speziell zum „Baum der Erkenntnis" erschienenen Buch aufgeführten Kompetenzen verglichen. Gibt es beim Kind noch 130 Kompetenzen, an die noch gedacht werden muss? […]

Romina, Brandt (2012): Baum der Erkenntnis. Verfügbar unter: http://www.risch.elternwissen-mv.de/mediapool/132/1326738/data/ Beobachtungsebene_2_-_Entwicklungsbeobachtung.pdf (02.05.2015)

M 40 **Blick in die Praxis (Burmann)**

Die Erzieher/innen der Kindertageseinrichtung „Am Elbhang" und der Außenstelle Hort an der 88. Grundschule arbeiteten gemeinsam an dem Thema „Entwicklungsdokumentation".

Theoretische Grundlagen, Wissen, Erfahrungen 5 und Erkenntnisse wurden ausgetauscht und Beobachtungsinstrumente auf den Prüfstand gesetzt. Unser Ziel war es, einheitliche und verbindliche Beobachtungsinstrumente für unsere Kindertageseinrichtung zu benennen und diese effek- 10 tiv und praxisnah umzusetzen.

2. Erarbeitung

Gemeinsam entschieden wir uns, im Kindergartenbereich die Bildung und Entwicklung der Kinder, mit dem Beobachtungs- und Dokumentations-
15 instrument „Baum der Erkenntnis" zu erfassen. Für den Hortbereich wählten wir die Bildungs- und Lerngeschichten. Die Dokumentationen sollten in das Portfolio einfließen.

Pädagogischer Hintergrund für unsere
20 Entscheidung: „Baum der Erkenntnis"

Unser Anspruch als Erzieher/innen ist es, Lernen und Entwicklung des Kindes bewusst zum Inhalt der pädagogischen Arbeit zu machen.

Im Wurzelbereich des Instruments „Baum der
25 Erkenntnis" wird die Kompetenzentwicklung des Kindes in den fünf Entwicklungsbereichen – soziale, intellektuelle, motorische, gefühlsmäßige und sprachliche Entwicklung – klar, umfassend und fachlich aussagekräftig beschrieben. Zu
30 jedem Entwicklungsbereich gibt es Aussagen für übergreifende gesellschaftliche Ziele in den Grundwerten: Demokratie, Gleichheit, Solidarität, Geborgenheit, Sicherheit und Verantwortung.

Ein Beispiel – Kompetenzen in der intellektuellen
35 Entwicklung im Wurzelbereich:

- einfache Anweisungen verstehen,
- beginnendes Interesse einfache Probleme zu lösen,
- Fähigkeit Reime verstehen zu können,
40 - Fähigkeit zum Erleben von Klang, Rhythmus und Musik,
- Fähigkeit nach Eigenschaft Würfel, Zylinder, Dreieck zu sortieren,
- einfache Naturbegriffe zu benennen, wie Vogel,
45 Baum,
- Fähigkeit zu experimentieren.

Wie weit ist das Kind bei dem Erwerb von Kompetenzen gekommen? Die Stärken des Kindes stehen im Mittelpunkt!
50 Diese Dokumentationsform ist für uns Erzieher/innen ein ansprechendes und aussagekräftiges Werkzeug. Klare pädagogische Aussagen im Wurzelbereich des Baumes sind Voraussetzung für einen fachlichen Austausch mit anderen Erzieher/
55 innen (Gruppenwechsel), mit Eltern, mit der kooperierenden Grundschule, dem Hort und mit anderen Fachkräften.

Unser Verständnis: Jedes Kind kann sich zu einem „starken Baum" entwickeln.

Wie erfolgten die ersten Schritte der Umsetzung 60 des Instruments „Baum der Erkenntnis"?

Die Erzieher/innen erarbeiteten sich im Selbststudium, in Teamberatungen, Dienstberatungen und Fortbildungen Erkenntnisse und Erfahrungen im Umgang mit diesem Instrument. 65

Die Erzieherin Frau B. z. B. begann sich intensiv mit dem „Baum der Erkenntnis" auseinander zu setzen. Sie beobachtete sehr genau, dokumentierte und suchte den Austausch mit anderen Erzieher/innen. Inhalt dieser Gespräche waren: „Wie kön- 70 nen wir dem Kind die Möglichkeit schaffen, die Kompetenzen in den einzelnen Bildungsbereichen zu entwickeln? Was brauchen Kinder an Material, Raum und Zeit?"

So wurden im Team pädagogische Angebote der 75 Erzieher/innen und anderer Mitarbeiter analysiert und gezielte Beobachtungen und Dokumentationen mit dem Ziel erstellt, die Stärken des Kindes für das Kind selbst und für die Erzieher/innen zu benennen. Für uns im Team war wichtig, sich mit 80 Fachbegriffen auseinander zu setzen, um deren Bedeutung zu erfahren und den Inhalt gut verständlich umsetzen zu können. Daraus resultierte eine Erweiterung der Erzieherbibliothek.

Im „Baum der Erkenntnis" brachte Frau B. Lerner- 85 folge und Kompetenzen eines 4-jährigen Kindes im sozialen, intellektuellen, motorischen, gefühlsmäßigen und sprachlichen Bereich mit einem Signalstift zum „Leuchten". Das Portfolio des Kindes mit Fotodokumentationen, Lerngeschichten, Bil- 90 der und Zeichnungen belegten die Lernerfolge. Die Portfolio-Mappe der Kinder wurde in verschiedenen Rubriken erweitert wie: meine Familie, Selbstbildnis, Interview, Freude usw. Diese Themen finden sich im Wurzelbereich des „Bau- 95 mes" wieder und verknüpfen den „Baum der Erkenntnis" mit dem Portfolio.

Im Team war es ein Aha-Effekt, zu sehen, was im Wurzelbereich des Baumes für das Kind an Stärken sichtbar wurde. Auch der Entwicklungsstand 100 des Kindes sowie der nächste Entwicklungsschritt wurden ersichtlich. „Ja, diese Form der Dokumentation ist sehr zeitaufwendig" war die Äußerung der Erzieherin, bringt aber eine hohe Effektivität und ist sehr aussagekräftig. In Teamberatungen 105 wurden folgende Fragen erläutert:

- Was ist wichtig für das Kind?
- Das habe ich schon gelernt!
- Das kann ich schon!

- Was möchte ich noch lernen?
- Was ist bedeutsam für die Eltern?
- Wie ist der Entwicklungsstand unseres Kindes?
- Was kann unser Kind schon gut?
- Was ist der nächste Entwicklungsschritt unseres Kindes und wie unterstützen die Erzieher/innen der Kita den nächsten Entwicklungsschritt unseres Kindes?
- Was braucht unser Kind – so früh wie möglich, so viel wie möglich?
- Kann ich mir das Heft „Baum der Erkenntnis" ausleihen?
- Ist es für uns sinnvoller, den „Baum der Erkenntnis" vor dem Entwicklungsgespräch auszuleihen, oder danach?

Eltern erwarten Klarheit in der pädagogischen Aussage und Dokumentation zur individuellen Entwicklung ihres Kindes und Klarheit über Aufgaben, Verantwortlichkeiten und individuelle Möglichkeiten für die nächsten Entwicklungsschritte.

- Was ist bedeutsam für die Erzieher/innen in der Kita?
- Wie lernt das Kind?
- Wie gelingt es uns als Team eine vertrauensvolle Zusammenarbeit als Voraussetzung für eine optimale Einschätzung des Kindes herzustellen?
- Wie gelingt es mir/uns, den Eltern noch tiefere Einblicke in diese Dokumentationsform und deren Zusammenhänge zu vermitteln, damit sie die Dokumentation als pädagogisch wertvoll für ihr Kind erkennen und unser gemeinsames Handeln danach ausgerichtet werden kann?

Das erste Entwicklungsgespräch der Erzieher/in mit Eltern:

Die Erzieher/in und die Eltern sitzen am Tisch auf dem die Dokumentationsmaterialien ausgebreitet liegen. Die Erzieher/in beginnt ihr Gespräch mit den Worten: „Schauen Sie, das alles hat ihr Kind schon gelernt!"

Die Eltern erhalten Einblicke und Erläuterungen zum Dokumentationsmaterial „Baum der Erkenntnis" und dem Portfolio und damit eine fachlich begründete Aussage zum Entwicklungsstand ihres Kindes. In einem vertrauensvollen Gespräch ein Austausch zwischen der Erzieher/in und den Eltern über weitere Entwicklungsschritte des Kindes statt.

Die Inhalte des Entwicklungsgesprächs werden in einem Protokoll dokumentiert und weitere Schritte und Ziele gemeinsam vereinbart. Das Protokoll hat folgenden Inhalt:

- Anwesend waren:
- Geplante Themen: Die nächsten Entwicklungsschritte des Kindes: .../... daraus folgende Ziele, die das Kind erreichen sollte: ...
- Aufgaben der Kindereinrichtung/der Familie:
- Empfehlungen/Absprachen:
- Unterschrift der Eltern
- Unterschrift der Kindertageseinrichtung

Die Eltern und die Erzieherin unterschreiben das Protokoll und erhalten jeweils eine Kopie.

Fazit

In der Reflexion der Erzieherin und der Eltern wurde eine hohe Wertschätzung für die Leistungen des Kindes deutlich. Das Gespräch war bestimmt von einer freundlichen und achtungsvollen Atmosphäre, welche beidseitig gewollte Erziehungspartnerschaft symbolisierte. Ein vertrauensvolles Miteinander und die beidseitige Bereitschaft Verantwortung durch die konkrete Umsetzung von gemeinsam abgestimmten Aufgaben zu übernehmen, belegte diese gute Zusammenarbeit.

Für ein Feedback der Eltern zum Entwicklungsgespräch haben wir einen Fragebogen erstellt, um nochmals die Möglichkeit für einen Austausch zu bieten.

Burmann, Ingrid (20): „Der Baum der Erkenntnis" – Instrument der Entwicklungsdokumentation und für die Erziehungspartnerschaft zwischen Erzieher/innen und Eltern. In: Staatsministerium für Kultus des Freistaats Sachsen (Hrsg.) (20): Individuelle Lern- und Entwicklungsdokumentation in sächsischen Kindertageseinrichtungen und in der Kindertagespflege, S. 49–52. Verfügbar unter: http://www.kita-bildungsserver.de/downloads/download-starten/?did=1103 (02.05.2015)

2.2.7 Leuvener Engagiertheitsskala

 Die Leuvener Engagiertheitsskala (Carle & Hegemann-Fonger)

Die Leuvener Engagiertheitsskala wurde Ende der 1980er Jahre entwickelt und 1994 veröffentlicht (Laevers 1997), also in einer Zeit, als selbstgesteuertes Lernen im Mittelpunkt zahlreicher Studien stand (zusammenfassend Carle u.a. 2008, S. 40). Sie basiert auf einem stark am Wohlbefinden und an der Persönlichkeitsentwicklung des Kindes orientierten pädagogischen Ansatz. Emotionales

2. Erarbeitung

Wohlbefinden und Engagiertheit des Kindes, also eine Art Flow-Erlebnis, Spiel im Eins-Seins mit sich und der Welt ist nach Laevers Voraussetzung für Entwicklung. Emotionales Wohlbefinden setzt z. B. die Befriedigung aller Grundbedürfnisse voraus. Nur wenn das gegeben ist, wird das Kind seinem Forscherdrang folgen. Laevers nennt Kriterien wie Vitalität, Offenheit, Vertrauen, Selbstbewusstsein etc., „die Rückschlüsse darauf erlauben, wie wohl sich ein Kind in seiner Haut fühlt" (Ulich/Mayr 1996, S. 5). Wohlbefinden und Engagiertheit (Involvement) des Kindes zusammen lassen dann Rückschlüsse darauf zu, ob das Kind zusätzliche Unterstützung und Anregung benötigt. Der Grad der Engagiertheit wird mit der Leuvener Engagiertheitsskala einschätzbar gemacht. Allerdings muss man wissen, dass Laevers von einem konstruktivistischen Grundverständnis ausgeht – er bezieht sich u. a. auf Piaget. Er nimmt an, dass der Mensch auf Selbstbildung ausgerichtet ist, dass er also von sich aus nach Bildungsinhalten und – anlässen sucht, mit deren Hilfe er seine eigenen Konzepte, seine Schemata verändert, wenn er damit nicht weiterkommt (hierzu auch Schnabel 2009). Laevers (1993) bezeichnet das als „deep level learning", man könnte es mit „vertieftem Lernen" übersetzen.

Die Leuvener Engagiertheitsskala ist ein teilstandardisiertes Verfahren, das zweimal jährlich zum Einsatz kommen soll. Die Dokumentation, also die Werke der Kinder und die Dokumentationsbögen können in das Portfolio Eingang finden. Die Leuvener Engagiertheitsskala beschreibt Niveaustufen. Allerdings sind diese nicht an einem Normalentwicklungsmodell orientiert, sondern zeigen nur jeweils die Zone der nächsten Entwicklung an. D. h., dass Kinder unterschiedlichen Alters auf der gleichen Stufe sein können. Wichtig ist, dass es nicht um den Inhalt der Tätigkeit geht, also, dass beispielsweise nicht eine bestimmte domänenspezifische Entwicklung wie das Schreibenlernen beobachtet wird, sondern losgelöst davon lediglich die Engagiertheit des Kindes. Die Stufen lassen sich wie folgt beschreiben:

1. Stufe: keine Aktivität – das Kind wirkt entweder teilnahmslos oder wiederholt stereotyp ohne innere Beteiligung.

2. Stufe: häufig unterbrochene Aktivität – man könnte auch sagen: wenig genutzte Lernzeit oder oberflächliche Auseinandersetzung.

3. Stufe: mehr oder weniger andauernde Aktivität – das Kind ist überwiegend tätig, aber engagierte Tätigkeit wechselt sich mit oberflächlicher ab.

4. Stufe: Aktivität mit intensiven Momenten – das Kind zeigt in mehr als der Hälfte der Zeit deutliche Zeichen für Vitalität, Offenheit, Vertrauen, Selbstbewusstsein, Zufriedenheit, oder es geht die gesamte Zeit über zwar Routinetätigkeiten nach, das aber ausdauernd und intensiv.

5. Stufe: anhaltend intensive Aktivität – das Kind geht die ganze Zeit über intensiv, konzentriert und begeistert einer Tätigkeit nach, die es herausfordert.

Die Beobachtung ist nicht einfach. Ist es doch möglich, dass ein Kind gleichzeitig mehreren Tätigkeiten nachgeht, oder dass es beeinflusst durch die Gruppe von einer in die nächste Tätigkeit wechselt. Deshalb muss zu Beginn der Beobachtung festgelegt werden, wie vorgegangen werden soll. Auch dieses Verfahren erfordert eine anschließende Diskussion der Beobachtungen im Team.

Carle, Ursula & Hegemann-Fonger, Heike (2012): Beobachtung und Diagnostik – Basis für die Förderung der Kinder. S. 5–6. Verfügbar unter: http://www.fruehpaedagogik.uni-bremen.de/handreichungen/B02Diagnostik(CA+HHF).pdf (03.05.2015)

M 42 Schlüsselfragen (Vandenbussche u. a.)

Die Schlüsselfrage in der erfahrungsorientierten Erziehungstheorie ist: Wie können wir auf eine praktisch durchführbare und zugleich schlüssige Weise Einsicht in die Qualität von Erziehung und Bildung erhalten? Und spezieller noch: Wie können wir Kindern dabei helfen, ihre entwicklungsmäßigen Möglichkeiten völlig auszuschöpfen?

Im Konzept der erfahrungsorientierten Erziehung werden zwei Schlüsselbegriffe besonders hervorgehoben: *Wohlbefinden* und *Engagiertheit*. Sie sagen etwas darüber aus, was sich in den Kindern vollzieht und was unsere Vorgehensweise und die pädagogische und didaktische Umgebung hier und jetzt – und nicht erst zu einem späteren Zeitpunkt – in ihnen bewirkt.

Wohlbefinden heißt für uns 'sich-zu-Hause-fühlen', 'man-selbst-sein-können', 'glücklich-sein'. Engagiertheit verweist auf die Intensität einer Aktivität, die eingebrachte Konzentration, es ist der Grad, bis zu welchem man in einer Sache 'aufgeht', der Antrieb und die Freude am Entdecken und Erforschen. Wir gehen davon aus, dass Kinder sich bei engagiert ausgeführten Tätigkeiten bis an die Grenze ihrer Möglichkeiten bewegen und sich dadurch weiterentwickeln.

Wenn bei einem Kind Wohlbefinden und Engagiertheit nur in geringem Ausmaß deutlich werden, ist die Gefahr groß, dass das Kind in seiner Entwicklung (sozialemotional und/oder in wesentlichen Entwicklungsbereichen) gefährdet ist. Und umgekehrt: je stärker Wohlbefinden und Engagiertheit erreicht werden, desto mehr trägt dies zur Entwicklung des Kindes insgesamt bei.

Die Ausrichtung an den Merkmalen 'Wohlbefinden' und 'Engagiertheit' hat sich in der Praxis als sehr wertvoll erwiesen. Sie erlaubt es, sich bei der Diskussion um die Qualität von Erziehung auf zwei Aspekte zu konzentrieren. Diese Schlüsselbegriffe sind 'Prozess'-Variablen, d.h. sie sind während des pädagogisch-didaktischen Handelns einschätzbar, in der konkreten Situation. Ob es sich dabei um jüngere oder ältere Kinder handelt, ob das gemeinsame Gespräch oder das Spiel auf dem Außengelände, der Umgang mit Materialien oder das Rollenspiel in der Puppenecke im Mittelpunkt stehen – immer können dieselben Signale betrachtet werden. Demzufolge kann die Erzieherin kurzfristig Einfluss nehmen und möglicherweise erfolgversprechende Maßnahmen ergreifen und Impulse geben, um das Wohlbefinden und die Engagiertheit zu erhöhen – Ausdruck ihres professionellen Handelns.

Das Konzept der 'pädagogischen Reichweite'

Mit unserem prozessorientierten Beobachtungssystem möchten wir herausfinden, welche Kinder auf welchem Gebiet in ihrer Entwicklung bedroht sind. Mit anderen Worten, dieses System betont die Reichweite erzieherischer Bemühungen für alle Kinder einer Einrichtung. Im Bestreben nach umfassender, breitgefächerter Entwicklung unterscheiden wir dabei zwei Aspekte:

1. Entwickelt sich dieses Kind weiter?

Die Frage nach der Reichweite pädagogischer Bemühungen zielt zunächst darauf, ob z.B. ein Kindergarten mit seinem Angebot jedes einzelne ihm anvertraute Kind erreicht oder ob dies nur für einige Kinder (ein 'Mittelmaß') zutrifft.

In der folgenden Abbildung wird der fördernde Einfluss einer Erziehungs-/Lernumgebung durch eine Lampe als Sinnbild dargestellt.

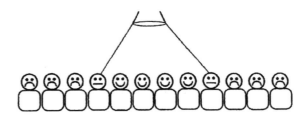

Beim ersten Aspekt der 'pädagogischen Reichweite' stellen wir folgende Fragen:
- Bleiben einige Kinder außen vor?
- Profitieren alle Kinder vom Angebot der Einrichtung?
- Erhalten alle Kinder genügend Anregungen, Wärme und Zuwendung?

2. Entwickelt sich dieses Kind in allen Bereichen?

'Pädagogische Reichweite' bezieht sich auch darauf, wie weit das Angebot und die Vorgehensweise einer Einrichtung alle Entwicklungsbereiche anspricht, die aus persönlicher und gesellschaftlicher Sicht als wichtig angesehen werden.

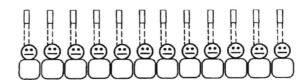

Hierbei wird gefragt:
- Bleiben bestimmte Entwicklungsbereiche unberücksichtigt und daher unentdeckt?
- Erhält jedes Kind genügend Anregungen in allen wichtigen Entwicklungsbereichen?

Ein prozessorientiertes Kinder-Beobachtungs-System

Wie bereits betont, basiert das Beobachtungssystem auf den Prozessvariablen 'Engagiertheit' und 'Wohlbefinden'. Beim Erkennen von Kindern, die besondere Aufmerksamkeit benötigen, lautet die zentrale Frage zunächst: Wie geht es Jonas, Michaela, Ibrahim, Katharina ... in unserer Gruppe oder in unserem Kindergarten? Wie gedeihen sie in der Umgebung, die ihnen (u.a. durch unser Dazutun) angeboten wird?

Engagiertheit und Wohlbefinden als zwei Schlüsselelemente des Beobachtungssystems zu nehmen heißt für uns, dass wir uns vor allem auf die Qualität dessen beziehen, was im Kind selbst vorgeht. Wenn ein oder mehrere Kinder sich nicht wohl-

2. Erarbeitung

fühlen oder unbeteiligt sind, ist dies für uns Anlass, etwas zu unternehmen.

Brauchbare Hinweise dazu erhalten wir aus der Beobachtung des Kindes. Das Konzept der Engagiertheit hat den Vorteil, dass das Entwicklungspotential einer Person automatisch in Betracht gezogen werden kann, da 'engagiert beteiligt sein' gleichzeitig bedeutet, sich im oberen Bereich der eigenen Möglichkeiten zu bewegen. Auch wenn wir die jeweiligen Grenzen beim einzelnen Kind nicht kennen, können wir aus dem Grad der Engagiertheit Rückschlüsse darauf ziehen, ob ein Kind seine Möglichkeiten und Fähigkeiten ausschöpft oder nicht!

So werden schwächer begabte Kinder, die ein hohes Maß an Wohlbefinden und Engagiertheit zeigen, für ihren individuellen Fortschritt positiv bestätigt werden. Wir dürfen annehmen, dass sie genügend Stimulanz und Anregungen in ihrer Umgebung finden und dass sie davon profitieren.

Auf der anderen Seite werden auch hochbegabte Kinder, die bei herkömmlichen Messmethoden nicht als „Problem" betrachtet würden, im prozessorientierten Beobachtungssystem auffallen. Diese Kinder werden sich nicht wohlfühlen oder engagiert beteiligt sein, wenn sie nicht die Herausforderungen finden, die sie benötigen.

Zielsetzung und Aufbau des prozessorientierten Beobachtungssystems

Das hier vorgestellte Beobachtungssystem hat zum Ziel, Erzieherinnen bei der regelmäßigen Analyse ihrer Gruppe als ganzes und einer genaueren Betrachtung einzelner Kinder zu unterstützen. Dies geschieht in drei Schritten:

Schritt 1: Gesamteinschätzung der Gruppe

Bei diesem Schritt machen wir für jedes Kind der Gruppe eine Einschätzung darüber, in welchem Maße sie sich wohlfühlen und wieweit sie wirklich engagiert beteiligt sind. Auf diese Weise kann man solche Kinder herausfinden, die:

- im sozial-emotionalen Bereich
- im entwicklungsmäßigen Bereich

besondere Unterstützung und Förderung benötigen.

Schritt 2: Individuelle Beobachtung und Analyse

Für Kinder, die bei der Einschätzung der gesamten Gruppe (Schritt 1) nur geringe Werte im Wohlbefinden und/oder ihrer Engagiertheit zeigen, werden weitergehende Beobachtungen angeschlossen. Dabei unterscheiden wir folgende Teilschritte:

2.1 Zu Beginn einer Beobachtungsreihe werden zunächst einige allgemeine Informationen zusammengestellt: persönliche Daten des Kindes und wichtige Angaben zur familiären Situation. Darüber hinaus versucht man, einen allgemeinen Eindruck vom Kind zu beschreiben.

2.2 Eine genauere Analyse zum 'Wohlbefinden' des Kindes kann dazu beitragen, eine differenziertere Sicht möglicher sozial-emotionaler Problematik zu erhalten. Vier Bereiche sozialer Beziehungen werden hierbei besonders beachtet: Verhältnis der Kinder zu Gleichaltrigen, zu Erwachsenen, Familienmitgliedern und Freunden und zur gesamten Spiel-, Gruppen- und Kindergartenwelt

2.3 Ein genaueres Beobachten bezüglich der Engagiertheit eines Kindes kann zu einer ersten Diagnose von möglichen entwicklungsmäßigen Auffälligkeiten beitragen. Zunächst wird die Engagiertheit bei unterschiedlichen Aktivitäten betrachtet. Weiter kann beobachtet werden, ob und wie die Organisationsform oder das Ausmaß der Anleitung oder Unterstützung durch Erzieher Einfluss auf die Engagiertheit haben.

2.4 Wird das Ausmaß der Engagiertheit in verschiedenen Entwicklungsbereichen verglichen, kann dies zu einer genaueren Aussage über eventuelle Entwicklungsprobleme führen.

PROZESSORIENTIERTE BEOBACHTUNG UND BEGLEITUNG VON KINDERN

ERSTER DURCHGANG:

SCHRITT 1: Gesamteinschätzung der Gruppe
Variante A oder B

SCHRITT 2: Individuelle Beobachtung und Analyse
2.1 Allgemeine Informationen zum Kind
2.2 Wohlbefinden in vier Feldern sozialer Beziehungen
2.3 Engagiertheit bei unterschiedlichen Aktivitäten
2.4 Engagiertheit in verschiedenen Entwicklungsbereichen

SCHRITT 3: Folgerungen für die pädagogische Arbeit

ZWEITER DURCHGANG:

SCHRITT 1: Gesamteinschätzung der Gruppe
Variante A oder B

SCHRITT 2: Individuelle Beobachtung und Analyse
2.1 Allgemeine Informationen zum Kind
2.2 Wohlbefinden in vier Feldern sozialer Beziehungen
2.3 Engagiertheit bei unterschiedlichen Aktivitäten
2.4 Engagiertheit in verschiedenen Entwicklungsbereichen

SCHRITT 3: Folgerungen für die pädagogische Arbeit

USW. ...

Schritt 3: Folgerungen für die pädagogische Arbeit

185 Mit Hilfe der im zweiten Schritt gesammelten Informationen erfolgt nun:

- eine Zusammenstellung über Stärken und Schwächen beim Kind sowie positive / negative Faktoren aus seiner Umgebung
190 - eine Einschätzung vom Ernst der gezeigten Problematik
- das Erarbeiten von Zielen für die pädagogische Arbeit, sowie von Ansatzpunkten und Möglichkeiten, diese beim einzelnen Kind zu erreichen.
195 [...]

Für die verschiedenen Schritte sind Musterformulare erarbeitet worden, um die entsprechenden Beobachtungen einzutragen. [...]

Vandenbussche, Els & Kog, Marian & Depondt, Luk & Laevers, Ferre (1999): Beobachtung und Begleitung von Kindern, Erkelenz: o. A., S. 5–9

M 43   Wohlbefinden (Vandenbussche u. a.)

Das Ausmaß an Wohlbefinden bei Kindern zeigt, wie es ihnen gefühlsmäßig geht. Sind sie bedrückt aufgrund emotional belastender Erfahrungen oder fühlen sie sich 'wohl in ihrer Haut'? Ist ihre
5 gefühlsmäßige Entwicklung ungehindert?

Beschreibung

Kinder (und Erwachsene), die sich wohlfühlen wie 'ein Fisch im Wasser' sind offensichtlich glücklich und zufrieden. Sie begegnen ihrer Umgebung
10 offen und aufgeschlossen. Der Zustand des Wohlbefindens bringt Selbstvertrauen und ein positives Selbstwertgefühl mit sich sowie auch einiges an Durchsetzungsvermögen. Menschen mit hohem Maß an Wohlbefinden können „sie selbst" sein, für
15 sich einstehen und wissen das Leben zu meistern. Sie strahlen Vitalität und zugleich Entspannung und innere Ruhe aus. Sie genießen den Kontakt mit anderen Menschen und die Dinge, die sie umgeben. Auch haben sie einen unverstellten Kon-
20 takt zu ihrem eigenen Inneren: ihren eigenen Bedürfnissen, Wünschen, Gefühlen, Gedanken....

Im Einklang mit sich selbst sein

Eine Person kann nur dann in einen Zustand des Wohlbefindens kommen, wenn sie im Einklang
25 mit sich selbst ist. Sie „weiß", was sie für sich benötigt, wünscht, denkt, fühlt. Dies beinhaltet, dass sie auch negative Erfahrungen zulässt. Doch diese Erfahrungen sind vorübergehend und ge-

fährden nicht die Person selbst, sie kann sie bewältigen. Aufgrund dieses „Sich-Selbst-Sein" kann 30 ein solcher Mensch optimale Beziehungen eingehen mit seiner Umgebung. Es gelingt ihm in der Regel, seine Grundbedürfnisse zu befriedigen.

Grundbedürfnisse

Die Grundbedürfnisse sind in jedem Menschen 35 angelegt. Ihre Befriedigung gilt als Voraussetzung zur weiteren menschlichen Entwicklung. Man kann sie nicht ausschließen, sie gehören zu unserer „Grundausstattung". Dabei unterscheiden wir sechs Grundbedürfnisse, die wir hier näher be- 40 trachten.

Körperliche Bedürfnisse

jeder Mensch hat das Bedürfnis nach essen, trinken, schlafen, Bewegung, Körperwärme, ... Werden diese Bedürfnisse nicht erfüllt, hat dies nicht 45 nur Folgen für den Körper, sondern für den gesamten Menschen.

Bedürfnis nach Zuwendung, Wärme, Anerkennung

Dies betrifft das teils auch körperliche Bedürfnis nach menschlicher Wärme, Nähe, Versorgung, 50 Pflege, Körperkontakt und Intimität. Dieses von Geburt an existierende Bedürfnis hat sowohl eine aktive als auch eine passive Seite: Liebe und Wärme 'geben und empfangen'.

Bedürfnis nach Sicherheit, Zuverlässigkeit   55

Hierbei geht es um das Verlangen nach einer mehr oder weniger voraussehbaren, geordneten Umgebung. Man möchte wissen, wohin man gehört, was geschehen kann, was akzeptiert wird und was nicht erlaubt ist. Menschen sind bestrebt, Raum 60 und Zeit in den Griff zu bekommen. Für Kinder ist besonders wichtig, dass sie sich auf Erwachsene verlassen können.

Bedürfnis nach sozialer Anerkennung

Jeder möchte akzeptiert und respektiert werden 65 wie er ist. Menschen wollen anerkannt werden, das Gefühl haben, etwas wert zu sein, auch anderen etwas bedeuten, in Gruppen eine eigene Position einnehmen.

Bedürfnis, sich als kompetent und fähig zu erleben   70

Dies betrifft das Bestreben, neue Fertigkeiten und Erkenntnisse zu erlangen, vielleicht auch bis an die Grenzen eigener Möglichkeiten vorzudringen. Man möchte das Gefühl haben, etwas zu können, Dinge zu beherrschen, erfolgreich sein ...   75

Bedürfnis, moralisch korrekt zu leben und dem Leben einen Sinn zu geben

2. Erarbeitung

Dieses Bedürfnis steht über den anderen. Es ist das Bedürfnis, ein 'guter' Mensch im ethischen Sinne zu sein, die Bestätigung zu haben, dass man 'in Ordnung' ist und die Normen- und Wertvorstellungen seiner Lebenswelt erfüllt.

Anzeichen für emotionales Wohlbefinden

Wenn man den Grad des Wohlbefindens bei Kindern einschätzen möchte, kann man sich von einigen Anzeichen und Merkmalen im Verhalten der Kinder leiten lassen. Diese Signale müssen nicht notwendigerweise alle gleichzeitig erkennbar sein, um von Wohlfühlen oder Wohlbefinden sprechen zu können.

Offenheit

Offenheit und Empfänglichkeit kann viele Formen annehmen und äußert sich auch auf verschiedene Art. Das Kind im Kindergarten ist z.B. offen für Kontakte mit anderen (Kindern oder Erziehern): es wehrt sie nicht ab oder vermeidet sie. Es lässt sich durch verbale oder auch non-verbale Beachtung von anderen erreichen, z.B. durch Blicke, Berührung, Ermunterung, Trost oder angebotene Hilfe. Das Kind erwidert Impulse, die andere geben oder anbieten: es hört zu, antwortet oder reagiert in anderer Form. Es verschließt sich neuen, fremden Situationen oder Menschen nicht, sondern zeigt die Bereitschaft, sie kennenzulernen.

Flexibilität

Kinder, die sich wohlfühlen, finden sich schnell in ihrer Umgebung zurecht. Diese Flexibilität ist besonders in Situationen zu erkennen, die für die Kinder neu oder ungewohnt sind. Sie sind in der Regel nicht, oder nur vorübergehend verwirrt oder verstört. Sie sind fähig, sich schnell umzustellen und angepasst an die Erfordernisse oder Charakteristiken der neuen Situation zu handeln. Sie sind bereit, neue Begebenheiten anzunehmen und mit einzubeziehen. Flexibilität wird auch deutlich in der Art und Weise, wie Kinder mit Problemen oder Frustrationen fertig werden. Sie 'bleiben nicht darin stecken', sondern zeigen Bereitschaft, Alternativen anzunehmen oder Kompromisse zu schließen.

Selbstvertrauen und Selbstwertgefühl

Das Kind stahlt eine gehörige Portion Selbstsicherheit aus. Es traut sich einiges zu, man kann es sehen und hören. Es zeigt auch ein beachtliches Selbstwertgefühl ('ich bin da und wert, dass man mich wahrnimmt'). Wenn ein solches Kind mit Neuerungen und Anreizen konfrontiert wird, z.B. mit Materialien oder Aktivitäten, traut es sich heran. Es will ausprobieren, auch mit dem Risiko, es nicht zu schaffen. Wenn das Kind etwas nicht erreicht, nimmt es das nicht weiter tragisch, sondern es wird schnell darüber hinwegkommen. Misserfolge belasten es nicht dauerhaft und es verbindet sie nicht mit sich als Person ('ich kann nichts, ich bin wertlos'). Meistens sucht das Kind von selbst Herausforderungen, die seinem Können und seinem Niveau entsprechen. Es vermeidet eher, etwas zu tun, das entweder zu einfach oder zu schwierig ist. Es ist für das Kind kein Problem, etwas (noch) nicht zu können. Es fühlt sich deshalb nicht minderwertig.

Durchsetzungsvermögen

Dieses Merkmal für Wohlbefinden ist verwandt mit dem vorhergehenden. Kinder, die 'in ihrem Element sind', beanspruchen Beachtung von ihrer Umgebung. Sie möchten mit einbezogen und angenommen werden. Sie werden nicht leicht übersehen, sie vertreten ihre Wünsche, Bedürfnisse und Anliegen. Sie äußern, was sie brauchen: z.B. Hilfe, Trost, Versorgung. Wenn sie etwas möchten, z.B. Spielmaterial, werden sie danach fragen. Wenn etwas Unrechtes gesagt oder getan wird, wird das Kind dagegen protestieren, wenn z.B. jemand versucht, sein Bauwerk zu zerstören, wird es versuchen, das zu verhindern, Durchsetzungsfähige Kinder lassen sich nicht schnell beeinflussen oder werden nicht ohne weiteres auf 'Befehle' oder Vorstellungen anderer Kinder eingehen, wenn sie ihre eigenen Bedürfnisse dadurch zurückstellen sollen.

Vitalität

Das Kind ist voller Leben und Energie. Es drückt Lebensfreude und Kraft aus. Seine Vitalität ist in Gesichtsausdruck und Körperhaltung sichtbar. Seine Augen strahlen (oft). Selten sitzt es gebückt oder mit hängenden Schultern da, im Gegenteil, meistens sitzt es in aufrechter Haltung. In seinen Bewegungen ist nur manchmal Trägheit oder auffallende Langsamkeit zu sehen. Das Kind macht meistens einen vitalen, 'fitten', energischen Eindruck. Bemerkenswert ist der Unterschied zu Kindern, die oft müde erscheinen, häufig gähnen, ihre Augen reiben, vor sich hin starren, oft als letzte fertig werden usw.

Entspannung und innere Ruhe

Kinder, die sich wohlfühlen, machen einen entspannten Eindruck. Ihr Gesichtsausdruck ist 'neutral' und ohne ungewöhnliche Bewegungen oder Grimassen. Diese Entspannung zeigt sich auch in ihrer Körperhaltung und -bewegung: ihre Muskeln sind nicht ständig angespannt oder verkrampft, sondern ihre Bewegungen sind geschmeidig und gleichmäßig. Entspannte Kinder nutzen ein 'normales' Sprechtempo und Stimmvolumen: weder zu schnell noch zu langsam, weder zu ruhig noch zu hastig oder zu laut. Wenn Anspannung gezeigt wird, ist dies nur zeitweilig und an eine bestimmte Aktivität gebunden, z. B. wenn das Kind versucht, keinen Tropfen Wasser zu verschütten oder wenn es angespannt auf dem Stuhlrand sitzt, während es eine Geschichte hört. Wenn man entspannte Kinder berührt, ist ihre innere Ruhe zu spüren. Sie sind frei von aufgestauten Spannungen oder emotionaler Unruhe. Eine weitere Charakteristik ist, dass diese Kinder in der Lage sind, nach einem aufregenden oder aktiven Spiel oder einer spannungsvollen Aktivität wieder schnell und völlig zu entspannen. Mit Entspannung ist nicht Trägheit oder Mattigkeit gemeint Sondern sie sollte im Zusammenhang mit dem vorher beschriebenen Merkmal 'Vitalität' gesehen werden. Kinder, die sich wohlfühlen, machen meistens einen entspannten, aber gleichzeitig auch vitalen Eindruck.

Genießen können

Kinder, die sich wohlfühlen, ‚genießen' ihr Dasein ohne Einschränkung. Sie sind froh und glücklich bei dem, was sie gerade tun und erleben. Diese Freude ist authentisch, echt. Es bedeutet, dass die Kinder Gutes auf positive Art genießen. Sie zeigen keine neurotische, ungesunde Form von Vergnügen, z. B. während sie anderen Kindern wehtun, ihre Sachen zerstören, andere herabsetzen, aufsässig oder im anderen Extrem unterwürfig sind …

Einige Kinder zeigen ihre Begeisterung und ihr Vergnügen deutlich sichtbar und hörbar: sie strahlen Zufriedenheit aus, beginnen spontan zu singen, lachen oft, ihre Augen strahlen …

Andere drücken ihre Freude weniger lautstark aus: es sind die 'stillen Genießer'.

Im Einklang mit sich selbst sein

Ein abschließendes Merkmal von Wohlbefinden ist, dass Kinder im Einklang mit ihrem Inneren sind: mit ihren eigenen Bedürfnissen, Wünschen, Gefühlen, Gedanken … Sie scheinen für sich selbst zu wissen, was sie brauchen, wünschen, fühlen, wissen. Sie schließen diese Erfahrungen nicht aus, sondern durchleben sie intensiv. Das heißt

auch, dass Kinder zeitweise unangenehme, negative Gefühle kennen. Sie lassen sie zu und bewältigen sie. Diese Kinder leben 'in Frieden' mit sich selbst. Sie fühlen sich verbunden mit anderen, mit Tieren, der Natur … Ob Kinder guten 'Kontakt' mit sich selbst haben, können wir aus der Art und Weise ableiten, wie sie mit ihren Bedürfnissen, Wünschen, Nöten, Gefühlen und Gedanken umgehen. Lassen sie sie zu oder unterdrücken sie diese? Oder gelangen sie eher auf versteckte Weise an die Oberfläche?

Zusammenfassung

Die Beschreibung dieser Anzeichen für Wohlbefinden darf nicht einseitig interpretiert werden. Es ist kein bestimmter Typ oder eine Art von Temperament gemeint – wie z. B. ein herzliches, impulsives oder zurückhaltendes Kind. Sich wohlfühlen und rundum zufrieden sein kann man auf tausend unterschiedliche Arten.

Vandenbussche, Els & Kog, Marian & Depondt, Luk & Laevers, Ferre (1999): Beobachtung und Begleitung von Kindern, Erkelenz: o. A., S. 15 – 19

M 44 Engagiertheit (Vandenbussche u. a.)

Das Ausmaß, mit dem Kinder sich auf ihre Gruppe und ihre Umgebung einlassen, sich engagieren (oder nicht) deutet darauf hin, wie sie sich entwickeln. Sind Fortschritte erkennbar oder sind sie auf einem Stillstand? Werden sie vom Angebot der Einrichtung erreicht oder lässt es sie unberührt?

Beschreibung

Engagiertheit hat nichts mit dem Inhalt einer Aktivität zu tun, sondern mit dessen Qualität. Wenn man aus dieser Perspektive Engagiertheit betrachtet, schaut man nicht in erster Linie danach, was das Kind spielt, ob es etwas gut macht oder ob es einen bestimmten altersmäßigen Leistungsstand erreicht. Wir bezeichnen mit Engagiertheit, wenn Kinder (oder Erwachsene) sich intensiv einer Aktivität widmen. Dabei sind sie in einem besonderen Zustand, hoch konzentriert und bemüht, bei der Sache zu bleiben. Diese intrinsische Motivation ist hoch, da die Aktivität etwas ist, was sie näher wissen oder kennenlernen möchten, was ihrem Forschungs- und Erfahrungsdrang entgegenkommt. Die damit verbundenen Erfahrungen sind sehr intensiv. Kinder erleben dabei keine Langeweile, keine Frustration. Hochzufrieden sind sie aktiv, sind von ganzem Herzen dabei und legen ihre gesamte Energie in das Spiel oder ihre Aktivität. Engagiertheit tritt vor allem ein irgendwo zwischen 'fähig zu sein, etwas zu tun' und 'etwas noch nicht können', zwischen 'schon verstehen' und 'etwas (noch) nicht verstehen'. Die Aufgabe darf weder zu einfach noch zu schwierig sein, die Anforderung weder zu niedrig noch zu hoch. Materialien für Kinder müssen demnach ihrem jeweiligen Niveau entsprechend angeboten werden. Dann ist die Wahrscheinlichkeit groß, dass Kinder ihr Potential vollständig einsetzen und vielleicht erweitern. Dadurch entwickeln sie sich weiter.

Anzeichen für Engagiertheit

Um das Ausmaß an Engagiertheit einzuschätzen, kann man sich leiten lassen von einigen Charakteristiken oder Signalen im Verhalten des Kindes. Diese brauchen nicht alle zur gleichen Zeit deutlich zu werden, um von Engagiertheit zu sprechen. Außerdem ist immer das Alter des Kindes und sein Entwicklungstand zu berücksichtigen, wenn man sein Maß an Engagiertheit einzuschätzen versucht.

Konzentration

Das Kind begrenzt seine Aufmerksamkeit auf einen schmalen Bereich: auf seine eigene Aktivität. Nur intensive Reize aus seiner Umgebung können es erreichen – und möglicherweise ablenken.

Energie

Das Kind steckt eine Menge Eifer und Enthusiasmus in seine Aktivität. Dies kann physischer Art sein, z. B. mit lauter Stimme sprechen oder rufen, durch starken Druck auf das Malpapier oder im eifrigen Bauen. Aber auch psychische Energie wird in aktiver geistiger Tätigkeit spürbar.

Komplexität, Vielschichtigkeit und Kreativität

In engagiert ausgeführten Tätigkeiten geben Kinder ihr Bestes. Sie aktivieren ihre Fähigkeiten so weit wie möglich. Ein solches Tun geht über das Routine-Verhalten hinaus. Komplexität beinhaltet meist auch Kreativität: das Kind geht ganz individuell mit dem Anreiz um, es bringt eigene, persönliche Elemente mit ein.

Gesichtsausdruck und Körperhaltung

Non-verbale Zeichen sind eine große Hilfe bei der Einschätzung von Engagiertheit. So können wir deutliche Unterschiede feststellen zwischen Kindern, die träumerisch umherschauen und oft gähnen und solchen, die interessiert und intensiv Dinge betrachten. Die gesamte Körpersprache kann hohe Konzentration ausdrücken oder Langeweile andeuten.

Ausdauer

Kinder, die deutlich engagiert sind bei ihrer Aktivität, geben sie nicht schnell auf. Sie möchten die dabei erlebte Zufriedenheit auskosten und sind bereit, sich dafür anzustrengen. Sie lassen sich nicht leicht ablenken durch andere Anreize, so attraktiv sie auch sein mögen. Engagierte Aktivitäten dauern gewöhnlich eine längere Zeit an (abhängig vom Alter und dem Entwicklungstand des Kindes).

Genauigkeit

Engagiert handelnde Kinder zeigen beachtliche Sorgfalt bei ihrer Arbeit: sie sind auf Einzelheiten bedacht, auf Genauigkeit. Kinder, die nicht engagiert beteiligt sind bei dem was sie tun, handeln oft nachlässig und gleichgültig, so als ob ihre Tätigkeit sie nicht wirklich betrifft.

Reaktionsbereitschaft

Die Kinder sind aufgeweckt, bereitwillig und neuen Herausforderungen gegenüber aufgeschlossen. Sehr schnell sind sie interessiert, z. B. wenn verschiedene mögliche Aktivitäten vorgeschlagen werden. Auch neue Anregungen, die sich im Laufe eines Spiels ergeben, werden schnell aufgegriffen, wenn sie für das Kind oder seine Tätigkeit bedeutsam sind.

Verbale Äußerungen

Manchmal zeigen Kinder durch ihre spontanen Kommentare selbst ausdrücklich, dass sie engagiert beteiligt waren oder sind („das war schön", oder „noch mal"). Oder wenn sie begeistert erzählen, was sie gerade tun oder gemacht haben, drücken sie eher indirekt aus, dass die Aktivität sie ‚erreicht' hat: sie können nicht umhin, das was sie entdeckt und erlebt haben, in Worte zu fassen …

Zufriedenheit

Engagiert erlebte Aktivitäten bereiten gewöhnlich große Freude. Dieser Spaß ist oft deutlich zu sehen und zu spüren. Manchmal kann auch ein Kind beobachtet werden, wie es gerade höchst zufrieden sein Werk betrachtet, es vorsichtig berührt …

Vandenbussche, Els & Kog, Marian & Depondt, Luk & Laevers, Ferre (1999): Beobachtung und Begleitung von Kindern, Erkelenz: o.A., S. 19–21

M 45 Für Kinder wichtige Kompetenzen (Vandenbussche)

Grob- und Feinmotorik

Die Entwicklung der Motorik ist gerade in der Kindheitsphase von entscheidender Bedeutung, nicht nur für die Bewegung selbst, sondern sie ist auch mitentscheidend z. B. für die sprachliche Entwicklung und für das 'Begreifen'. Wir beobachten dabei sowohl die Grob- als auch die Feinmotorik.

Bildnerische Ausdrucksfähigkeit

Das bildnerische Ausdrucksvermögen ist nur ein Teilbereich musischer Ausdrucksformen, zu denen man normalerweise auch Rollenspiel, Musik und Tanz usw. hinzuzählt. Wir haben aber keine globale Rubrik „musischer Ausdruck" gebildet. Diese Gebiete liegen zu weit auseinander: musikalische Begabung ist von anderer Art als eine Befähigung im grafischen Bereich. Damit sind jeweils andere Basisschemata angesprochen.

Wir beschränken uns auf einen Teil – „bildnerische Ausdrucksfähigkeit" – weil dieser Bereich viel über das Entwicklungsniveau von Kindern aussagt: Die Entwicklung des zeichnerischen Ausdrucks ist nicht nur ein Hinweis für die Auge-Hand-Koordination (das zeigt sich auch in der Feinmotorik), sondern auch für die Entwicklung der Wahrnehmung, und sogar für die allgemeine Entwicklung. Die zeichnerische Darstellung einer menschlichen Figur gilt seit Jahr und Tag als eine grobe Andeutung der Entwicklung von Kindern (z. B. Mann-Zeichen-Test). Ein zusätzliches Argument für diese Auswahl ist, dass bildnerisches Gestalten im Elementarbereich allgegenwärtig ist: vielfältig beobachtbar und den meisten Erzieher/innen sehr vertraut. Sind damit die übrigen Ausdrucksformen beiseite geschoben? Nein, denn: musikalische und tänzerische Ausdrucks- und Bewegungsformen sind in der Unterteilung „Grobmotorik" enthalten. „Rollenspiel" und „Theater" als kindliche Ausdrucksform ist im Bereich „Sprachfertigkeit" berücksichtigt.

Sprachkompetenz

Die Auswahl dieses Gebietes ist leicht zu begründen. Sprache ist ein unentbehrliches Instrument, um Erfahrungen, Wahrnehmungen, Gefühle und Gedanken intensiver zu machen, zu schärfen: dadurch dass man sie in Worte fasst. Sprache macht es auch möglich, diese Erfahrungen anderen zugänglich zu machen, sie mit anderen zu teilen. Sprache macht eine sehr nuancierte Kommunikation möglich, Kommunikation, in der das Begreifen der Wirklichkeit verstärkt wird, Einsichten werden vertieft, die gemeinsame Kultur wird geschaffen.

Begreifen der physischen Welt

Dieser Bereich deckt vor allem die intuitive Einsicht in die materielle Wirklichkeit ab: er betrifft die Vorstellungen über Materialien, Eigenschaften und Gesetzmäßigkeiten ihrer Umwelt, das Begreifen davon, wie Dinge miteinander in Beziehung stehen und das Empfinden von Naturphänomenen. In der Kindheitsphase vollzieht sich hierbei eine enorme Entwicklung.

Sozialkompetenz

Zur Sozialentwicklung gehört vor allem der psychosoziale Bereich: die Interaktion zwischen Menschen, das Verstehen von Gefühlen und Verhaltensweisen. Weniger zentral steht in unserer Auswahl das gesamte Gebiet der „gesellschaftlichen Verhältnisse". Entscheidend ist für uns im psychosozialen Bereich vor allem die Kompetenz: effektiv mit anderen Kindern umgehen können. Diese Auswahl betont die enorme Wichtigkeit, die wir den sozialen Fähigkeiten und Fertigkeiten beimessen: eine wenig entwickelte Sozialkompetenz hat einen direkten Einfluss auf die Qualität des Lebens der Person und der Gruppe, deren Teil er/sie ist.

Mathematisch-logisches Denken

Dieser Bereich betrifft die mehr abstrakt-logische Intelligenz von Kindern, das Vermögen, die gegebene Wirklichkeit durch gedankliche Operationen wie ordnen, sortieren oder klassifizieren zu verarbeiten. Hinzu kommen der Zahlbegriff und auch die Vorstellung von Raum und Zeit. Das gesamte schulische Lernen und Unterricht bauen in vielfacher Weise auf diesen Kompetenzen auf.

Selbststeuerung

Diese von uns ausgewählte Kompetenz erscheint als ein möglicherweise etwas fremdes Ende innerhalb dieser Reihe. Aber durch die Analyse von vielen Kindern aus der Risiko-Zone hat es sich als äußerst aussagekräftig herausgestellt: Selbststeuerung macht oft den Unterschied zwischen leben und gelebt werden, entscheidet über die Qualität des Lebens. Das ist bei Kindern nicht anders als bei Erwachsenen. Selbststeuerung ist auch eng

2. Erarbeitung

verbunden mit dem Begriff „lernen lernen" und dem „reflektieren können" im Sinne von 'kritischem Zurückblicken auf Handlungen und Aktivitäten', nicht nur bei Kindern.

Quelle: Vandenbussche, Els u. a.: Beobachtung und Begleitung von Kindern. Deutsche Ausgabe. Erkelenz 2003: Anhang 5

M 46 Wohlempfinden: Bezugsfelder und Einschätzung (Vandenbusschen u. a.)

Ob ein Kind sich in einer Kindergartengruppe wohlfühlt, ist sehr eng mit den Interaktionen, den Beziehungen verbunden, die es mit seiner Umgebung eingeht. In diesem Netzwerk von Interaktio-
5 nen richten wir unsere Aufmerksamkeit auf vier Bezugsfelder [...]

1. Verhältnis zur Erzieherin, zu Erwachsenen

Eine Gruppe kann man als ganzes betrachten oder als eine Anzahl von Individuen mit jeweils eige-
10 nem Charakter, Temperament und Hintergrund, die auf bestimmte Weise Teil der Gruppe sind. Jedes Kind hat seinen eigenen Einfluss auf das Gruppenverhalten und auf den / die Erwachsene / n in der Kindergartengruppe. Zwischen der Erziehe-
15 rin und den Kindern laufen ebenfalls unsichtbare 'Drähte'. Mit jedem Kind hat die Erzieherin – geprägt durch ihre eigene Individualität – seine bestimmte Beziehung. Diese Beziehung entsteht und wird in verbalen und nonverbalen Kontakten
20 deutlich. Mit einigen Kindern 'klickt' es sofort, die Kontakte verlaufen positiv und es entsteht eine echte, gegenseitige Beziehung. Andere scheinen sich selbst abzuschneiden von der Erzieherin, die Verbindung ist negativ oder nahezu nicht existie-
25 rend. Das Kind, und oft die Erzieherin ebenfalls, fühlen sich nicht glücklich mit dieser Beziehung.

Zu diesem Beobachtungspunkt stellt man sich die Frage: in welchem Ausmaß ist in dieser Beziehung Wohlbefinden spürbar; fühlt das Kind sich wohl
30 darin und woraus leite ich das ab?

Beispiele

- eine gute, offene, spontane Beziehung, das Kind teilt oft seine
- Gedanken und Erfahrungen mit, es lacht mich
35 an
- das Kind 'entflieht' mir, wehrt Kontaktversuche ab, sucht nur
- oberflächlichen Kontakt mit mir, wenn überhaupt

- ist verlegen, unsicher im Kontakt mit mir 40
- kommt oft zu mir, um 'gedrückt' zu werden, sucht Körperkontakt, ist anhänglich
- will von mir angenommen sein
- sucht Bestätigung, Anerkennung
- verhält sich hilflos, fordert Aufmerksamkeit 45
- provoziert negative Zwischenfälle, fordert mich heraus

Willem ist offen in seinem Verhältnis zu mir. Er zeigt sich sowie Brist und drückt sowohl positive als auch negative Gefühle und Erfahrungen aus. 50 *Wenn er etwas braucht oder ihm etwas nicht passt, sagt er es oder bittet um Unterstützung. Wenn ich ihn anschaue, lacht er mich oft an. Ich denke, Willem fühlt sich wohl in der Beziehung zu mir (Einschätzung: hoch – 5).* 55

Jasmin spricht mit mir, aber unsere Beziehung erscheint mir oberflächlich. Sie lässt sich von anderen Kindern eher einschüchtern als zu mir zu kommen und um Hilfe zu bitten. Ich habe den Eindruck, dass sie sich mir gegenüber weder ausge- 60 *sprochen glücklich, noch besonders unglücklich fühlt. Unsere Beziehung scheint ihr nicht eindeutig zu sein. (Einschätzung: mittel – 3).*

Die wenigen Momente wirklichen Kontakts mit Tim sind oft negativer Art. Tim wendet sich ab 65 *oder reagiert verkrampft, wenn ich ihm nahe komme. Er schaut mich nie direkt an. Wenn ich ihm etwas verbiete, zerstört er sein Spiel oder setzt sich mit wütendem Gesichtsausdruck in eine Ecke. Er schließt sich völlig von mir ab. Offensichtlich* 70 *fühlt er sich nicht wohl in der Beziehung zu mir. (Einschätzung: niedrig – 1)*

2. Verhältnis zu den anderen Kindern

Ähnlich wie in der Beziehung zwischen Erwachsenen und Kindern verläuft auch zwischen den 75 Kindern ein Netz von unsichtbaren 'Drähten'. Die Kinder sind auf eine bestimmte Art und Weise miteinander verbunden, haben unterschiedliche Beziehungen zueinander. Dies zeigt sich in ihrem Umgang miteinander, in der Freude am Zusam- 80 mensein usw. Zwischen einigen Kindern gibt es nahezu keine Kontakte, sie scheinen sich gegenseitig unberührt zu lassen. Wieder andere haben eine mehr oder weniger negative Beziehung: es 'klickt' zwischen ihnen nicht, sondern ständig 85 prallen sie zusammen, oder ein Kind dominiert das andere ... Einige Kinder scheinen besonders beliebt zu sein bei den anderen und fühlen sich wohl in der Gruppe, während andere eher isoliert und / oder auch ausgeschlossen sind von den anderen.

Außerdem haben die Kinder nicht nur Kontakt mit den Kindern ihrer Gruppe, sondern mit anderen Kindern aus der Einrichtung ebenfalls. Diese Beziehungen haben eine unterschiedliche Charakteristik, z. B. wenn sie Kontakt suchen zu Kindern, die älter oder jünger sind als sie selbst.

Im Beobachtungsverfahren untersucht man nun das Verhältnis des Kindes, (für das man die gezielte Beobachtung und Analyse machen möchte) zu anderen Kindern: wie fühlt sich das Kind gegenüber den anderen, wie hoch ist das Wohlbefinden in diesem sozialen Bereich?

Beispiele

- hat viel Kontakt mit den anderen Kindern, wird in der Gruppe akzeptiert, ist beliebt
- einige Kinder bewundern dieses Kind
- es hat nicht viel Kontakt zu anderen Kindern. Es lassen sich nur wenige gemeinsame Spiele oder ein Zusammenspiel beobachten, das Kind hat keine echten Freunde
- hat zu einem einzelnen Kind eine enge Beziehung
- ignoriert andere Kinder, weist andere Kinder ab
- ist oft an Streitereien beteiligt, schlägt andere Kinder oder ärgert sie
- ist Anführer, oft dominierend
- ist unterwürfig, lässt sich von anderen Kindern bevormunden
- drängt sich physisch und im übertragenen Sinne anderen Kindern auf

Philipp hat ein gutes Verhältnis zu den anderen Kindern. Er passt sich leicht einer Gruppe von Kindern an. Oft übernimmt er dabei die Leitung, ist aber offen für Vorstellungen und Beteiligung der anderen. Es kann sich durchsetzen, ohne dabei andere Kinder zu verletzen oder zu benachteiligen. Sowohl im Gruppenraum als auch auf dem Spielplatz oder in anderen Bereichen der Einrichtung sehe ich ihn oft, wie er das Spiel mit anderen Kindern genießt. (Einschätzung: hoch – 5)

Sunila spielt oft für sich allein. Zu anderen Kindern hat sie wenig Kontakt ihre Beziehungen zu anderen sind eher oberflächlich. Manchmal spielt sie für kurze Zeit gern mit David zusammen. In der Regel hält sie sich von den anderen Kindern zurück, sie lebt 'in ihrer eigenen Welt'. Sie hat so

gut wie nie Streit mit anderen Kindern, sie lässt sie allein. Aufforderungen anderer Kinder zum gemeinsamen Spielt lehnt sie meistens ab. Die Anwesenheit anderer scheint sie unberührt zu lassen. (Einschätzung: mittel – 3)

Maria liegt sich ständig mit anderen Kindern an. Wenn sie sich einer kleinen Gruppe anschließt, entstehen die Konflikte meistens deshalb, weil Maria das Spiel auf ihre Weise durchsetzen möchte. Wenn das nicht gelingt ärgert sie die anderen und lacht, wenn diese böse werden. Sie ist oft mit Anne zusammen, die dann aber das tun muss, was Maria sagt. Auf dem Spielplatz sehe ich sie oft in übertriebener Weise jüngere Kinder bemuttern; sie laufen vor ihr weg. Maria scheint es zu genießen, bei anderen Kindern den Daumen draufzuhalten: (Einschätzung: niedrig – 1)

3. *Verhältnis zum Material, zur Gruppen- und Kindergartenwelt*

Hierbei versucht man herauszufinden, was die Gruppe und der Kindergarten für dieses Kind bedeutet unabhängig von den persönlichen Beziehungen zu den Erwachsenen oder den anderen Kindern.

Ein wichtiger Aspekt dieses Bereichs ist die Art und Weise, in der das Kind mit dem Material und den Spielbereichen umgeht: zerstört es Dinge oder begonnene Spiele, lehnt es einige Aktionsbereiche völlig ab oder ist es darauf bedacht, mit einem bestimmten Material oder in einer bestimmten Ecke zu spielen? Wenn ein Kind oft das gleiche Spiel wiederholt, kann es möglich sein, dass es daran 'klebt', weil es sich unsicher fühlt. Ständig das gleiche Spiel zu wählen oder immer wieder im gleichen Bereich sich aufhalten, z. B. in der Puppenecke, kann bedeuten, dass das Kind eine schwierige Phase durchlebt und deshalb zeitweise nicht offen ist für andere Bereiche und Angebote. Wenn ein Kind bestimmte Aktivitäten oder bestimmte Spielbereiche systematisch vermeidet, kann dies auch eine emotionale Bedeutung haben. Man betrachtet in diesem Punkt auch das Verhältnis des Kindes zum gesamten Gruppen- und Kindergartenbereich. Wie geht es um mit

- dem *verfügbaren Platz:* bewegt es sich frei durch den Raum, die weiteren Bereiche der Einrichtung, fühlt es sich hier zu Hause?
- dem *Tagesablauf* fühlt das Kind sich wohl bei gemeinsamen Aktivitäten (z.B. Gesprächs- / Spielkreis, bei Mahlzeiten …), 'Routine-Akti-

2. Erarbeitung

vitäten' wie z. B. aufräumen, Toilettengang …, beim Spiel im Außengelände, beim Turnen in der großen Halle …

- *unerwarteten/ungewöhnlichen Ereignissen* oder fremden Personen, die im Raum oder im Kindergarten sind?

Beispiele

- leicht zu verwirren bei ungewöhnlichen Ereignissen
- kommt nicht gern in den Kindergarten
- die Aktivitäten und das (Material-)Angebot ziehen das Kind wenig an
- es hat Schwierigkeiten, sich für eine Aktivität zu motivieren
- es spielt abwechslungsreich
- hat Freude am freien Spiel und vermeidet vorgegebene Aufgaben
- passt sich schnell an und findet sich in neuen Situationen zurecht
- bleibt nicht gern über Mittag im Kindergarten
- traut sich nicht von selbst an neue Aktivitäten heran, benötigt dafür einen
- besonderen Anstoß, trifft nur 'sichere' Entscheidungen
- im Außengelände hält es sich in der Nähe der Erwachsenen auf
- seine Schwester passt draußen auf ihn auf, sie bemuttert ihn stark

Nils fühlt sich sichtlich wohl in der Gruppe und im Kindergarten; er kommt gern. Mir fällt auf, dass er insbesondere die gemeinsamen Aktivitäten liebt Spiele und Aktivitäten im Kreis, Mahlzeiten, er erzählt gern von seinen Erlebnissen und 'Erfahrungen'. Er bewegt sich frei und selbstverständlich in der gesamten Einrichtung. Treten neue oder fremde Situationen auf, reagiert er mit einer gesunden Portion Neugierde. (Einschätzung: hoch – 5)

Sophie scheint sich weder sehr wohl noch sehr unwohl hierzu fühlen. Sie macht eben mit Manchmal hat sie Probleme in den Übergangszeiten, z. B. beim Aufräumen, dann wandert sie unruhig hin und her. Normalerweise reagiert Sophie auf neue, fremde Situationen oder Personen eher gleichgültig, es berührt sie wenig. (Einschätzung: mittel – 3)

Jonathan greift stets nach dem gleichen Puzzle. An andere Materialien oder Spielecken traut er sich nicht heran. Ton, Plastilin, Knete usw. rührt er nicht an. Es ist ihm unangenehm, seine Hände schmutzig zu machen. Wenn alle gemeinsam den Raum verlassen, reagiert er angespannt am liebsten würde er bleiben wo er ist. Jonathan ist leicht außer Fassung und verwirrt wenn etwas ungewöhnliches oder unerwartetes passiert, dies hält auch eine ganze Weile an. Dann verschließt er sich völlig. (Einschätzung: niedrig – 1)

4. Verhältnis zu Familienmitgliedern und engen Freunden

Ein Kind bewegt sich noch in einem vierten Bereich sozialer Beziehungen: mit Eltern, Brüdern, Schwestern.

Dieser Bereich schließt andere wichtige Bezugspersonen ein, z. B. Tanten, Onkel, Großeltern, oder Tagesmutter. Auch sie sind Teil der häuslichen Situation, oft nehmen sie auch Teile der Elternposition ein.

Oft ist es recht schwierig, einen Einblick in diesen speziellen Bereich zu erhalten, weil man hierzu keinen oder wenig direkten Kontakt hat. Jedoch kann man auf verschiedene Art und Weise Eindrücke davon erhalten, wie diese Beziehungen verlaufen und darüber, wieweit das Kind sich darin glücklich fühlt, z. B.

- durch Erzählungen des Kindes selbst
- durch Beobachtungen, wenn das Kind gebracht oder abgeholt wird
- durch Berichte der Eltern
- über 'Dritte', wenn z. B. die Tagesmutter oder ein Familienmitglied das Kind regelmäßig betreut

Oft hat man Bedenken oder ist zurückhaltend bei dem Versuch, zu diesem Bereich der sozialen Erfahrungen des Kindes eine Aussage zu machen. Das ist allzu verständlich. Man ist nie sicher, ob das, was das Kind über seine häusliche Umwelt erzählt, auch so zutrifft. Bei einigen Kindern spielt in ihren Erzählungen die Fantasie mit. Das Bringen und Abholen der Kinder bringt auch nur kurze fragmentarische Eindrücke von der Beziehung zwischen Eltern und Kind. Einige Kinder zeigen gerade in diesen Momenten ein herausforderndes Verhalten ihren Eltern gegenüber.

Deshalb ist es angebracht – verglichen mit den drei übrigen Bereichen – sich für dieses Feld deutlich mehr Zeit zu lassen, um Einblick zu erhalten in das Wohlbefinden der Kinder in diesem Bereich sozialer Beziehungen. Dies wäre eher möglich bei Elterngesprächen und/oder Hausbesuchen.

Man kann im entsprechenden Formular für diesen Bereich auch Anmerkungen oder Gedanken in Form von Fragen formulieren.

290 *Beispiele*

- spricht oft von seinem Vater, den er sehr vermisst
- Eltern erscheinen überbesorgt
- wird sie überbehütet?
295 - es erwähnt nie das neugeborene Baby in der Familie
- wenig oder kein Kontakt zwischen Eltern und Kind beim Bringen und Abholen

(sie sprechen kaum miteinander, schauen sich
300 wenig oder gar nicht an)

Inge kommt meistens hüpfend an Mamas Hand zum Kindergarten. Ich sehe oft, dass sie miteinander sprechen und sich anlachen. Im Kreis berichtet Inge begeistert über Ereignisse zu Hause oder was
305 *sie mit ihren Eltern unternommen hat. Sie scheint die Erinnerungen daran zu genießen. Ich spüre, dass sie eine gute und enge Bindung an ihre Eltern und Geschwister hat Wenn der Vater oder die Mutter sie abholen, sehe ich gewöhnlich eine bei-*
310 *derseits herzliche Begrüßung. (Einschätzung: hoch – 5).*

Vicky erzählt regelmäßig von ihren Eltern und ihren älteren Geschwistern, aber nie von ihrer kleinen Schwester. Ihre Mutter berichtete mir, dass
315 *Vicky sie auch zu Hause nicht beachtet. Seit der Geburt ihrer Schwester hat Vickys Verhalten sich sehr verändert zum negativen hin. Macht sie das, um die Aufmerksamkeit der Eltern auf sich zu ziehen? Auch möchte sie, dass ihr Vater für sie sorgt*
320 *wenn er zu Hause ist, die Mutter hat dann 'ausgespielt'. Es scheint mir, dass Vicky ihre Situation in diesem Beziehungsfeld als schwierig empfindet. (Einschätzung: niedrig – 2)*

Fabian erzählt wenig von zu Hause. Wenn seine
325 *Mutter ihn abends abholt ist er ihr gegenüber oft trotzig und herausfordernd. Fabian erwartet dass sie seine Tasche trägt und ihm die Jacke anzieht. Ich bemerke, dass der Mutter sein Verhalten nicht gefällt und dass sie seinen Forderungen schnell*
330 *nachgibt. Ich weiß nicht was ich davon halten soll. Es ist mir unklar, ob Fabian sich glücklich oder unglücklich fühlt in seinen Beziehungen zu seiner Familie. Ich habe bisher darüber zu wenig Informationen. (Einschätzung: ?)*

Vandenbussche, Els & Kog, Marian & Depondt, Luk & Laevers, Ferre (1999): Beobachtung und Begleitung von Kindern, Erkelenz: o. A., S. 54–59

M 47 Engagiertheit je nach Aktivität (Vandenbussche u. a.)

Das 'Muster' der kindlichen Aktivitäten im Kindergarten kann unter zwei verschiedenen Aspekten betrachtet werden:

- *Häufigkeit:* sind die verschiedenen Aktivitäten beim Kind häufig zu beobachten oder nur zeit- 5 weise (z. B. ein- oder zweimal in der Woche), oder nur sehr selten? Sucht sich das Kind bestimmte Aktivitäten aus und vermeidet andere?

- *Engagiertheit:* wie unterschiedlich lässt sich das Kind auf bestimmte Dinge ein, wie intensiv, 10 wie engagiert ist es dabei? Sprechen bestimmte Aktivitätsbereiche das Kind besonders an oder sind sie ihm eher gleichgültig? Durch Aussagen sowohl zur Häufigkeit als auch zur beobachteten Engagiertheit können einige Variationen des 15 Aktivitätenmusters beim Kind deutlich werden.

  o ein Kind ist vielleicht häufig im gleichen Bereich aktiv, aber nur mit geringer Engagiertheit. Es scheint, als würde es von der Aktivität angezogen, aber irgendetwas hin- 20 dert es daran, sich wirklich darauf einzulassen.

  o eine andere Möglichkeit besteht darin, dass das Kind zwar höchst intensiv bei einer Aktivität beteiligt ist, obwohl es sich diese nur 25 sehr selten aussucht. [...]

Erläuterungen und Beispiele der einzelnen Aktivitäten

- Bewegungsaktivitäten: im Gruppenraum, in der Turnhalle, im Freien ... grobmotorische Bewe- 30 gungen wie laufen, springen, hüpfen, klettern, tanzen, Ballspiele, Seilchen springen, turnen ...

- Experimentieren mit Wasser, Sand, Mais: Gefäße füllen und ausschütten, Ausprobieren von voll/halbvoll/leer, leicht/schwer, mehr/ 35 weniger/gleich viel, schwimmen lassen, versenken, bauen, graben

- Experimentieren mit Magneten, Lupen, Uhren, alten Radios und Geräten untersuchen und Materialeigenschaften entdecken, physikali- 40 sche Regeln und Gesetzmäßigkeiten wie z. B. Anziehungskraft handelnd erfahren

- Großes Konstruktionsmaterial: Bretter, Kissen, Seile, große Klötze, Tücher, Kartons, ... ein- und ausladen, stapeln, hinein- und herauskrie- 45 chen, Haus/Zelt bauen, Rollenspiel mit den Materialien der Bauecke (allein oder zusammen mit anderen) ...

2. Erarbeitung

Name: _Valerie (5 Jahre)_   **Datum:** _November_

ENGAGIERTHEIT DES KINDES
Gesamteindruck der Engagiertheit: (n) m h ? 1 2 3 4 5

V = verpflichtend	
--- = wird nicht angeboten	
Häufigkeit:	
das Kind tut dies - häufig	= h
- manchmal	= m
- selten/nie	= s

ENGAGIERTHEIT BEI AKTIVITÄTEN:

	V Häufigkeit	?	1	2	3	4	5	Bemerkungen:
● Bewegungsaktivitäten	V				X			vor allem grobmotorische Aktivitäten
● Wasser, Sand,	S				X			nur am Wasserbecken
● Experimente (Lupen, Magnete)	---							
● großes Konstruktionsmaterial	S							
● kleines Konstruktionsmaterial	S							
● Miniaturmaterial	S							
● Puppenecke	S			X				ab und zu spielt sie mit den Puppen
● Kaufladenspiel	S							
● Puppenspiel, (Hand-, Fingerp.)	S							
● kneten, plastisches Gestalten	S				X			experimentiert mit dem Material
● malen, drucken,	M				X			malt nur abstrakte Muster
● zeichnen, ausmalen	M				X			sehr oberflächlich, nicht ausdauernd
● schneiden, kleben, falten	H					X		macht gern Collagen
● basteln, kreativ gestalten	S							
● werken, Holzarbeiten	S							
● Geschichten, Puppenspiele	V				X			anfangs hört sie zu, später träumt sie
● Bücher	M					X		oft Bücher, die sie von zu Hause mitbringt
● Dias, Video, Fernsehen	V				X			
● Kassetten hören	---							
● musizieren	---							
● singen, vortragen	V			X				beteiligt sich nur selten - zu schwierig ?
● (Gruppen)gespräche	V			X				scheint oft abwesend
● Sprache, Sprachspiele	S			X				spricht sehr wenig
● Wahrnehmung, Umwelt	V	X						
● Zeit-, Raum-, Mengenbegriff	S							
● Regel-, Gesellschaftsspiele	S							
● Routineaktivitäten	M				X			hilft beim Aufräumen, wenn sie genaue Aufgaben bekommt
●								

● kleines Konstruktionsmaterial: Duplo, Lego, Nopper, Holzbausteine … beladen und entladen, sortieren, bauen …

● Spiel mit Miniaturmaterial: Puppenhaus, Bauernhof, Zoo, Autobahn / Garage aufbauen, ordnen, sortieren, Rollenspiele damit gestalten, allein oder gemeinsam

● Spiel in der Puppenecke: mit Puppen, Kuscheltieren, Kissen, Betten oder Matratzen, Haushaltsutensilien, Verkleidungsutensilien … verkleiden, hantieren mit den Utensilien, Rollenspiele allein oder mit anderen

● Kaufladenspiel: einkaufen, wiegen, einpacken, Umgang mit Mengen, Maßen, Gewichten, Rollenspiele …

● Puppenspiel: umgehen mit den (Hand-, Finger-) Puppen, Geschichten nachspielen, Geschichten erfinden und vorstellen, Kontakt mit den Zuschauern …

- kneten, formen, plastisches Gestalten: kneten, ausrollen, modellieren mit Knete, Ton, Salzteig, Plastilin ...
- malen, drucken, zeichnen: Umgang mit Farben, Pinsel, entdecken von Farben und Farbschattierungen, neue Farben herstellen, Formen entwickeln, zeichnen und malen auf Tafeln, mit großem/kleinen Papier, mit dicken/dünnen Zeichenmaterialien, [...]

Engagiertheit je nach Organisationsform und Art der Lenkung

Die Art und Weise, in der Angebote und Aktivitäten organisiert oder durch die Erzieher 'angeleitet' werden, ist oft ausschlaggebend dafür, ob und wie gern und intensiv sich ein Kind damit auseinandersetzt [...]

Mit 'Organisationsform' sind hier die äußeren Bedingungen gemeint, unter denen Angebote und Aktivitäten in der Gruppe stattfinden können. Sie können z.B. danach unterteilt werden, ob sie

- in der gesamten Gruppe
- in kleineren Teilgruppen
- individuell

stattfinden, oder ob sie

- verpflichtend
- selbstgewählt

sind. [...]

Engagiertheit je nach Art der Lenkung

Mit 'Art der Lenkung' ist das Ausmaß gemeint, mit dem die Erzieherin die Aktivität der Kinder 'dirigiert'. Wir unterscheiden hierbei drei Varianten:

- unter Anleitung [...]
- Angebot nach Vorgaben [...]
- Offene Aktivitäten [...]

Vandenbussche, Els & Kog, Marian & Depondt, Luk & Laevers, Ferre (1999): Beobachtung und Begleitung von Kindern, Erkelenz: o. A., S. 63–73

| M 48 | **Engagiertheit in verschiedenen Entwicklungsbereichen (Vandenbussche u. a.)** |

Wir unterscheiden hier vier Grundbereiche der Entwicklung. Diese könnten weiter unterteilt werden, aber wir gehen davon aus, dass diese vier Bereiche in der Entwicklung von Kindern in diesem Alter die wichtigsten sind.

Als Kreisdiagramm stellen sie sich so dar:

[...]

Motorische Entwicklung

Kinder sind 'von Natur aus' eng verbunden mit ihrer Motorik, sie entdecken und erfahren ihre Umgebung durch Bewegung und Handeln. Deutlich wird dies in ihrer Lust am Bewegen, die im Kindergarten vor allem im Außengelände erlebt wird. Neben dem 'einfach umherrennen und laufen' sind in vielen anderen Aktivitäte motorische Komponenten zu beobachten.

Beispiele

- bei Bewegungsaktivitäten: Kinder rennen umher, steuern und verändern Tempo und Richtung, reagieren und weichen Hindernissen aus, sie klettern, kriechen auf allen Vieren, schlängeln sich bäuchlings durch schmale Öffnungen, springen über (oder in) Wasserpfützen ...
- beim Experimentieren mit Wasser, Sand, Mais, Knete, Ton, Entdeckungskisten ...: sie füllen Flaschen mit Sand oder Wasser, sammeln Maiskörner mit Hilfe einer Pinzette, kneten Ton und rollen ihn aus ...
- beim Spiel mit großem oder kleinem Konstruktionsmaterial: sich völlig ausstrecken, um den Turm noch ein Stückchen höher zu bauen, das Mini-Legofenster genau an die richtige Stelle einzupassen ...
- beim basteln und werken: mit Scheren umgehen, Papier reißen, falten, Kleber anrühren, mit Handwerksgeräten arbeiten ...

Durch all diese motorischen Aktivitäten wird das Kind sich mehr und mehr des eigenen Körpers bewusst, lernt seine eigenen Körperteile und Körperfunktionen kennen, und erfährt, welche Möglichkeiten und Begrenzungen darin stecken. Das Kind wird zunehmend sicherer in der Koordination der verschiedenen Bewegungen und Aktionen, kann sowohl einfache als auch komplexere

2. Erarbeitung

Handlungen ausführen mit der notwendigen Flexibilität, Genauigkeit, Geschmeidigkeit und Kraft.

Motorik kann in die Bereiche Grobmotorik und Feinmotorik unterteilt werden, beim letzteren ist vor allem auch die Auge-Hand-Koordination wesentlich. Für beide Bereiche können gesonderte Engagiertheitswerte eingeschätzt werden. Wenn man feststellt, dass ein Kind – über eine längere Zeitspanne gesehen- nur bei grobmotorischen Aktivitäten engagiert ist und wenig im feinmotorischen Bereich oder umgekehrt, sollte man dies aufmerksam beobachten. Es mag nur vorübergehend sein, aber es könnte auch anzeigen, dass das Kind sich in diesem Bereich zu sehr einseitig entwickelt.

Björn (vier Jahre alt) wird im motorischen Entwicklungsbereich in der Stufe ,niedrig' eingeschätzt. Er bewegt sich so wenig wie möglich. Stets wählt er ruhige Aktivitäten auf dem Spielteppich oder am Tisch aus. Wenn er den Raum wechseln muss, wartet er, bis alle anderen Kinder fort sind und geht dann gemächlich hinterher. Er bewegt sich steif und scheint unsicher. Er vermeidet jedes Gedränge und hat Angst, irgendwo anzustoßen. Treppen steigt er noch Stufe für Stufe einzeln hoch. Auf dem Spielgelände draußen bewegt er sich kaum. Normalerweise macht er beim Turnen nicht mit. Er fürchtet sich vor vielem und versteckt sich oft hinter anderen Kindern. Björn ist in seiner motorischen Entwicklung deutlich hinter seinen Gleichaltrigen zurück, insbesondere in der Grobmotorik. [...]

Ausdruck, Sprache und Kommunikation

Hierbei geht es darum, wie Kinder ihre 'Erfahrungen' ausdrücken und ihre Bedeutung interpretieren. Dies kann sowohl non-verbal, z. B. in Bildern und anderen Werken geschehen als auch sprachlich durch Worte, Lieder, geschriebene Sprache … Dazu gehört auch das Rollenspiel, worin sowohl non-verbaler als auch verbaler Ausdruck mitspielen. [...]

Ein Kind kann sowohl passiv als auch aktiv seine Engagiertheit in Ausdruck, Sprache und Kommunikation zeigen. Passiv ist es z. B. beteiligt beim Zuhören, schauen, vergleichen und interpretieren; aktiv dann, wenn es selbst etwas sagt, macht, singt, malt [...]

Bei sprachlichen Aktivitäten und im Rollenspiel sind die kommunikativen Anteile sehr deutlich.

Das Kind erlebt sein soziales Umfeld, es lernt sich so auszudrücken, dass andere es verstehen.

Der Entwicklungsbereich 'Ausdruck, Sprache und Kommunikation' kann in vielen Aktivitätsbereichen des Kindes wiedergefunden werden. Für einige Kinder wird dies (vielleicht auch zeitweise) vor allem die Sprache selbst sein, während andere sich eher nonverbal ausdrücken und miteinander umgehen. Wir versuchen das Ausmaß der Engagiertheit sowohl im sprachlichen als auch im nichtsprachlichen Ausdruck einzuschätzen.

Wesentlich ist, dass das Kind überhaupt in irgendeiner Weise in diesem Entwicklungsbereich beteiligt ist. jedoch sollte auch darauf geachtet werden, dass dies – über eine gewisse Zeit beobachtet – in allen diesen Aspekten deutlich wird. So sollte man sich schon einige Gedanken machen, wenn ein Kind eine Zeitlang die 'gesprochene Sprache' links liegen lässt, sich in keiner Weise 'bildhaft' ausdrückt oder nie in Rollenspielen engagiert ist. Dies kann darauf hinweisen, dass seine Entwicklung in diesen Bereichen stillzustehen droht oder nicht in der Weise gefördert wird, wie es möglich wäre. Zum Teil ist es vielleicht auch darauf zurückzuführen, dass die verfügbaren Angebote und Anregungen für das Kind nicht so stimulierend sind, dass es sich sprachlich, gestalterisch oder im Rollenspiel ausdrückt.

Julia (5 Jahre alt) wurde in diesem Gebiet 'mittelmäßig' eingeschätzt Sie ist sehr engagiert in ,passiver' Sprache: sie hört intensiv zu, wenn andere etwas erzählen oder wenn Geschichten vorgelesen werden. Sie selbst sagt allerdings wenig. Sie spricht fast unhörbar und unzusammenhängend und merkt, dass sie oft nicht verstanden wird. Das führt dazu, dass sie immer weniger sagt. Darüber ist die Erzieherin sehr beunruhigt. [...]

Denken, Verstehen

Kinder denken über vieles nach und stellen viele Fragen. So begreifen sie allmählich mehr und mehr von der Weft um sie herum. Bei kleineren Kindern ist dieses 'denken' stark an konkrete Materialien und Handlungen gebunden. Nach und nach werden aber ihr Denken und ihre Fragen immer abstrakter und theoretischer, grundlegender.

● Kinder lernen, das was sie umgibt zu 'ordnen': was nach bestimmten Kriterien zusammengehört (klassifizieren), Gruppen von gleichartigen Objekten, die sich in einem bestimmten Merkmal unterscheiden (Reihen, Serien), Umgang mit Mengen

- Nach und nach verdeutlicht sich auch bei Kindern das Konzept von Zeit und Raum. Sie verstehen mehr und mehr z. B. den Tagesablauf im Kindergarten. Bei der Erfahrung der räumlichen Welt spielt der eigene Körper eine wesentliche Rolle. Kinder bauen ihre Erkenntnisse von Raum aus der eigenen Perspektive auf; sie betrachten Gegenstände in Bezug auf sich selbst Zunehmend besser finden sie sich zurecht auf dem Weg zum Kindergarten, in der eigenen Stadt …

- Kinder erweitern auch ihr Verständnis für viele andere Bereiche der Realität. Sie beobachten genau, nehmen vielfältige Wahrnehmungen und Informationen auf und entwickeln logisches Denken. […]

Sprache und Denken hängen eng zusammen, nicht nur auf abstrakter Ebene. Oft wird aus den Worten der Kinder deutlich, ob sie bestimmte Zusammenhänge verstanden haben und auf welchem Niveau ihr Denken geschieht.

Valerie (6 Jahre) wird mit einem 'mittleren' Wert für den Bereich ‚denken und verstehen' eingeschätzt Sie ist offen und ansprechbar für diesen Bereich, aber echte Engagiertheit kann oft nicht erreicht werden, weil viele Spiele und Materialien für sie zu schwierig sind. Sie versucht oft ein Arbeitsblatt auszufüllen, aber in der Regel schafft sie es nicht allein. Auch bei anderen Denk-Aktivitäten oder in Gruppengesprächen zieht sie sich zurück, das geht über ihr Verständnis hinweg. Manchmal bringt sie ein Spiel von zu Hause mit, bei dem Karten nach Formen und/oder Farben sortiert werden. Dies ist auch recht schwierig für sie, aber sie beschäftigt sich intensiv längere Zeit damit. Auch Gesellschaftsspiele, bei denen zählen und würfeln im Vordergrund stehen, sprechen sie an. In diesem Entwicklungsbereich 'denken und verstehen' ist Valerie hinter ihrer Altersgruppe zurück. Das Angebot an Materialien, das 'denken' unterstützen und fördern könnte, entspricht nicht ihren Möglichkeiten. Daher ist sie selten höher als 'mittelmäßig' engagiert in diesem Bereich.

Saskia (5 Jahre alt) erhält in diesem Bereich eine Einschätzung in Stufe 2. Selten vertieft sie sich in derartige Aktivitäten und wenn, dann auf sehr einfachem Niveau. Das einzige was sie manchmal macht ist Puppen in eine Reihe zu setzen oder Material im Regal ordnen. Wenn sie etwas erzählt wird klar, dass sie z. B. nur anfängliche Vorstellungen von 'Zeit' hat, die Begriffe 'gestern' und 'morgen' verwendet sie noch nicht richtig. Oft versteht sie auch einfache Fragen nicht und gibt völlig andere Antworten. Einfache Aufgaben wie 'leg das Spiel in den unteren Schrank' oder 'setz dich auf die andere Seite' kann sie nicht auf Anhieb richtig ausführen. Oft wählt sie ein Spiel aus dem Regal aus, kann sich aber nicht damit auseinandersetzen, weil sie die Spielregeln nicht versteht oder behalten hat. In diesem Bereich hat sie ein deutlich niedriges Entwicklungsniveau.

Selbststeuerung

Mit Selbststeuerung bezeichnen wir die Fähigkeit, das eigene Handeln zu steuern, ihm eine Richtung zu geben. Das bedeutet:

- der Wille und die Fähigkeit, die eigenen Kräfte zu bündeln, seine Kompetenzen zu nutzen und sich einsetzen

- sich ein Ziel setzen: fähig sein, sich zu entscheiden was man tun möchte, was man interessant oder wichtig findet und was auch erreichbar erscheint

- eine Vorgehensweise planen, ein Handlungsschema entwerfen und die erforderlichen Schritte tun. Dabei auch manchmal Abstand nehmen und die Übersicht behalten und wenn nötig, Veränderungen vornehmen, wenn das Ganze zu viel wird oder die Zeit davonrennt …

Eine oder mehrere dieser Komponenten der Selbststeuerung sind in vielen verschiedenen Aktivitäten der Kinder enthalten. Auch die Art und Weise, in der ein Kind mit bestimmten Organisationsformen oder Methoden umgeht, kann Hinweise darauf geben, wie weit ein Kind in der Lage ist, seine eigenen Aktionen und Aktivitäten zu steuern. […]

Benjamin (vier Jahre) erhält eine Bewertung von '2' für seine Selbststeuerung. Er ergreift wenig spontane Initiativen und hat Schwierigkeiten sich zu entscheiden. Er schlendert oft durch den Raum oder bleibt passiv in einer Ecke hocken und tut eigentlich nichts. Er wartet darauf, dass er zu einer Aktivität aufgefordert wird. Dann kann er durchaus zu durchschnittlicher oder auch hoher Engagiertheit kommen. Benjamin kann auch schlecht umfassendere Pläne schmieden, es scheint

2. Erarbeitung

als ob er nicht weiß, was er mit bestimmtem Material machen kann. Er kann sich eigentlich selten wirklich intensiv in eine Aktivität vertiefen.

Vandenbussche, Els & Kog, Marian & Depondt, Luk & Laevers, Ferre (1999): Beobachtung und Begleitung von Kindern, Erkelenz: o.A., S. 75–87

2.2.8 Sprachbeobachtungen nach dem IFP

M 49   Seldak • Zielgruppe (Ulich & Mayr)

Der Bogen heißt Seldak – Sprachentwicklung und Literacy bei deutschsprachig aufwachsenden Kindern. Seldak orientiert sich in Aufbau und Konzept an dem Sprachbeobachtungsbogen für Migranten-
5 kinder Sismik1 (Ulich & Mayr, 2003).

Kinder, die mit Deutsch als Erstsprache aufwachsen

Der Bogen ist konzipiert für Kinder, die von Geburt an mit Deutsch als Erstsprache (Mutter-
10 sprache) aufwachsen (nicht dazu gehören z.B. deutsche Kinder aus Aussiedlerfamilien mit Migrationshintergrund).

Es gibt Grenzfälle: ein Kind wächst z.B. von Anfang an mit Deutsch auf – die Mutter spricht
15 immer mit dem Kind Deutsch und die gemeinsame Familiensprache, z.B. bei Tisch, ist Deutsch; gleichzeitig spricht aber der Vater mit dem Kind vorwiegend Englisch (oder Türkisch oder Kroatisch). In diesem Fall kann Seldak eingesetzt wer-
20 den, wenn die Erzieherin das Gefühl hat, das Kind spricht wie eine „Muttersprachlerin"; andernfalls ist es sinnvoller, den Bogen Sismik einzusetzen.

Altersspanne

Es handelt sich um ein strukturiertes Beobach-
25 tungsverfahren, das die Alters- und Entwicklungs-
spanne von ca. 4 Jahren bis zum Schuleintritt abdeckt. Praktikerinnen können also, wenn ein Kind 4 Jahre alt wird, mit Seldak die Sprachentwicklung gezielt beobachten und bis zum Über-
30 gang in die Schule systematisch begleiten. Mit dieser langfristigen Perspektive können Erzieherinnen/Erzieher Aussagen machen über Lernfortschritte des Kindes und über dessen sprachbezogene Schulfähigkeit.

35 ##### Unterschiedliche Sprachniveaus, sprachliche Bildung

Zentral für den Bogen ist die Fragestellung: Wie verläuft die „normale" sprachliche Entwicklung und sprachliche Bildung eines Kindes? Häufig wird Sprache erst dann gezielt beobachtet, wenn 40 sich eine Erzieherin oder eine Mutter fragt: „Hat das Kind vielleicht eine Sprachstörung?" Der Bogen wurde nicht für die Diagnostik von Sprachstörungen entwickelt. Seldak erlaubt es zwar, ungünstige Sprachentwicklungen frühzeitig zu 45 erkennen, der Bogen erfasst aber ebenso eine „durchschnittliche" Sprachentwicklung, und er differenziert „nach oben", d.h. er macht auch positive sprachliche Entwicklungen von Kindern sichtbar – einschließlich sprachlicher Bildungs- 50 prozesse rund um Literacy.

Ulich, Michaela & Mayr, Toni (2009): Seldak – Sprachentwicklung und Literacy bei deutschsprachig aufwachsenden Kindern. Begleitheft zum Beobachtungsbogen seldak. Teil 1 – Konzeption und Bearbeitung des Bogens. Freiburg: Verlag Herder, S. 4

M 50   Seldak • Aufbau des Bogens (Ulich & Mayr)

Seldak gliedert sich in zwei Teile, die ihrerseits wieder untergliedert sind.

Teil 1: Sprachrelevante Situationen: Aktivität und Kompetenzen

Die Beobachtungen in diesem Teil beziehen sich 5 auf Situationen in der Einrichtung, die besonders stark an sprachliche Kommunikation gebunden sind und die für den Spracherwerb eines Kindes sehr wichtig sind. Es sind Situationen, die ganz unterschiedliche Ebenen und Formen von sprach- 10 licher Kommunikation ansprechen:

- Gesprächsrunden/Gruppendiskussionen
- Bilderbuchbetrachtung als pädagogisches Angebot in der Kleingruppe oder in einer Zweiersituation (Bezugsperson – Kind)   15
- Vorlesen/Erzählen als pädagogisches Angebot in der Kleingruppe
- Selbstständiger Umgang mit Büchern/Bilderbüchern (vom Kind ausgehend)
- Kinder als Erzähler (in der Gruppe, in Zweier- 20 situationen)
- Kommunikatives Verhalten in Gesprächssituationen
- Lausch- und Sprachspiele, Reime
- Schreiben/Schrift   25

Es soll – eher prozessorientiert – beobachtet werden: Zeigt ein Kind in diesen Situationen Interesse oder Freude? Wann und wie wird es hier sprachlich

aktiv? Aber auch: Auf welchem sprachlichen
Niveau wird das Kind aktiv, welche Kompetenzen
zeigt es dabei?

Teil 2: Sprachliche Kompetenzen im engeren Sinn

Im zweiten Teil geht es weniger darum, wie engagiert und kompetent sich ein Kind bei sprachbezogenen Anforderungen einbringt, sondern um klar
umschriebene sprachliche Fähigkeiten und Fertigkeiten.

Dieser Teil umfasst die Abschnitte

● Verstehen von Handlungsaufträgen / Aufforderungen

● Wortschatz

● Grammatik (Morphologie, Syntax)

● Dialekt

● Sprechweise

● Sätze nachsprechen

Verschiedene Bereiche – ein Gesamtbild

Der Aufbau des Bogens zeigt: Unser Anliegen ist
ein breit angelegter Zugang zum Spracherwerb.
Der Bogen gibt Einblick in verschiedene Teilaspekte von Sprachentwicklung – von Gesprächsverhalten und Erzählkompetenz über Silbenklat-
schen bis hin zur Fähigkeit, einen Konjunktiv zu
bilden. In anderen Worten: Der Bogen zielt sowohl
auf „sprachstrukturelle" Kompetenzen, etwa Satzbau oder Verbbeugung, als auch auf verschiedene
„sprachpragmatische" Kompetenzen (vgl. Kapitel
3.4).

Wir haben versucht, diese unterschiedlichen
Bereiche (die häufig getrennt wahrgenommen
werden) in einem Bogen zusammenzuführen. So
wird deutlich: Es gibt nicht „die" Sprachkompetenz, sondern unterschiedliche Kompetenzen in
verschiedenen Teilbereichen. Die Differenzierung
verschiedener Teilbereiche von Sprache war nicht
nur eine theoretische Vorannahme bei der Konstruktion des Bogens, sie wurde auch empirisch
bestätigt bei unserer Untersuchung mit ca. 2500
Kindern.

Ulich, Michaela & Mayr, Toni (2009): Seldak – Sprachentwicklung
und Literacy bei deutschsprachig aufwachsenden Kindern. Begleitheft
zum Beobachtungsbogen seldak. Teil 1 – Konzeption und Bearbeitung
des Bogens. Freiburg: Verlag Herder, S. 5

M 51 Seldak • Konzeption – verschiedene Aspekte von Sprache (Ulich & Mayr)

Motivation und Interesse an sprachlichen Aktivitäten

In diesem Bogen wird sprachliches Lernen als Teil
einer komplexen Entwicklung gesehen, die auch
wesentlich mit Motivation zu tun hat. Ein Aspekt,
den wir deshalb bei Seldak besonders betonen, ist
die Sprachlernmotivation des Kindes, sein Interesse an Sprache. Leitfrage ist hier: Wie weit ist ein
Kind bei sprachbezogenen Situationen und Angeboten aktiv beteiligt, wie weit engagiert es sich in
solchen Situationen? Denn vor allem wenn Kinder
sich für etwas interessieren, wenn sie aktiv beteiligt sind, z. B. an Gesprächen oder Erzählungen,
dann machen sie Lernerfahrungen. Umgekehrt gilt
auch: Zeigen Kinder eine niedrige Engagiertheit
bei sprachbezogenen Aktivitäten, dann kann ich
überlegen: Passt hier mein Angebot?

Wir wissen, dass beim Zweitspracherwerb die Einstellung zur deutschen Sprache und die Sprachlernmotivation eine große Rolle spielen. Der Fak-
tor Motivation und Interesse gilt – wenn auch mit
anderer Akzentuierung – ebenso für den Erst-
spracherwerb (hier Kinder mit Deutsch als Muttersprache). Untersuchungen zeigen etwa, dass Text-
und Lesekompetenz eindeutig mit Lesemotivation
und Lesefreude zusammenhängen – also auch hier
die Verzahnung von Motivation und Kompetenz.

Literacy

Seldak thematisiert verschiedene Aspekte sprachlicher Bildung. Zentral ist dabei das Konzept
„Literacy". Die Entwicklung von Literacy in der
frühen Kindheit (oft „early literacy" oder „emer-
gent literacy" genannt) gehört ganz wesentlich zur
Sprachentwicklung. Literacy-bezogene Kompetenzen sind nicht etwas „Zusätzliches" oder gar ein
Luxus, den man sich für das Gymnasium aufheben
kann. Im Grundschulbereich wird Leseförderung
manchmal erst dann angegangen, wenn die Kinder
„richtig" schreiben können, d.h. die Rechtschrei-
bung beherrschen. Dies ist ein wissenschaftlich
nicht haltbares Konzept der Entwicklung von
Sprach-, Lese- und Schreibkompetenz. Was
bedeutet Literacy? Es gibt dafür leider keinen entsprechenden deutschen Begriff (in Fachkreisen
wird es gelegentlich mit „Literalität" übersetzt).
Wörtlich heißt Literacy Lese- und Schreibkompe-

2. Erarbeitung

tenz, aber der Begriff beschreibt weit mehr als die Grundfertigkeit des Lesens und Schreibens, er umfasst Kompetenzen wie Textverständnis und Sinnverstehen, sprachliche Abstraktionsfähigkeit, Lesefreude, Vertrautheit mit Büchern und mit Schriftsprache oder die Fähigkeit, sich schriftlich auszudrücken. Was hat das alles mit Kindern im Kindergartenalter zu tun? Sehr viel, denn die Entwicklung dieser Kompetenzen beginnt bereits in der frühen Kindheit. Sie entwickeln sich in vielfältigen Begegnungen und Erfahrungen mit (Bilder-)Büchern, Erzählungen, Reim- und Sprachspielen oder auch in Begegnungen mit Schriftkultur. Der Bogen Seldak konkretisiert verschiedene Aspekte von Literacy in der frühen Kindheit. So wurden für die Beobachtung Situationen und Fragen ausgewählt, in denen Kinder wichtige Literacy-bezogene Erfahrungen machen: Hat das Kind Interesse an Bilderbüchern, wird es dabei z. B. zum „Erzähler" der Bilderbuchgeschichte? Hört es bei einem Märchen aufmerksam zu? Kann es eine Geschichte nacherzählen? Kann es anderen Kindern gut etwas erklären? Erzählt das Kind von Fernem so, dass es für den Gesprächspartner nachvollziehbar ist? Interessiert es sich für Schrift? Hat es Freude am Entdecken von Buchstaben? Hat es Freude an Reimen und Sprachspielen, erfindet es Reime? Mit den Fragen zu Literacy-relevanten Situationen werden verschiedene Aspekte des Spracherwerbs aufgefächert: das Interesse des Kindes, das sprachliche „Aktivwerden" und die sprachlichen Kompetenzen.

Warum sind Literacy-bezogene Erfahrungen und Kompetenzen so wichtig?

Diese Erfahrungen gehören wesentlich zur sprachlichen Bildung von Kindern – auf verschiedenen Ebenen: Sie fördern sprachliche Kompetenzen, z. B. Wortschatz, Satzbau, sprachliches Abstraktionsvermögen, Sinnverstehen. Sie wirken sich positiv aus auf leseförderliche Einstellungen und auf Wissen um Buch- und Lesekultur, Schriftsprache, Funktionen von Schrift. Kinder mit reichhaltigen Literacy-Erfahrungen in der frühen Kindheit haben auch längerfristig Entwicklungsvorteile, sowohl im Bereich der Sprachkompetenz als auch beim Lesen und Schreiben. Sprach-, Lese- und Schreibkompetenz gehören nachweislich zu den wichtigsten Grundlagen für den Schulerfolg und für die Bildungslaufbahn von Kindern. Kinder unterscheiden sich sehr in ihren Literacy-Erfahrungen und entsprechend in ihren Kompetenzen.

Je nach Situation in der Familie, sozio-kulturellem Umfeld und Betreuungssituation können Literacy-Erfahrungen für manche Kinder von frühester Kindheit an sehr intensiv und vielfältig sein, während andere in diesem Bereich kaum Lernchancen haben – Literacy-Erfahrungen bleiben für sie oft beiläufig und sporadisch. Es gibt hier eine große Schere zwischen privilegierten Kindern und weniger privilegierten Kindern, eine große Chancenungleichheit bezogen auf unser Bildungssystem. Eine differenzierte Beobachtung und eine reichhaltige Literacy-Erziehung in Kindertageseinrichtungen ist also nicht nur wesentlicher Bestandteil von Sprachförderung, sie ist gleichzeitig eine langfristige Investition mit Blick auf die Bildungschancen von Kindern in Schule und Beruf.

Sprachverständnis, aktives Zuhören, Sinnverstehen

Seldak enthält zunächst die „klassischen" Sprachverständnisfragen: Wie weit kann ein Kind eine einfache oder auch eine mehrschrittige Handlungsanweisung rein sprachlich (ohne zusätzliche Gestik und Mimik) erfassen und befolgen, z. B. „Hol mir bitte den Kassettenrekorder aus dem Nebenraum und dann die Tonkassette aus der Schublade und stelle beides auf den Tisch nebenan"? Sprachverständnis umfasst aber weit mehr als dieses „kleinschrittige", mehr unmittelbare Verstehen und Umsetzen von Handlungsanweisungen. Es geht hier auch um die Fähigkeit des aktiven Zuhörens und Sinnverstehens und zwar bei längeren und komplexeren Texten, z. B. bei einer Erzählung oder bei einer längeren zusammenhängenden Diskussion. Es ist wichtig zu beobachten, wie ein Kind sich in solchen Situationen verhält: Ist es motiviert und fähig, zuzuhören und sprachlich aktiv zu werden?

In Seldak zielen verschiedene Fragen auf diese wichtige, komplexe Ebene des Zuhörens und Sinnverstehens; so wird z. B. gefragt, wie weit ein Kind bei vorgelesenen Erzählungen zuhört oder eine Geschichte nacherzählen kann. Diese Kompetenzen, das aktive (verarbeitende) Zuhören und das Sinnverstehen, sind im laufenden Alltagsgeschehen schwer zu beobachten und zu fördern; geeigneter sind klar umrahmte sprachliche Tätigkeiten (z. B. Erzählen und Vorlesen oder Gruppendiskussionen). Die hier beschriebenen Fähigkeiten sind eine wesentliche Grundlage für Textverständnis – und entsprechend für Lese- und Schreibkompetenz.

Eine ganz andere (ebenfalls wichtige) Form des Zuhörens und Hinhörens bezieht sich auf Laute bzw. auf die Lautstruktur der Sprache. Der Abschnitt „Laut- und Sprachspiele, Reime" (G) enthält Fragen dazu.

Sprachpragmatik

Viele Fragen in Seldak zielen auf den sog. „pragmatischen" Aspekt von Sprache. Im Unterschied zu „sprachstrukturellen" Aspekten, wie z. B. Grammatik, ist hier der Schwerpunkt die Verwendung von Sprache in sozialen Kontexten: Es geht darum, Sprache so zu gebrauchen, dass sie als kommunikatives Mittel erfolgreich ist. Seldak greift in verschiedenen Fragen diesen pragmatischen Aspekt von Sprache auf. Schon der Aufbau des Bogens, bei dem das Sprachverhalten in verschiedenen Situationen – und entsprechend bei unterschiedlichen sprachlichen Anforderungen – beobachtet wird, ermöglicht eine relativ differenzierte Erfassung solcher Kompetenzen. Zu diesen gehören u. a. die Fähigkeit zuzuhören, einer längeren Erzählung zu folgen, etwas zusammenhängend und für andere interessant zu erzählen, gezielte Fragen zu stellen, aber auch die Fähigkeit und die Motivation, von einem Ereignis, das der Gesprächspartner nicht kennt, so zu erzählen, dass der Gesprächspartner sich das vorstellen kann.

Daneben gibt es einen eigenen Abschnitt (F), in dem es um spezifischere sprachlich-kommunikative Kompetenzen geht, eher im Sinn von „sprachlichem Beziehungsverhalten": Dazu gehört beispielsweise ein gewisser taktvoll-höflicher Sprachgebrauch, die Bereitschaft, sich in Tonfall und Lautstärke auf einen Gesprächspartner einzustellen oder die Fähigkeit, Sprache auch in Konfliktsituationen einzusetzen.

In jüngster Zeit finden diese pragmatisch-kommunikativen Aspekte von Sprache international zunehmend Interesse, wenn es um die Erfassung und Behandlung von Sprachstörungen geht. So gibt es inzwischen verstärkt Bemühungen, Störungen in diesem Bereich systematisch zu erfassen, z. B. der auch für unsere Arbeit wichtige Beobachtungsbogen „Children's Communication Checklist" von Bishop (1998); dieser ist nun auch in deutscher Sprache erschienen (Übersetzung durch Spreen-Rauscher, 2003). Wir wissen mittlerweile auch, dass Kinder mit Lernstörungen spezifische Defizite in diesem Bereich haben: Sie passen ihren Sprachstil weniger dem Gegenüber an, gehen weniger auf Gesprächsbeiträge anderer ein, fragen weniger nach und bringen häufiger Dinge ein, die nicht zum laufenden Gespräch passen.

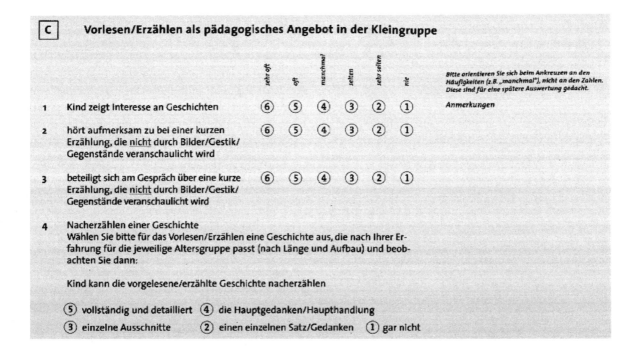

2. Erarbeitung

Bei Seldak geht es nicht um solche Störungsbilder, sondern um „die andere Seite der Medaille", nämlich um sprachlich-kommunikative Kompetenzen, die es Kindern ermöglichen, in unterschiedlichen Situationen erfolgreich zu kommunizieren.

Phonologie

Reime, Gedichte, Laut- und Sprachspiele sind wesentlicher Bestandteil einer anregenden sprachlichen Umwelt. Kinder, die in diesem Bereich in der frühen Kindheit spielerisch vielfältige Impulse erhalten, entwickeln eher kreative Lust und Interesse an Sprache und ein Lautbewusstsein. Im Abschnitt „Lausch- und Sprachspiele, Reime" (G) geht es um Verhalten und Kompetenzen in diesem Bereich. Wieweit lässt sich ein Kind darauf ein, hat es Freude daran? Wird es selbst aktiv und erfindet eigene Reime? Hat es ein Bewusstsein für Sprachrhythmus und für den lautlichen Aufbau der Sprache („phonologische Bewusstheit"). Seldak zielt eher auf „phonologische Bewusstheit im weiteren Sinn", d. h. es geht vor allem um gröbere sprachliche Einheiten (Klang der Wörter beim Reimen, Unterscheiden von Lauten, Zerlegung von Wörtern in Silben).

Phonologische Bewusstheit spielt eine wichtige Rolle in der ersten Phase des Lesen- und Schreibenlernens in der Schule; hier lernt das Kind die Zuordnung von Lauten (Phonemen) zu Schriftzeichen (Graphemen). Kinder mit einer höheren phonologischen Bewusstheit haben bessere Startbedingungen. Dies gilt vor allem dann, wenn bei einem Kind ein Entwicklungsrisiko für die Ausbildung einer Lese-Rechtschreib-Störung besteht.

Wortschatz

Der aktive „Wortschatz" spielt in vielen Abschnitten und Fragen von Seldak eine Rolle, z. B. wenn es um Gesprächsbeiträge geht oder um das Nacherzählen einer Geschichte. Darüber hinaus gibt es auch einige Fragen speziell zum Wortschatz (Abschnitt J). Sie nähern sich dem Thema von unterschiedlichen Seiten, z. B. Begriffsbildung, Reichhaltigkeit, Platzhalter. Es wird hier die Kompetenz pädagogischer Fachkräfte genutzt, die Kinder in ganz unterschiedlichen Situationen erleben. Manchmal wird der Wortschatz über Wörterlisten abgetestet; dies kann problematisch sein, weil damit die unterschiedlichen Lebenskontexte und Spracherfahrungen von Kindern kaum berücksichtigt werden. Wortschatz ist ein Bereich von Sprache, der sich fortlaufend erweitert bzw. verändert – auch im Erwachsenenalter. Im frühen Kindesalter entwickelt sich der Wortschatz fast explosionsartig. Dabei gibt es von Anfang an einen deutlichen Unterschied zwischen aktivem und passivem Wortschatz: Kinder verstehen wesentlich mehr Worte als sie aktiv gebrauchen. Im Alter zwischen 4 und 5 Jahren verfügen Kinder im Schnitt über einen rezeptiven Wortschatz von rund 2800 Wörtern, während der expressive Wortschatz auf 900 bis 2000 Wörter geschätzt wird. Wortschatz und Grammatikentwicklung hängen zusammen. So zeigt z. B. eine Studie von Bates et al. (1995, S. 118), dass es eine deutliche Abhängigkeit gibt zwischen dem Anwachsen des Vokabulars und dem Syntaxerwerb: Bei einer Menge von ca. 400 Wörtern steigt bei allen Kindern die Kompetenz im syntaktischen Bereich (beim Satzbau) deutlich an.

Grammatik

(Dieses Kapitel wurde von Christa Kieferle verfasst) Der Teil „Grammatik" zielt auf eine ökonomische Beobachtung vorwiegend syntaktisch-morphologischer Fertigkeiten bei Kindern ab 4 bis zum Schuleintritt. Im Alter von etwa 4 Jahren haben Kinder in ihrer Muttersprache elementare Grundstrukturen im Satzbau und in der Wortbildung (Morphologie) erworben; es gibt aber immer noch relativ große Schwankungsbreiten, auch innerhalb einer Altersgruppe. Seldak erfasst Unterschiede im sprachlichen Fertigkeitsgrad – im oberen, mittleren und unteren Kompetenzbereich. Bei der Auswahl der Fragen in diesem Abschnitt gehen wir von einer vorwiegend linguistischen Perspektive aus. Dabei stützten wir uns nicht auf einen spezifischen Spracherwerbsansatz – es gibt hier sehr unterschiedliche, teilweise auch konträre Erklärungsansätze. In der Forschung besteht aber eine relativ hohe Übereinstimmung, was gute Indikatoren für den Sprachstand eines Kindes sind. Man weiß also, worauf man vor allem achten muss. Worum geht es bei den einzelnen Fragen?

Frage 1: Die Verbbeugung hat in der deutschen Sprache eine besondere Bedeutung. Kinder können in der Regel im Alter von ca. 3 Jahren das Verb korrekt beugen. Kinder mit Sprachentwicklungsproblemen setzen das Verb häufig ungebeugt an das Satzende (ich Kindergarten gehen).

Fragen 2 und 3: Die Vergangenheitsbildung regelmäßiger Verben (kaufen – kaufte – gekauft) und regelmäßiger Verben (springen – sprang – gesprungen) erfordert die Anwendung von Regeln. Sie verweist aber auch auf Spracherfahrung und Sprachfertigkeit, denn vor allem die unregelmäßigen Formen muss man „kennen". Besonders im süddeutschen Raum wird in der gesprochenen Sprache für die Vergangenheit meist das Perfekt verwendet (ich habe gesehen), wohingegen das Imperfekt (ich sah) vorwiegend in geschriebenen Texten oder in der Erzählsprache vorkommt. So kann die korrekte Produktion von Imperfektformen auf ein höheres Sprachstandsniveau hinweisen.

Frage 4: Im Vergleich zum Indikativ kommt der Konjunktiv eher selten vor. Er erscheint vorwiegend in der indirekten Rede (er sagte, dass er heute nicht kommen würde) und ist häufiger in Texten zu finden als in der gesprochenen Sprache. Ein korrekt eingesetzter Konjunktiv wird vor allem bei den Kindern zu beobachten sein, die in ihrer Sprachentwicklung ein relativ hohes Niveau erreicht haben, etwa Kinder, denen oft vorgelesen wird oder Kinder, die in einer anspruchsvollen Sprachumwelt aufwachsen („könntest/würdest du mir bitte das Salz geben" statt: „gib mir bitte das Salz"). Frage 5: Bei der Pluralbildung geht es, wie bei der Vergangenheitsbildung von Verben, um die Anwendung von Regeln. Aber auch hier reicht das nicht aus: Es gehört ein hohes Maß an Sprachfertigkeit und Spracherfahrung dazu, weil im Deutschen der Plural sehr unterschiedlich gebildet wird (Stift – Stifte, Blatt – Blätter, Auto – Autos, Doktor – Doktoren, Computer – Computer).

Fragen 6 und 7: Der korrekte Einsatz des Akkusativs (wen-Fall) und des Dativs (wem-Fall) zeigt, (a) ob ein Kind die Regeln für die Beugung von Hauptwörtern erworben hat und (b) inwieweit es mit dem Prinzip der „Kongruenz" vertraut ist (z. B. Übereinstimmung von Artikel und Hauptwort). Der Artikel muss in Genus (Geschlecht), Numerus (Einzahl, Mehrzahl) und Kasus (Fall) mit dem Hauptwort übereinstimmen. Die Form des Artikels wird auch von anderen Satzelementen (Verb, Präpositionen) mitbestimmt (Beispiel: ich stehe in der Türe Dativ – ich gehe in die Eisdiele Akkusativ).

Frage 8: Sicherlich müssen Kinder nicht alle Präpositionen kennen. Wenn ein Kind aber sehr gängige Präpositionen (z. B. auf, unter, über) und die entsprechende Satzkonstruktion (Präpositionalphrase) nicht beherrscht (z. B. „oben Tisch"/ „unten Tisch" sagt, statt „auf dem Tisch"/„unter

dem Tisch") deutet dies auf grundsätzlichere Probleme in der Sprachentwicklung.

Fragen 9 und 10: Diese Fragen zielen auf die Fähigkeit, komplexe Satzstrukturen zu bilden (Nebensätze mit Konjunktionen, komplexer Satzbau). Kinder sind ab einem Alter von ca. 3,5 Jahren im Prinzip in der Lage, relativ komplexe Satzstrukturen mit beiordnenden Konjunktionen (aber) und unterordnenden Konjunktionen (dass) ohne Wortstellungsfehler zu konstruieren, was ein hohes Maß an syntaktischer Strukturierung erfordert.

Dialekt, Sprechweise

In Seldak wird das Thema Dialekt angesprochen. Bei der Frage, ob ein Kind Dialekt spricht, geht es nicht nur um ja oder nein. Wichtig schien uns vielmehr: Spricht ein Kind nur Dialekt oder manchmal auch Hochdeutsch? Oder: Kann ein Kind, das Dialekt spricht, ins Hochdeutsche umschalten, wenn es zur Situation passt?

Hierzu ein Ergebnis aus unserer Untersuchung: Kinder, die nur Dialekt sprechen, waren im Vergleich zu jenen Kindern, die umschalten können zwischen Dialekt und Hochdeutsch, sprachlich (z. B. im Bereich Grammatik) weniger kompetent. Dies kann viele Gründe haben. Dennoch ist diese Fähigkeit des Umschaltens wichtig für Kinder, vor allem dann, wenn der Dialekt Satzbau und andere grammatische Formen (Pluralbildung, Artikel usw.) betrifft. Zur Sprechweise des Kindes gibt es in Seldak zwei Fragen (Lautbildung und Redefluss). Wir haben diesen Bereich bewusst nicht weiter aufgefächert. Erfahrungsgemäß werden Probleme bei der Artikulation und im Redefluss von pädagogischen Fachkräften relativ schnell erkannt – während z. B. die Sprachentwicklung im Bereich Grammatik oder Literacy schwerer zu fassen ist.

Nachsprechen von Sätzen

Hier wird eine testähnliche Situation herbeigeführt. Es ist nicht sinnvoll, diesen Teil des Bogens einzusetzen bei Kindern, die sprachlich relativ „fit" sind. Nachsprechaufgaben können deutliche Hinweise auf Sprachentwicklungsauffälligkeiten geben, wie in mehreren Untersuchungen nachgewiesen wurde. Für eine korrekte Wiedergabe reicht das Verstehen wichtiger Wörter, Weltwissen oder situative Information nicht aus. Die Aufgabe erfordert neben rezeptiven und expressiven sprachlichen Fertigkeiten auch eine ausreichende

2. Erarbeitung

auditive Kurzzeitspeicherkapazität; letztere ist bei Kindern mit Sprachentwicklungsstörungen meist stark eingeschränkt.

Ulich, Michaela & Mayr, Toni (2009): Seldak – Sprachentwicklung und Literacy bei deutschsprachig aufwachsenden Kindern. Begleitheft zum Beobachtungsbogen seldak. Teil 1 – Konzeption und Bearbeitung des Bogens. Freiburg: Verlag Herder, S. 6 – 11

M 52 Seldak • Systematische Beobachtung und Professionalität (Ulich & Mayr)

Bei Seldak handelt es sich um ein strukturiertes Beobachtungsverfahren mit einem festen Fragen und Antwortraster; zusätzlich gibt es auch Platz für freie Notizen. Diese Form von systematischer
5 Beobachtung und Dokumentation signalisiert Professionalität auf verschiedenen Ebenen – in der Arbeit mit Kindern, im Team, bei Außenkontakten.

Übersicht gewinnen

10 Das strukturierte Raster des Bogens verbessert die Übersicht

- über unterschiedliche Teilaspekte der sprachlichen Entwicklung,
- über längerfristige Entwicklungsprozesse
15 (beim Vergleich von Beobachtungen zu verschiedenen Zeitpunkten).

Beobachtungen bekommen so einen klaren Fokus, sie können einfacher dokumentiert und ausgewertet werden.

20 **Arbeitsteilung und Zusammenarbeit im Team**

Der Bogen ist stark untergliedert. So können Sie Seldak einmal ganz bearbeiten und dann nach einiger Zeit vielleicht nur bestimmte Teile wiederholen, die Ihnen für ein bestimmtes Kind besonders
25 wichtig erscheinen.Die klare Untergliederung kann auch entlasten. Sie erleichtert eine arbeitsteilige Bearbeitung des Bogens. Beispielsweise schätzt eine Kollegin ein, wie sich ein Kind bei Gesprächsrunden sprachlich einbringt, eine
30 andere beobachtet es bei Erzählungen oder Reimspielen. So wird es leichter, Beobachtungen verschiedener Kolleginnen und Kollegen zusammenzutragen und einzuordnen. Gerade wenn Sie mit offenen Gruppen arbeiten, ist diese Zusammen-
35 führung von Beobachtungen sehr wichtig.

Die Arbeit mit Seldak kommt der Zusammenarbeit innerhalb einer Einrichtung zugute. Durch das einheitliche Beobachtungsschema entsteht mit der Zeit eine gemeinsame Sprache für das ganze Team – Gruppenleiterinnen, Zweitkräfte, Zusatzkräfte.
40 Fachkräfte können sich schneller und gezielter über Kinder austauschen (dies wurde uns von zahlreichen Kolleginnen/Kollegen aus der Praxis berichtet).

Professionalität sichtbar machen
45
Beobachtungen mit Seldak sind eine gute Grundlage für die Darstellung der eigenen Arbeit nach außen. Dies betrifft z.B. das Gespräch mit Eltern. Erzieherinnen berichten: Elterngespräche sind so sachlicher und einfacher zu führen und Eltern rea-
50 gieren meist positiv auf gute Beobachtungsunterlagen. Auch im Kontakt mit dem Träger oder bei der Zusammenarbeit mit professionellen Kooperationspartnern wie Schulen oder Beratungsstellen sind solche Unterlagen eine Hilfe. Insgesamt wird
55 mit dieser Art von Beobachtung und Dokumentation die Position der Erzieherin als Expertin für kindliche Entwicklung gestärkt.

Ulich, Michaela & Mayr, Toni (2009): Seldak – Sprachentwicklung und Literacy bei deutschsprachig aufwachsenden Kindern. Begleitheft zum Beobachtungsbogen seldak. Teil 1 – Konzeption und Bearbeitung des Bogens. Freiburg: Verlag Herder, S. 15 – 16

M 53 Auswertung von Seldak • Konsequenzen für die pädagogische Arbeit (Ulich & Mayr)

Differenzierte Beobachtungen sind eine wesentliche Voraussetzung, um Kinder differenziert und individuell zu fördern. Dies ist eine allgemein akzeptierte Meinung – in der Praxis und in der Wissenschaft. Bei Seldak gibt es eine sehr direkte 5 Beziehung zwischen Beobachtung und pädagogischer Arbeit, das gehört zur Grundkonzeption. Seldak ist ein Instrument für die differenzierte Erfassung der Sprachkompetenz und zugleich ist der Bogen auch eine Art pädagogischer Leitfaden 10 für die Sprachförderung. Dies gilt für die Arbeit mit einzelnen Kindern, aber auch darüber hinaus: Seldak motiviert Fachkräfte, sich grundsätzlicher mit dem pädagogischen Angebot der Einrichtung im Bereich „Sprache" auseinander zu setzen und 15 dieses Angebot weiterzuentwickeln. Kolleginnen und Kollegen, die mit dem ähnlich aufgebauten Sprachbogen für Migrantenkinder Sismik arbeiten, berichten, dass der Bogen sie zu neuen Schwerpunktbildungen im Sprachbereich angeregt habe. 20

Sprachrelevante Situationen – kindliche Aktivität und sprachliche Kompetenzen

Bereits in der Auswahl der Beobachtungssituationen spiegelt sich ein bestimmtes Konzept von Sprachförderung. Die Beobachtungen im ersten Teil beziehen sich auf spezifische pädagogische Situationen, z. B. Gesprächsrunden, Bilderbuchbetrachtungen, Vorlesen und Erzählen, Lausch- und Sprachspiele, Reime. Diese Situationen sind gleichzeitig zentral für sprachliche Bildungsprozesse. Leitfrage ist stets: Wird das Kind hier sprachlich aktiv? Denn aus der Spracherwerbsforschung wissen wir, sprachliches Aktivwerden ist ein wichtiger Motor für sprachliche Lernprozesse. Hier setzt auch das Konzept der Engagiertheit von Ferre Laevers an. Kinder profitieren vor allem dann von pädagogischen Aktivitäten, wenn sie sich voll auf Angebote einlassen. Je mehr sie sich „engagieren", desto „tiefer" sind ihre Lernerfahrungen (vgl. die Ausführungen in Kapitel 3.1 und die Literaturhinweise in Kapitel 3.10). Seldak fragt, wie intensiv sich ein Kind bei verschiedenen sprachrelevanten Aktivitäten engagiert, wie weit es sich darauf einlässt.

Dies führt unmittelbar zur Reflexion pädagogischer Angebote. Wenn ich ein Kind z. B. bei Reimspielen beobachte und feststelle, dass es wenig Freude daran hat und eher passiv bleibt, stellen sich die Fragen: Passt das Angebot in dieser Form? Ist es vielleicht zu einfach oder zu schwer, spricht es die Interessen dieses Kindes an? Wie könnte ich ein Angebot so verändern, dass das Kind sich aktiv beteiligt? Wie könnte ich eventuell fehlende sprachliche Kompetenzen, z. B. eine Geschichte nacherzählen, in kleinen Schritten fördern?

Diese Reflexion der pädagogischen Arbeit auf der Grundlage von Seldak muss sich nicht auf ein einzelnes Kind beschränken. Ich merke z. B., dass Bücher in der Bücherecke von vielen Kindern kaum selbstständig genutzt werden; oder ich sehe, es gibt nur wenig ältere Jungen, die sich für Bücher interessieren. Dann überlege ich: Wie könnte ich die Bücherecke zusammen mit den Kindern anders gestalten? Wie kann ich die Ausleihe nach Hause anregen? Wie kann ich Eltern einbeziehen? Mit welchen Themen, mit welcher Art von Büchern oder auch Aktivitäten rund ums Buch kann ich 6-jährige Jungen ansprechen?

Konkrete Bildungsziele im Bereich Sprache

In Seldak werden verschiedene Aspekte und Niveaus von positiver sprachlicher Entwicklung angesprochen, z. B.

- Greift ein Kind bei Gruppendiskussionen Gesprächsbeiträge von anderen auf, geht es darauf ein?

- Erzählt es so, dass es für andere Kinder interessant ist?

- Wenn das Kind von Dingen erzählt, die der Gesprächspartner nicht kennt oder sieht (etwa vom Urlaub), versucht es dann, das Erlebte in einen Zusammenhang zu stellen und so zu erzählen, dass es für den Gesprächspartner gut nachvollziehbar ist? Beherrscht es also „nicht-situativ gebundene" Sprache?

- Kann es sich in Tonfall und Lautstärke auf verschiedene Situationen und Gesprächspartner einstellen, z. B. jüngere Kinder, Besucher?

- Interessiert sich ein Kind für Bücher?

All dies sind wichtige Bildungsziele im Bereich Sprache. Einzelne Fragen geben detaillierte Anregungen zur Gestaltung pädagogischer Angebote: Bei der Bilderbuchbetrachtung z. B. legen die Beobachtungsfragen eine dialogorientierte Bilderbuchbetrachtung nahe, bei der für das Kind genügend Raum da ist, sich aktiv sprachlich einzubringen – indem es Fragen zur Geschichte stellt oder indem es selbst zum Erzähler wird und versucht, Zusammenhänge zwischen den Bildern herzustellen.

Zum Teil werden mit den Beobachtungsfragen auch Formen von Sprachförderung thematisiert, die nicht in allen Einrichtungen selbstverständlich sind – die aber wesentlich zur Entwicklung von Sprache und Literacy beitragen, z. B.

- Mitbringen von Lieblingsbüchern,

- Diktieren von Geschichten oder eigenen Erlebnissen,

- Entdecken von Buchstaben oder Wörtern in der Umwelt (Straßenschild, Plakat, Zeitung).

Ulich, Michaela & Mayr, Toni (2009): Seldak – Sprachentwicklung und Literacy bei deutschsprachig aufwachsenden Kindern. Begleitheft zum Beobachtungsbogen seldak. Teil 1 – Konzeption und Bearbeitung des Bogens. Freiburg: Verlag Herder, S. 16–18

2. Erarbeitung

M 54   Auswertung von Seldak • Quantitative Auswertung (Ulich & Mayr)

Die pädagogische Arbeit mit Seldak geht aus von der einzelnen Beobachtungsfrage und von Beobachtungssituationen, etwa Gesprächsrunden oder Bilderbuchbetrachtungen. Diese konkreten Beobachtungen geben einen sehr differenzierten Einblick in die sprachliche Situation eines Kindes. Sie liefern konkrete Hinweise für die Förderung und sie ermöglichen es, sprachliche Entwicklung von Kindern über längere Zeiträume hinweg systematisch zu begleiten.

Daneben gibt es eine zusätzliche, mehr formelle Möglichkeit, den Bogen auch quantitativ auszuwerten. Hintergrund ist eine empirische Untersuchung mit Seldak (im Anhang finden Sie in Tabelle 10 eine Auffächerung der Untersuchungsstichprobe nach Alter und Geschlecht der Kinder). Die Ergebnisse dieser empirischen Untersuchung zeigen: Seldak erfasst, über einzelne Fragen und Beobachtungssituationen hinweg, folgende breitere „Dimensionen" von Sprache, d. h. übergreifende Sprachbereiche:

- Aktive Sprachkompetenz
- Zuhören / Sinnverstehen
- Selbstständiger Umgang mit Bilderbüchern
- Schreiben / Schrift
- Kommunikative Fähigkeiten in Gesprächssituationen
- Wortschatz
- Phonologie
- Grammatik
- Sätze nachsprechen

Diese Bereiche stehen für qualitativ unterschiedliche Teilaspekte von sprachlicher Entwicklung; sie sind, so die Ergebnisse unserer Untersuchung, relativ klar voneinander abgrenzbar. Die Kompetenz eines Kindes kann also in einem Bereich (z. B. „Grammatik") relativ hoch sein, in einem anderen Bereich (z. B. „Kommunikative Fähigkeiten in Gesprächssituationen") aber nur durchschnittlich oder auch niedrig. Es gibt also nicht einen Wert für „Sprachkompetenz eines Kindes insgesamt", sondern ein Kompetenzprofil mit den verschiedenen Teilbereichen.

Ein anderes wichtiges Ergebnis der Untersuchung zu Seldak ist: Die meisten Fragen lassen sich eindeutig einem bestimmten Sprachbereich zuordnen. Diese klare Zuordbarkeit eröffnet die Möglichkeit, Beobachtungsfragen, die zu einem der oben genannten Bereiche (z. B. Phonologie) gehören, auch zusammenzufassen; diese Fragen haben jeweils Zahlen im Antwortraster. Für jeden Sprachbereich kann ein zusammenfassender Summenwert gebildet werden. Das konkrete Vorgehen wird noch genauer beschrieben.

Beschreibung der Sprachbereiche

Es gibt insgesamt neun übergreifende Sprachbereiche. Sie werden im Folgenden kurz beschrieben, einschließlich der Zuordnung der einzelnen Fragen.

Sprachbereich „Aktive Sprachkompetenz"

„Aktive Sprachkompetenz" umfasst Beobachtungsfragen, die sich alle auf sprachliches Aktivwerden von Kindern beziehen – in unterschiedlichen Situationen und auf unterschiedlichen Sprachniveaus, z. B.: Bringt ein Kind eigene Beiträge in Gesprächsrunden ein? oder: Wie gut kann es eine Geschichte nacherzählen? Der Summenwert umfasst Beobachtungen aus den Abschnitten A, B, C und E.

(12 Fragen: A2, A3, A4, A6, A7, B2, B3, B4, C3, C4, E1, E2)

Sprachbereich „Zuhören / Sinnverstehen"

Hier geht es um die Fähigkeit und die Bereitschaft, sich auf Gesprochenes einzulassen, um genaues Zuhören und Sinnverstehen, z. B.: Hört ein Kind bei Gruppengesprächen aufmerksam zu? Lässt es sich von Bilderbuchbetrachtungen fesseln?

(5 Fragen: A1, A5, B1, C1, C2)

Sprachbereich „Selbstständiger Umgang mit Bilderbüchern"

Der Umgang mit Bilderbüchern ist ein eigenständiger, auch empirisch klar abgrenzbarer Teilaspekt der Entwicklung von Literacy. Kennzeichnend ist Selbstständigkeit und Eigenaktivität im Umgang mit Büchern und Bilderbüchern – ob ein Kind sich selbstständig Bücher aussucht, bittet, dass ihm vorgelesen wird, Bücher mitbringt oder ausleiht. Es geht auch darum, ob sich ein Kind – auf der Handlungsebene und auf der geistigen Ebene – mit Büchern auseinandersetzt, z. B. indem es über die Geschichten und Bilder mit anderen Kindern spricht.

(6 Fragen: D1 bis D6)

Sprachbereich „Kommunikatives Verhalten in Gesprächssituationen"

In diesem Bereich geht es um Beobachtungsfragen, die alle mit einer spezifischen, eher auf der Beziehungsebene angesiedelten sprachlich-kommunikativen Kompetenz zu tun haben (die Fähigkeit, sich in Tonfall und Lautstärke auf verschiedene Situationen und Gesprächspartner einzustellen, Blickkontakt beim Sprechen usw.).

(5 Fragen: F1 bis F5).

Sprachbereich „Phonologie"

Der Summenwert zur Phonologie bündelt Beobachtungen rund um Lausch- und Sprachspiele und Reime (Abschnitt G): Wieweit lässt sich ein Kind auf solche Aktivitäten ein – hat es z. B. Freude an Reimen und Sprachspielen? Es geht aber auch um spezifische Kompetenzen in diesem Bereich: Kann sich ein Kind ein Phantasiewort merken und korrekt wiedergeben? Kann es ein Wort in einzelne Silben zerlegen?

(6 Fragen: G1 bis G3, G5 bis G7)

Sprachbereich „Schreiben/Schrift"

„Schreiben/Schrift" erfasst, wieweit ein Kind schon ein Verhältnis zur Schriftlichkeit ausbildet – ebenfalls ein wichtiger Teilaspekt von Literacy-Entwicklung. Erkennbar wird dies z. B. an seinem Interesse an Schriftsymbolen oder an ersten Versuchen zu „schreiben".

(7 Fragen: B5, E3, H1 bis H5)

Sprachbereich „Wortschatz"

Die Fragen in diesem Bereich berühren verschiedene Teilaspekte des aktiven Wortschatzes: Begriffsbildung, Reichhaltigkeit (Sachwortschatz, Alltagswortschatz), „Platzhalter". Auch die Frage, wie ein Kind von Fernem erzählt, hat – so unsere Ergebnisse – mit Wortschatz zu tun.

(6 Fragen: E4, J1 bis J5)

Sprachbereich „Grammatik"

Die Fragen in Abschnitt K „Grammatik – Morphologie, Syntax" tasten unterschiedliche Aspekte der Grammatikentwicklung ab, z. B. ob ein Kind das Verb entsprechend der Person beugen kann oder ob es die Mehrzahlbildung beherrscht. Der Summenwert zu diesem Bereich ist ein zuverlässiger Indikator für das Kompetenzniveau eines Kindes in der Grammatikentwicklung.

(10 Fragen: K1 bis K10)

Sprachbereich „Sätze nachsprechen"

Diese testähnlichen Aufgaben erfassen einen sehr spezifischen Bereich sprachlicher Kompetenz. Sie eignen sich vor allem, um Probleme beim Spracherwerb aufzuzeigen – das belegen zahlreiche Untersuchungen. Auch unsere Untersuchungsergebnisse bei der Erhebung mit Seldak deuten in diese Richtung.

(5 Fragen: N1 bis N5)

Vorgehen bei der Bildung von Summenwerten für die einzelnen Sprachbereiche

Bei der Bildung der Summenwerte werden alle Fragen zusammengefasst, die zu einem Bereich gehören. Es werden einfach die entsprechenden angekreuzten Zahlen zusammengezählt. Dafür müssen alle Fragen zu einem Bereich beantwortet sein, d. h. es müssen alle entsprechenden Zahlen angekreuzt sein.

Für die Bildung von Summenwerten gibt es ein eigenes Auswertungsblatt als Kopiervorlage (s. Anhang: Auswertungsblatt 1 – Bildung von Summenwerten): Man überträgt – pro Bereich – für jede Frage die entsprechende Antwort (Zahl) aus dem Beobachtungsbogen und summiert die Zahlen dann in der Spalte „Summe" auf.

Bitte beachten Sie dabei

- Sprachbereich „Schreiben/Schrift": Die Bildung eines Summenwerts für diesen Bereich ist nur dann sinnvoll, wenn ein Kind noch nicht lesen und schreiben kann.
- Sprachbereich „Wortschatz": Bei Frage J3 („verwendet statt des genauen Wortes allgemeine und unbestimmte Ausdrücke …") ist der Zahlenschlüssel umgedreht, d. h. die Antwort „sehr oft" wird mit „1" gewertet (wenig Kompetenz), die Antwort „nie" mit „6" (hohe Kompetenz im Bereich Wortschatz).
- Sprachbereich „Grammatik": Wenn bei Frage K10 (Verbstellung im Nebensatz) angekreuzt wird „das Kind bildet keine Nebensätze", so ist dies beim Zusammenzählen mit „1" zu bewerten (vergleichbar dem Fall, dass ein Kind „nie" einen Nebensatz mit gebeugtem Verb am Satzende bildet).

Der Vergleich mit Normwerten

Im Unterschied zur einzelnen Beobachtungsfrage haben zusammenfassende Punktwerte keine vergleichbar konkrete Aussage. Was bedeutet also ein bestimmter Punktwert? Eine Möglichkeit, die Bedeutung eines solchen Wertes bei einem Kind näher zu bestimmen, ist es, diesen Wert mit den

2. Erarbeitung

Tabelle 5: Phonologie – Vergleichsnormen				
Jungen		**4 Jahre** (N=303)	**5 Jahre** (N=462)	**6 bis 7 Jahre** (N=323)
Abschnitt	Bezeichnung	Punktwerte	Punktwerte	Punktwerte
die obersten 10%	Gruppe 1	27 und mehr	29 und mehr	29 und mehr
die nächsten 20%	Gruppe 2	24 – 26	26 – 28	27 – 28
die nächsten 20 %	Gruppe 3	21 – 23	24 – 25	25 – 26
die nächsten 20%	Gruppe 4	19 – 20	21 – 23	23 – 24
die nächsten 20%	Gruppe 5	14 – 18	17 – 20	19 – 22
die untersten 10%	Gruppe 6	– 13	– 16	– 18
Mädchen		**4 Jahre** (N=353)	**5 Jahre** (N=419)	**6 bis 7 Jahre** (N=272)
die obersten 10%	Gruppe 1	28 und mehr	29 und mehr	30
die nächsten 20%	Gruppe 2	25 – 27	27 – 28	28 – 29
die nächsten 20 %	Gruppe 3	23 – 24	25 – 26	26 – 27
die nächsten 20%	Gruppe 4	20 – 22	23 – 24	24 – 25
die nächsten 20%	Gruppe 5	15 – 19	19 – 22	21 – 23
die untersten 10%	Gruppe 6	– 14	– 18	– 20

Werten anderer Kinder zu vergleichen, z.B.: Wo liegt der Punktwert von Tanja im Bereich „Zuhören/Sinnverstehen" verglichen mit den Punktwerten anderer Kinder in diesem Bereich? Bewegt sich der Punktwert eher im „Mittelfeld" oder liegen Tanjas Kompetenzen hier vielleicht auch deutlich über denen anderer Kinder? Wichtig für diesen Vergleich sind die „Normwerte" in den Tabellen 1 bis 9. Der Blick auf die Tabellen 1 bis 8 zeigt zunächst, dass für jeden Sprachbereich die Punktwerte in sechs Abschnitte (Gruppe 1 bis Gruppe 6) eingeteilt sind. Entsprechend der Höhe der Summenwerte wird unterschieden nach

- Gruppe 1: die obersten 10%
- Gruppe 2: die nächsten 20%
- Gruppe 3: die nächsten 20%
- Gruppe 4: die nächsten 20%
- Gruppe 5: die nächsten 20%
- Gruppe 6: die untersten 10%

„Gruppe 1" und „Gruppe 2" stehen für eine sehr positive oder positive Entwicklung in einem bestimmten Kompetenzbereich, „Gruppe 5" und „Gruppe 6" für eine problematische bzw. sehr problematische Situation.

Etwas anders ist die Situation bei Tabelle 9. Diese Tabelle hat eine andere Einteilung. Warum? Für die meisten Kinder war, wie erwartet, das Nachsprechen der Sätze in Abschnitt N kein Problem.

Es gibt im oberen und mittleren Bereich kaum Unterschiede zwischen den Kindern: In diesem Fall macht es keinen Sinn, zwischen den Gruppen 1 bis 4 zu differenzieren. Es geht beim Sätzenachsprechen vor allem darum, jene Kinder zu erkennen, die in diesem Bereich Schwierigkeiten haben. Dies sind die in etwa unteren 30%, also Gruppe 5 und 6. Fallen die Punktwerte eines Kindes in Gruppe 5 oder 6, kann dies auf grundsätzlichere Probleme im Spracherwerb hinweisen.

Berücksichtigung von Alter und Geschlecht

Sprachentwicklung verläuft alters- und zum Teil auch geschlechtsspezifisch. Um festzustellen, welcher Gruppe ein Punktwert zuzuordnen ist, muss man das Alter und teilweise auch das Geschlecht eines Kindes berücksichtigen. Es wurde für jeden Sprachbereich empirisch überprüft, ob es systematische Unterschiede zwischen Jungen und Mädchen und zwischen den verschiedenen Altersgruppen gibt. Je nach Ergebnis dieser Überprüfung sind die Tabellen mit den Vergleichsnormen unterschiedlich gegliedert: Z.B. gibt es bei „Aktiver Sprachkompetenz" eine Unterteilung nach Geschlecht und den drei Altersgruppen, beim Sprachbereich „Grammatik" aber nur eine Unterscheidung nach Altersgruppen. Der Grund: Die empirische Untersuchung ergab für „Grammatik" keine systematischen Geschlechtsunterschiede,

für den Bereich „Aktive Sprachkompetenz"
konnte dagegen ein deutlicher Niveauunterschied
zwischen Jungen und Mädchen nachgewiesen
werden.

Von Summenwerten zu Normen

Im Folgenden wird an zwei Fallbeispielen der
Übergang von den Summenwerten zu einer normbezogenen Sichtweise dargestellt.

Beispiel 1: „Aktive Sprachkompetenz"

Andreas ist 4,5 Jahre alt; er hat im Bereich „Aktive
Sprachkompetenz" einen Summenwert von „53".

Man muss nun in Tabelle 1 (Vergleichsnormen für
„Aktive Sprachkompetenz") nachsehen unter:
„Jungen" und seine Altersgruppe suchen – hier:
Altersbereich „4 Jahre". Es zeigt sich: Mit einem
Punktwert von „53" gehört Andreas zu Gruppe 2;
sein Punktwert ist hier also deutlich im positiven
Bereich – verglichen mit seiner Bezugsgruppe.
Wäre Andreas aber 6 Jahre alt, so würde er mit
demselben Punktwert von „53" nur noch zu
Gruppe 4 gehören, läge also, bezogen auf diese
Vergleichsgruppe, bereits deutlich niedriger. Der
Grund: Das allgemeine Niveau im grammatikali-
schen Bereich liegt in dieser Altergruppe höher.

Beispiel 2: „Grammatik"

Johanna (5 Jahre, 3 Monate) hat im Bereich
„Grammatik" einen Summenwert von „43", d. h.
sie wird nach Tabelle 8 (Vergleichsnormen für
„Grammatik") Gruppe 3 zugeordnet. Wenn ein
anderes Kind denselben Punktwert hat, aber noch
nicht 5 Jahre alt ist, gehört es mit einem Wert von
„43" zu Gruppe 2.

Beide Beispiele zeigen: Bei einer normbezogenen
Betrachtung kann die Bedeutung eines konkreten
Summenwertes sehr unterschiedlich sein – je nach
Alter und Geschlecht des beobachteten Kindes.
Auch für diesen Schritt, die normorientierte Ein-
ordnung von Summenwerten, gibt es ein eigenes
Auswertungsblatt als Kopiervorlage (s. Anhang:
Auswertungsblatt 2 – Normtabelle). Man ermittelt
zunächst mit Hilfe der Vergleichsnormen in den
Tabellen 1 bis 9 für jeden Summenwert die zuge-
hörige Gruppeneinstufung und markiert diese
dann in Auswertungsblatt 2. So erhält man eine
Übersicht: Wo steht ein Kind in den einzelnen
Sprachbereichen – immer relativ zur entsprechen-
den Bezugsgruppe?

Grenzfälle

Bei der Arbeit mit Normtabellen und Summenwerten ist zu beachten: Die Grenzen zwischen Punktwerten und zwischen benachbarten Abschnitten –
z. B. zwischen Gruppe 3 und Gruppe 4 – sind nicht
so klar und eindeutig, wie dies auf den ersten Blick
erscheinen mag. Es gibt keine ganz scharfen
Trennlinien; man muss sich die Grenzen eher fließend vorstellen (wegen verschiedener „Unschärfen"). Das Gleiche gilt übrigens auch für alle Testergebnisse.

Wichtig ist dies vor allem, wenn ein Wert am oberen oder unteren Rand eines Gruppenabschnitts
liegt. In diesen Fällen ist eine gewisse Vorsicht bei
der Zuordnung zu einer bestimmten Gruppe geboten.

Beispiel: Ein Kind im Alter von 5 Jahren und 6
Monaten hat im Bereich „Grammatik" einen Summenwert von „40". Dieser Wert liegt – entsprechend Tabelle 8 – am oberen Rand von Gruppe 4
(Abschnitt „37–40 Punkte"). In einem solchen
Fall ist es – aufgrund der erwähnten Unschärfen –
durchaus möglich, dass das Kind hier eigentlich in
die nächst höhere Gruppe 3 gehört. Man kann
allerdings relativ sicher sein, dass es nicht zu
Gruppe 5 oder zu Gruppe 2 gehört. Am besten
wäre hier die Beschreibung: „Das Kind liegt im
Grenzbereich zwischen Gruppe 4 und Gruppe 3".
Im Auswertungsblatt 2 kann man das kenntlich
machen: Man markiert Gruppe 4 und deutet mit
einem Pfeil in Richtung Gruppe 3 an, dass der
Punktwert dieses Kindes für „Grammatik" im
Grenzbereich nach oben liegt.

Ulich, Michaela & Mayr, Toni (2009): Seldak – Sprachentwicklung
und Literacy bei deutschsprachig aufwachsenden Kindern. Begleitheft
zum Beobachtungsbogen seldak. Teil 1 – Konzeption und Bearbeitung
des Bogens. Freiburg: Verlag Herder, S. 18–24

Das Institut für Frühpädagogik hat weitere Sprachbeobachtungsbögen für Kindertagesstätten konzipiert und evaluiert. Als Sprachbeobachtungsbogen
für Kinder mit Migrationshintergrund den
Beobachtungsbogen „Sismik" und für Kleinkinder
den Beobachtungsbogen „liseb-1 und liseb-2"

M 55 Weitere Sprachbeobachtungsbögen des IFP • Sismik ((Ulich & Mayr)

Der Bogen heißt sismik – Sprachverhalten und
Interesse an Sprache bei Migrantenkindern in Kindertageseinrichtungen. Bereits der Titel soll
andeuten, wie vielschichtig Sprachlernprozesse
und Sprachstanderfassung sind.

2. Erarbeitung

„Normale" Sprachentwicklung und sprachliche Bildung

Zentral für den Bogen ist die Fragestellung „Wie verläuft die 'normale' sprachliche Bildung und Entwicklung eines Kindes?" Häufig wird Sprache erst dann gezielt beobachtet, wenn sich eine Erzieherin oder eine Mutter fragt: „Hat dieses Kind vielleicht eine Sprachstörung?" Der Bogen sensibilisiert zwar für ungünstige Entwicklungen und Entwicklungsrisiken, er ist aber nicht für die Diagnostik von Sprachstörungen konzipiert. Hier geht es um etwas anderes: um die Begleitung von „normaler" kindlicher Sprachentwicklung (im Deutschen) durch gezielte und systematische Beobachtung.

Motivation und Interesse des Kindes

In diesem Bogen wird das „Deutsch Lernen" eines Kindes als Teil einer komplexen Entwicklung gesehen, die unterschiedliche Bereiche von Sprache umfasst. Ein Aspekt, den wir besonders betonen, ist die Sprachlernmotivation des Kindes, sein Interesse an Sprache. Leitfrage ist hier: Inwieweit ist ein Kind bei sprachbezogenen Situationen und Angeboten aktiv beteiligt, inwieweit engagiert es sich in solchen Situationen? Denn, vor allem wenn Kinder sich für etwas interessieren, wenn sie aktiv beteiligt sind, z. B. an Gesprächen oder Erzählungen, dann machen sie Lernerfahrungen.

Sprachentwicklung und „Literacy"

Wir haben bewusst auch Situationen im Zusammenhang mit Bilderbüchern, Erzählen und Schriftkultur ausgewählt. Kindliche Erfahrungen rund ums Buch gehören zur sog. Literacy-Erziehung. Diese Erfahrungen sind sehr wichtig für die sprachliche Bildung und Entwicklung eines Kindes im Vorschulalter, und sie haben darüber hinaus auch längerfristige Auswirkungen (z. B. auf die spätere Sprach- und Lesekompetenz).

Sprachliche Kompetenz

Neben diesen mehr auf kindliche Motivation und sprachliche Aktivität zielenden Fragen geht es in dem Bogen auch um sprachliche Kompetenzen (im Deutschen): Inwieweit kann ein Kind sich einbringen im Gesprächskreis, eine Geschichte nacherzählen oder ein Gedicht aufsagen, spricht es deutlich, wie ist der Satzbau, der Wortschatz usw.?

Die Familiensprache und die Familie des Kindes

Mit diesem Bogen wird vor allem die Sprachentwicklung des Kindes in der deutschen Sprache

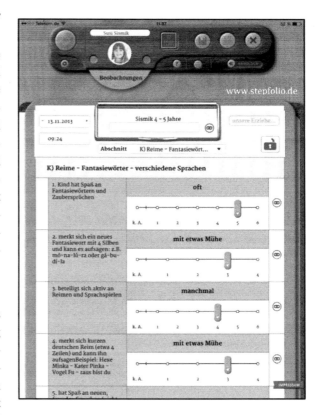

erfasst – denn sismik ist für deutschsprachige Erzieherinnen konzipiert. Dennoch haben wir die Familiensprache und die Familie des Kindes zumindest ansatzweise einbezogen, denn diese sind für die Sprachentwicklung des Kindes sehr wichtig.

Verschiedene Bereiche – ein Gesamtbild

Anliegen ist ein breit angelegter Zugang zum Spracherwerbsprozess von Migrantenkindern. Der Bogen soll Einblick geben in verschiedene Teilaspekte von Sprachentwicklung – vom Gesprächsverhalten des Kindes am Frühstückstisch bis hin zum Kontakt zwischen Eltern und Kindertageseinrichtung. Diese ganz unterschiedlichen Bereiche, die in der Regel getrennt wahrgenommen werden, wurden in einem Bogen zusammengeführt, um so eine umfassende Sicht des Kindes zu ermöglichen.

Konkrete Anhaltspunkte für die Förderung

Dieser Bogen liefert – mehr als andere Beobachtungs- und Testverfahren – konkrete Anhaltspunkte für die pädagogische Förderung in der Einrichtung – und zwar nicht nur auf der Ebene des einzelnen Kindes. Er regt dazu an, das pädagogische Angebot im Bereich „Sprache" zu reflektieren, und kann auch die Arbeit im Team verändern.

Diese Aspekte sind sehr wichtig, sie werden im Kapitel 3 „Nutzung des Bogens – verschiedene Ebenen" näher erläutert.

_{Ulich, Michaela & Mayr, Toni (2009): Sismik – Sprachverhalten und Interesse an Sprache bei Migrantenkindern in Kindertageseinrichtungen. Begleitheft zum Beobachtungsbogen sismik. Freiburg: Verlag Herder, S. 4}

M 56 Liseb-1 und Liseb-2

Liseb heißt: Literacy- und Sprachentwicklung beobachten. Liseb orientiert sich in Aufbau und Konzept an den Sprachbeobachtungsbögen für Kinder mit Migrationshintergrund (sismik) und für vier- bis sechsjährige deutschsprachig aufwachsende Kinder (seldak).

Warum gibt es zwei Bögen: liseb-1 und liseb-2?

Da die Sprach- und Literacyentwicklung in der Altersspanne zwischen 2 und 4 Jahren sehr dynamisch verläuft und die Kinder in dieser frühen Zeit der Sprachentwicklung ganz unterschiedliche Entwicklungsgeschwindigkeiten haben, ist das biologische Alter nur ein Aspekt, der zur Einschätzung des Sprachniveaus herangezogen werden kann. Das eine Kind verfügt mit zwei Jahren schon über ein relativ differenzierte Repertoire an sprachlichen Ausdrucksmöglichkeiten, das andere bastelt gerade an seinen ersten Sätzen. Diese ganze Spannbreite ist völlig normal.

Das Alter des Kindes ist also in dieser frühen Zeit der sprachlichen Entwicklung nicht der einzige Orientierungspunkt für die Beschreibung der Sprache eines Kindes. Deshalb haben wir eine inhaltliche Unterscheidung vorgenommen und hierfür einen der grammatischen Meilensteine gewählt.

Die beiden Bögen haben dieselbe Konzeption; sie sind fast identisch aufgebaut. Bis auf „Wortschatz" handelt es sich um dieselben Bereiche in beiden Versionen. Nur die einzelnen Fragen unterscheiden sich, da sie zum Teil unterschiedliche Entwicklungsniveaus abbilden.

Mayr, Toni, Kieferle, Christa & Schauland, Nesirè (2014): liseb – Literacy- und Sprachentwicklung beobachten (bei Kleinkindern). Begleitheft zu den Beobachtungsbögen liseb-1 und liseb-2. Konzeption und Bearbeitung der Bögen. Freiburg: Verlag Herder, S. 4–5

2. Erarbeitung

2.2.9 Kuno Bellers Entwicklungstabelle

Bildquelle: http://www.entwicklungstabelle.de/entwicklungstabelle.html

M 57 **Funktion und Inhalt von Kuno Bellers Entwicklungstabelle (S. Beller)**

Mit Hilfe von Kuno Bellers Entwicklungstabelle ist es möglich den Entwicklungsstand des Kindes in acht verschiedenen Entwicklungsbereichen einzuschätzen: Körperpflege, Umgebungsbewusst-
5 sein, sozial-emotionale Entwicklung, Spieltätigkeit, Sprache, Kognition, Grob- und Feinmotorik. Zu diesem Zweck wurden spezielle Fragen für die einzelnen Entwicklungsbereiche ausgearbeitet, deren Beantwortung Aufschluss über die Entwick-
10 lung des Kindes gibt. Kuno Bellers Entwicklungstabelle besteht aus 649 Fragen (sog. Items), die in den acht Entwicklungsbereichen in je 14 Entwicklungsphasen gegliedert wurden. Die Phasen I – XIV stellen Entwicklungsveränderungen des Kin-
15 des von der Geburt bis zum 72. Lebensmonat in jedem der acht Entwicklungsbereiche dar.

Jedes Kind kann sich in den verschiedenen Bereichen unterschiedlich entwickeln. Zum Beispiel ist es möglich, dass sich ein Kind weiter in seiner
20 sprachlichen Kompetenz als in seinen motorischen Fähigkeiten entwickelt. Solche Unterschiede liegen zumeist in den Grenzen normaler Entwicklung und sind das Ergebnis des Zusammenspiels von Fähigkeit, Motivation und Lernmöglichkeiten. Die Verteilung der Kompetenzen in den acht 25
Bereichen ergibt das dem Kind zugehörige individuelle Entwicklungsprofil.

Dieses Profil gibt der BetreuerIn ein Bild der Individualität des Kindes und hilft ihr, das Kind besser zu verstehen und ihr pädagogisches Planen an den 30 Entwicklungsstand des Kindes in den verschiedenen Bereichen anzupassen.

Für heilpädagogische oder klinische Zwecke können Tiefpunkte und Gipfel der Entwicklungsprofile in bestimmten Entwicklungsbereichen als 35 Hinweise auf Störungen, wie z. B. Hemmung oder Überkompensation, von besonderem Interesse sein.

Grundsätzlich stellen die Inhalte von Kuno Bellers Entwicklungstabelle und das Entwicklungsprofil 40 die Basis für die Auswahl von pädagogischen Anregungen dar, die es der BetreuerIn ermöglichen das Kind auf seiner individuellen Entwicklungsstufe anzusprechen und dadurch sowohl Über- als auch Unterforderung des Kindes zu ver- 45
meiden.

Bildquelle: http://neubrunner-spatzen.de/wp-content/uploads/2013/11/kuno-beller.jpg

Die Information, die mit Kuno Bellers Entwicklungstabelle über ein Kind gesammelt wird, stützt sich auf die Wahrnehmung der BetreuerIn des Kindes, d.h. die BetreuerIn wird über die Entwicklung 50 des Kindes befragt. Dadurch wird ihr die Umsetzung der Entwicklungsinformation im pädagogischen Prozess erleichtert, weil sie mit den in der Befragung gewonnenen Informationen bereits vertraut ist. 55

Die Anwendung von Kuno Bellers Entwicklungstabelle bietet jedoch auch die Möglichkeit, dass frühere Wahrnehmungen bekräftigt oder korrigiert werden können. Dies kann zu Änderungen im pädagogischen Handeln und Planen führen. Die 60

Wahrnehmung beeinflusst das Handeln und das Handeln beeinflusst die Wahrnehmung. So entsteht ein reziproker Prozess.

Beller, Simone(o. A.): Entwicklungstabelle Beispiel Teil I „Ziel und Funktion". Verfügbar unter: http://www.entwicklungstabelle.de/anwendungsbeispiel1.html (27.04.2015)

M 58 Einführung der Entwicklungstabelle (S. Beller)

Zur Einführung in die Entwicklungstabelle werden der BetreuerIn die Inhalte der acht Entwicklungsbereiche, die Entwicklungsveränderungen in der Abfolge der Phasen, vorgestellt und die Ziele
5 der Entwicklungstabelle erläutert.

Hierbei ist es besonders wichtig, Missverständnisse zu vermeiden, die in der Anwendung und Interpretation der Entwicklungstabelle entstehen könnten. Die mit der Entwicklungstabelle gewon-
10 nenen Entwicklungsstufen werden nicht dahingehend interpretiert, wie stark die Entwicklung des Kindes einer Altersnorm entspricht oder wie stark es von dieser abweicht.

Zum Beispiel bedeutet ein Tiefpunkt im Entwick-
15 lungsprofil des Kindes nicht notwendigerweise, dass das Kind im Vergleich zu anderen Kindern desselben Alters retardiert ist. Der Tiefpunkt bedeutet nur, dass das Kind in dem Entwicklungsbereich, in dem sich der Tiefpunkt befindet, weni-
20 ger weit entwickelt ist als in den anderen sieben Bereichen.

Kinder variieren in ihrer Entwicklung in den acht Bereichen. Es ist äußerst unwahrscheinlich, dass ein Kind sich in allen acht Bereichen in derselben
25 Entwicklungsstufe befindet. Die pädagogischen Angebote, die sich auf die Entwicklungstabelle stützen, können die Verteilung der Kompetenzen, bzw. das Profil, verändern, aber sie werden nicht zu einheitlichen Werten oder Stufen der Entwick-
30 lung in den acht Bereichen führen. In diesem Zusammenhang ist es wichtig zu betonen, dass die Entwicklungstabelle nicht anregen soll Druck auf das Kind auszuüben. Sie soll vielmehr der BetreuerIn helfen, das Kind besser zu verstehen. Die
35 gewonnene Information über den Entwicklungsstand des individuellen Kindes in den acht unterschiedlichen Bereichen der Entwicklung ermöglicht es ihr pädagogische Anregungen zu individualisieren, d. h. speziell für das Kind zu entwickeln.
40 Somit kann sie das Kind in seiner Entwicklung angemessen fördern.

Beobachtung des Kindes

Nach der einführenden Diskussion der Entwicklungstabelle und ihrer Funktionen wird sie der BetreuerIn mit der Bitte ausgehändigt, das betref- 45 fende Kind über einen Zeitraum von ein bis zwei Wochen zu beobachten und dabei immer wieder auf die Tabelle zurückzugreifen. Hier wird empfohlen, das Kind aktiv zu beobachten. Passive Beobachtung bedeutet im Gegensatz zur aktiven 50 nicht-fokussierte und nicht-kritische Wahrnehmung. Der Beobachter versucht nicht, den Inhalt seiner Wahrnehmung zu analysieren oder zu verstehen. Aktiv beobachten bedeutet – im Gegensatz zu passiver Beobachtung – dass der Beobachter 55 versucht zu verstehen, was er wahrnimmt. Dieser Prozess macht den Inhalt der Beobachtung – in diesem Fall das Kind – wichtig, denn alles, was man versucht zu verstehen, ist einem wichtig. Das Kind bemerkt, dass die BetreuerIn es mit Interesse 60 beobachtet, was für das Kind wiederum bedeutet, dass es der BetreuerIn wichtig ist. So wird die aktive Beobachtung durch die BetreuerIn vom Kind als Zuwendung wahrgenommen. Ein weitere Folge davon ist, dass die BetreuerIn dem Kind 65 wichtig wird. Durch die aktive Beobachtung entwickelt sich gegenseitiges Interesse zwischen BetreuerIn und Kind. Dies ist eine optimale Voraussetzung zum Lernen.

Beller, Simone(o. A.): Entwicklungstabelle Beispiel Teil II „Beobachtung". Verfügbar unter: http://www.entwicklungstabelle.de/anwendungsbeispiel2.html (27.04.2015)

Am Ende dieser Beobachtungsperiode treffen sich BetreuerIn und Erheber wieder, um in den folgenden Schritten ein Entwicklungsprofil des beobachteten Kindes zu erstellen:

Befragung zur Erstellung eines Entwicklungs- 5 profils

Die Erhebung beginnt in einer Phase unter dem chronologischen Alter des Kindes. Die Entwicklung des Kindes im ersten Lebensjahr wird durch vier Phasen à drei Monate abgedeckt. Ab dem 13. 10 bis zum 72. Lebensmonat deckt eine Phase von Kuno Bellers Entwicklungstabelle jeweils sechs Monate in der Entwicklung des Kindes ab. Wenn ein Kind z.B. 15 Monate alt ist, beginnt man mit der Befragung in Phase 4, die die Entwicklung 15 vom 10. bis zum 12. Lebensmonat beschreibt. Kuno Bellers Entwicklungstabelle enthält sog. Items, die konkrete Handlungen oder Verhaltensweisen von Kindern beschreiben, die im Kinder-

2. Erarbeitung

garten-Alltag auftreten und beobachtet werden können.

Die BetreuerIn wird nun systematisch zu den Verhaltensweisen des Kindes befragt. Dazu liest ihr der Erheber alle Fragen inklusive der Beispiele nacheinander vor.

Ihre Antworten werden nach folgenden Kriterien bewertet:

1. Das erfragte Verhalten tritt regelmäßig in Situationen auf, die es erfordern, anregen oder die Gelegenheit dazu geben und in deutlicher Ausprägung, d. h. kompetent, auf, dann ist die Antwort: „tut es".

2. Das erfragte Verhalten tritt nur unregelmäßig oder selten auf und/oder das Kind hat noch Schwierigkeiten bei der Ausführung der Handlung, dann ist die Antwort: „tut es teilweise".

3. Wenn das Kind dieses Verhalten noch nicht gezeigt hat, ist die Antwort: „tut es nicht".

4. Hatte die BetreuerIn bislang keine Gelegenheit das Verhalten zu beobachten – weil eventuell dazu nötiges Material nicht vorhanden ist oder die Aktivität noch nicht angeboten wurde ist die Antwort: „weiß nicht".

Die BetreuerIn wird vorher über die Bewertungskategorien informiert und gebeten, alle Fragen mit einer der Kategorien zu beantworten. Hier ist es wichtig zu beachten, dass die BetreuerIn reflektiert bevor sie einstuft. Besonders wenn der Erheber Zweifel hat über die Antwort der BetreuerIn oder die BetreuerIn unsicher ist, wie sie das Verhalten des Kindes bewerten soll, soll er die sie ermutigen über die gegebenen Beispiele der Entwicklungstabelle hinaus zu gehen und eigene Beispiele des Verhaltens des Kindes einzubringen. Dadurch kann eine Über- oder Unterschätzung der Entwicklung des Kindes vermieden werden, da die BetreuerIn selbst betreffendes Verhalten des Kindes beschreibt, bevor sie es mit Hilfe des Erhebers in eine der Kategorien einstuft. Die Antworten der BetreuerIn werden im Erhebungsprotokoll notiert, wobei für jeden Bereich in der jeweiligen Phase die betreffende Item-Nummer in die zutreffende Kategorie („Tut es" oder „Tut es teilweise" usw.) eingetragen wird. (So kann später im einzelnen genau nachvollzogen werden, welches Verhalten das Kind voll kompetent, teilweise oder gar nicht zeigt.) Ist die Antwort „Weiß nicht" hält der Erheber zusätzlich fest, warum das Verhalten nicht beobachtet werden konnte. Solche Information wird häufig für das zukünftige pädagogische Planen genutzt.

Beispiel Erhebungsprotokoll

Wenn in der Phase unter dem chronologischen Alter des Kindes alle Fragen mit „tut es" beantwortet wurden, geht man zur nächst höheren Phase über. Für den Fall aber, dass bei dem Kind in der Phase, in der man die Erhebung begonnen hat, (-eine Phase unter dem chronologischen Alter des Kindes-) nicht alle Items mit „Tut es" beantwortet wurden, stellt man die Fragen der darunter liegenden Phase bis man eine Phase erreicht, in der das Kind volle Kompetenz zeigt, d. h. alle Fragen mit „tut es" beantwortet wurden. Dadurch erhält man Aufschluss über die Basis der Entwicklung des Kindes in einem Entwicklungsbereich. Die Basis ist immer die höchste Phase, in der das Kind volle Kompetenz in allen erfragten Verhaltensweisen hat, d. h. das Verhalten regelmäßig und kompetent zeigt. Gelegentlich mag es der Fall sein, dass das Kind auch in Phase 1 eines Bereichs keine volle Kompetenz zeigt. Dann kann für dieses Kind in diesem Bereich keine Basis ermittelt werden. Andererseits ist es möglich, dass die für einen Entwicklungsbereich ermittelte Basis eines Kindes über der Phase liegt in der man die Erhebung begonnen hat. Dann hat dieses Kind seine Basis in diesem Bereich entweder parallel zu seinem chronologischen Alter oder darüber. Dies wäre z. B. der Fall, wenn das Kind nicht nur in der Phase, die unter und parallel zu seinem chronologischen Alter liegt, sondern auch in der nächst höheren Phase volle Kompetenz in allen erfragten Verhaltensweisen zeigt. Die Basis ist immer die höchste Phase in der das Kind noch volle Kompetenz besitzt.

Nach der Ermittlung der Basis des Bereichs fährt der Erheber mit der Befragung für die nächst höheren Phasen fort bis eine Phase erreicht wird, in der das Kind keine Kompetenz mehr besitzt, d. h. alle Fragen mit „tut es nicht" beantwortet wurden. Somit ist die Decke, d. h. die obere Grenze der Entwicklung des Kindes in diesem Bereich ermittelt. Die Decke eines Bereichs beginnt immer mit der ersten Phase, in der das Kind keine Kompetenz mehr zeigt.

Die Erhebung der Entwicklungstabelle wird in den anderen sieben Entwicklungsbereichen auf die oben beschriebene Weise fortgesetzt. Ist die systematische Befragung der BetreuerIn dann abgeschlossen, werden im nächsten Schritt die Entwicklungsdurchschnittswerte in den acht Bereichen berechnet. Für jeden der acht Bereiche werden also je drei Werte ermittelt: Basis, Entwicklungsdurchschnitt und Decke.

Beller, Simone(o. A.): Entwicklungstabelle Beispiel Teil III „Erhebung". Verfügbar unter: http://www.entwicklungstabelle.de/anwendungsbeispiel3.html (27.04.2015; 10:15 Uhr)

Die folgenden Graphiken sind verfügbar unter: http://www.entwicklungstabelle.de/Beller-Erfahrungsangebote-mit-Kuno-Bellers-Entwicklungstabelle-erarbeiten.pdf (27.04.2015; 10:23 Uhr)

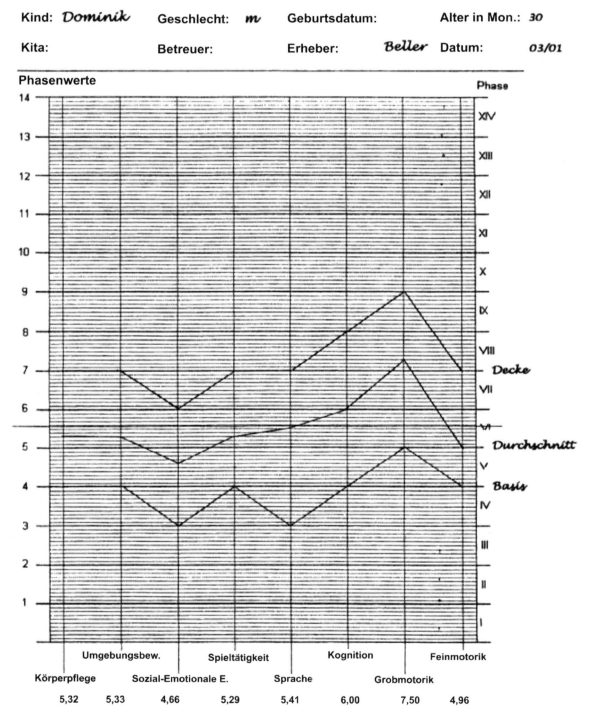

2. Erarbeitung

Stärken				Schwächen			
Bereich:		**Grobmotorik**		Bereich:		**Sozial-emotionale Entwicklung**	
Phase	Item	Beschreibung		Phase	Item	Beschreibung	
5	1	Geht selbständig		3	1	Reagiert unterschiedlich auf vertraute u. weniger vertraute Personen	
	2	Klettert die Treppe hinauf			2	Reagiert auf sein Spiegelbild	
	3	Steht auf Zehenspitzen, wenn es sich an etwas festhält			3	Reagiert auf Gefühle und Annäherungen anderer Kinder	
	4	Beugt sich vornüber, um Gegenstand aufzuheben			4	Nimmt von sich aus Kontakt auf	
	5	Steht vom Boden auf, ohne sich irgendwo festzuhalten			5	Zeigt Bindung an die Mutter oder spezielle Pflegeperson	
	6	Klettert auf Gegenstände, wie Bett, Stuhl, Sofa und runter	Tutes		6	Winkt ‚Auf Wiedersehen', wenn ermutigt – oder Erwachsener zuerst winkt	Tutes
					7	Drückt Gefühle auf verschiedene Art aus	
					8	Versucht seinen Besitz zu schützen	
Bereich:		**Kognition**		Bereich:		**Feinmotorik**	
Phase	Item	Beschreibung		Phase	Item	Beschreibung	
4	1	Sucht Gegenstände, die versteckt wurden, während es zusah		4	1	Hält die Tasse für einen Augenblick selbst	
	2	Macht instrumentalen Gebrauch von Gegenständen			2	Isst selbst mit dem Löffel	
	3	Zeigt Interesse an Büchern und Zeitschriften			3	Kritzelt mit einem Farbstift	
	4	Überträgt Lernerfahrung von einem Gegenstand auf den nächsten			4	Zieht sich eine Mütze vom Kopf	
	5	Kennt Eigenschaften von Gegenständen, die durch besondere Handhabung erzeugt werden	Tutes		5	Nimmt Gegenstände aus Behältern und legt sie zurück	Tutes
	6	Sucht am richtigen Platz nach Gegenständen, die außer Sichtweite gerollt sind			6	Öffnet und schließt.	

Erstellung des Entwicklungsprofils mit Kuno Bellers Entwicklungstabelle

Wenn alle drei Werte (Basis, Entwicklungsdurchschnitt und Decke) für alle Entwicklungsbereiche ermittelt wurden, dann werden sie in die Profilgrafik, das sog. Entwicklungsprofil, eingetragen. Die Werte der Basis in den acht Bereichen werden durch eine Linie miteinander verbunden, ebenso wird mit den Entwicklungsdurchschnittswerten und den Werten der Decke vorgegangen.

Die so entstandenen drei Linien des Profils, Basis, Entwicklungsdurchschnitt und Decke, über die acht Bereiche ergeben das Entwicklungsprofil des Kindes, auf dem sofort ablesbar ist, wo sich das Kind in seiner Entwicklung befindet. Der gesamte Bereich unter der Basislinie stellt den Bereich der vollen Kompetenz dar. Der gesamte Bereich über der Deckenlinie stellt den Bereich dar, in dem das Kind keine Kompetenz gezeigt hat. Der Bereich zwischen Basis- und Deckenlinie veranschaulicht den Bereich, in dem das Kind teilweise über Kompetenz verfügt, d. h. in dem das Kind sich gegenwärtig im Stadium der Entwicklung befindet.

Erhebung des Zweitprofils

Nach ca. 2–4 Wochen wird ein zweites Entwicklungsprofils des Kindes (mit derselben Betreuerin) erhoben. Dieses dient erstens dazu, die 'weiß-nicht'-Antworten des ersten Profils zu beantworten und zweitens stellt ein zweites Profil immer eine sicherere Basis dar, da die Wahrnehmung der befragten Betreuerin durch die erste Befragung angeregt wurde. Es mag auch sein, dass die Betreuerin nicht nur mehr Details wahrnimmt, sondern dass sich ihre Wahrnehmung vom Kind oder ihre Einstellung vom Kind verändert hat. Ein einfaches Beispiel mag dies deutlich machen: Sehr häufig wird die eigene Wahrnehmung einer anderen Person von einem sich abhebenden Merkmal oder Stereotypien bestimmt, wie Körpergröße, Herkunft u. ä. Ein Kind, das im Vergleich zu seiner Altersgruppe körperlich eher klein und schmächtig ist, wird meistens eher unterfordert, weil man ihm weniger zutraut aufgrund seiner Körpergröße. Das heißt, man schließt von der Körpergröße auch auf die Entwicklung in den anderen Bereichen. Die erste Befragung mag einem bewusst machen, dass das Kind bislang eher unterschätzt wurde. Die folgende Beobachtungszeit und die sich anschließende zweite Befragung gibt dann die Gelegenheit die aufgrund der veränderten Wahrnehmung gemachten Entwicklungsbeobachtungen in das Profil einfließen zu lassen. Das zweite Entwicklungsprofil basiert also auf einer genaueren und auch objektiveren Wahrnehmung des Kindes.

Das 2. Entwicklungsprofil, das ebenso wie das erste mithilfe von Kuno Bellers Entwicklungstabelle erstellt wird, ist die Basis für die Umsetzung der Entwicklungstabelle im pädagogischen Prozess. Motivationsprinzipien bestimmen die Umsetzung.

Beller, Simone(o. A.): Entwicklungstabelle Beispiel Teil IV „Profilerstellung". Verfügbar unter: http://www.entwicklungstabelle.de/anwendungsbeispiel4.html (27.04.2015); 10:20 Uhr)

Die Umsetzung der durch die Erhebung gewonnenen Entwicklungsinformationen erfolgt durch Erfahrungsangebote, die genau auf den Entwicklungsstand des Kindes abgestimmt werden und die auf folgenden beiden Motivationsprinzipien basieren:

Das erste Motivationsprinzip

Die Ergebnisse aus der Erhebung mithilfe von Kuno Bellers Entwicklungstabelle, d. h. das Entwicklungsprofil des Kindes, bilden die Grundlage für die Ausarbeitung von Erfahrungsangeboten für das Kind. Das erste Motivationsprinzip besteht darin, dass der am wenigsten entwickelte Bereich des Kindes mit dem am weitesten entwickelten Bereich des Kindes verknüpft wird. In dem am weitesten entwickelten Bereich des Kindes ist es wahrscheinlich, dass das Kind relativ viele Erfolgserlebnisse hat, während es in dem am wenigsten entwickelten Bereich wahrscheinlich viel Misserfolgserlebnisse oder Angst vor Misserfolgen hat. Durch die Kombination der beiden Bereiche kann das Kind Motivation und Zuversicht aus dem Bereich schöpfen, in dem es Kompetenz, Erfolg und Lust erfahren hat und auf den Bereich übertragen, in dem es bislang relativ wenig Erfolgserlebnisse hatte. So wird für das Kind ein neuer Lernkontext geschaffen, in dem das Kind aus sich selbst heraus motiviert wird, Aufgaben anzugehen, die ihm bislang wenig Erfolg und Freude bereitet haben. Ein Kind zum Beispiel, das in Grobmotorik am höchsten und in Sprache am wenigsten entwickelt ist, wird angeregt sein, Dinge zu benennen und Handeln zu verbalisieren, wenn es grobmotorische Aktivitäten durchführt.

Das zweite Motivationsprinzip

Das zweite Motivationsprinzip ist eng mit dem ersten verknüpft. Um das Selbstvertrauen bei Kind und BetreuerIn und gegenseitiges Vertrauen zwischen Kind und BetreuerIn zu entwickeln und/oder zu stärken, werden anfänglich Erfahrungsangebote für das Kind nur aus Verhaltensweisen aus den Basisphasen des Kindes aufgebaut. Es werden zur Gestaltung des Erfahrungsangebotes aus beiden Bereichen, der Stärke sowie der Schwäche des Kindes, nur Items aus der jeweiligen Basis, d. h. aus der höchsten Phase, in der das Kind noch volle Kompetenz besitzt, ausgewählt. Auf diese Weise wird angestrebt, dass Kind und Erzieher keine Erfahrung von Misserfolg während der Erfahrungsangebote haben. Dadurch, dass das Kind Erfolg erfährt, wird es nicht nur Selbstvertrauen entwickeln, sondern auch Vertrauen in die Betreuerin, da es erfährt „die Betreuerin weiß, was ich mag und gut kann". Die BetreuerIn entwickelt ebenfalls mehr Selbstvertrauen, da sie erfährt, dass das Kind auf die Erfahrungsangebote reagiert, die sie für es vorbereitet hat.

Beller, Simone (o. A.): Pädagogische Umsetzung der Entwicklungsinformation. Verfügbar unter: http://www.entwicklungstabelle.de/erfahrungsangebote1.html

 Beispiel-Items „Körperpflege" (K. Beller)

PHASE 1

1. Beruhigt sich nach dem Füttern. Bsp.: Liegt da mit offenen Augen, lallt, schläft ein.

2. Zeigt ruhige Aktivitäten, wenn es wach ist. Bsp.: Hört Gesang und anderen Geräuschen zu, hält ein und schaut, beschäftigt sich kurze Zeit mit sich, betrachtet seine Hände.

3. Gurrt und macht andere Geräusche. Bsp.: Macht Gurgel- und Grunzgeräusche, wimmert, äußert Vokallaute.

4. Hat regelmäßigen Schlaf- und Wachrhythmus. Bsp.: Schläft morgens und nachmittags zu bestimmten Zeiten.

PHASE 2

1. Wird auf dem Schoß sitzend gefüttert.

2. Wird mit einem Löffel gefüttert oder greift nach der Flasche.

3. Schläft nachts durch.

4. Zahnt. Bsp.: Macht Mundbewegungen, sabbert, wimmert.

PHASE 3

1. Füttert sich selbst kleine Happen Essen. Bsp.: Kekse, Brothappen, Fruchtstücke.

2. Trinkt mit Hilfe aus einer Tasse. Bsp.: Schließt den Mund um die Tassenkante, beißt auf die Tassenkante, steckt die Zunge in die Tasse hinein.

2. Erarbeitung

3. Hält einen zweiten Löffel, wenn es gefüttert wird oder versucht nach dem Löffel zu greifen. Bsp.: Schlägt mit dem Löffel auf den Tisch, steckt ihn in den Mund, spielt mit ihm.

4. Hält die Flasche.

PHASE 4

1. Schiebt sich mit dem Löffel Essen in den Mund und versucht den Löffel selbst zu füllen.

2. Versucht allein aus der Tasse zu trinken. Bsp.: Umfasst mit beiden Händen die Tasse und führt sie zum Mund; beim Trinken selbst noch sehr ungeschickt, es wird noch viel verschüttet.

3. Kooperiert beim An- und Ausziehen. Bsp.: Versucht mitzuhelfen, z. B. hebt den Arm oder das Bein.

PHASE 5

1. Zeigt Interesse an der Toilette. Bsp.: Rollt Toilettenpapier ab, spielt mit Wasser, benützt die Toilettenspülung, zieht an der Windel, wenn sie nass ist.

2. Isst ohne Hilfe mit dem Löffel. Bsp.: Zeigt gute Koordination, wenn es selbst isst; isst selbst entweder unaufgefordert oder wenn man ihm einen Löffel in die Hand gibt.

3. Trinkt allein aus der Tasse. Bsp.: Umfasst die Tasse oder das Glas mit beiden Händen oder greift die Tasse am Henkel; trinkt, ohne viel zu verschütten.

4. Zieht einige Sachen selbst aus. Bsp.: Mütze, Schal, Jacke.

PHASE 6

1. Benutzt Seife, um die Hände zu waschen. Bsp.: Nimmt die Seife in die Hand, macht sie nass und spült die Hände.

2. Zieht sich einige weitere Kleidungsstücke selbst aus. Bsp.: Schuhe, Socken, Hose.

3. Hilft beim Saubermachen und Aufräumen. Bsp.: Bringt die Puppe zu Bett oder das Auto in die Garage; wirft Abfälle in den Papierkorb, stellt Spielzeug ins Regal, wischt den Tisch ab.

4. Gibt vor auf die Toilette zu gehen. Bsp.: Spielt mit Toilettenpapier, rollt Toilettenpapier direkt ins Becken oder in den Topf hinein, sitzt (manchmal) auf dem Topf und tut so, als ob es wirklich in den Topf mache.

5. Geht mit dem Taschentuch um. Bsp.: Wischt das Gesicht mit dem Papiertaschentuch, zerknittert es und wirft es weg.

6. Zeigt Interesse am Zähneputzen. Bsp.: Imitiert Putzbewegungen mit der Zahnbürste, schluckt Zahnpasta oder Wasser, das ihm zum Ausspülen angeboten wird.

PHASE 7

1. Will Dinge allein tun. Bsp.: Sich anziehen, Spielzeug holen, ausschneiden, kleben, Schuhe zuschnallen, Mantel aufhängen.

2. Bleibt tagsüber trocken. Bsp.: Geht von selbst zur Toilette oder wenn es erinnert wird.

3. Wäscht Hände ohne Hilfe und trocknet sie ab. Bsp.: Dreht den Wasserhahn an, unterscheidet zwischen heißem und kaltem Wasserhahn; nimmt das Handtuch, auch wenn es die Hände nichtvollständig abtrocknet.

4. Lernt seine Zähne zu bürsten. Bsp.: Drückt Zahnpasta auf die Zahnbürste, bewegt die Zahnbürste im Mund.

5. Putzt seine Nase. Bsp.: Schnaubt ganz leicht in das Taschentuch.

6. Versucht, allein Socken und Unterwäsche anzuziehen. Bsp.: Zieht Socken an, ohne den richtigen Sitz der Ferse oder Zehe zu berücksichtigen; zieht die Hose an, richtig oder verkehrt herum.

7. Hilft freiwillig den Raum aufzuräumen und sauberzumachen. Bsp.: Schließt sich spontan dem Erzieher an, wenn er anfängt, Spielzeuge und andere Gegenstände wegzuräumen.

8. Übernimmt die Verantwortung für kleinere Besorgungen und erledigt sie. Bsp.: Verteilt Servietten, Teller und Bestecke vor gemeinsamen Mahlzeiten; sammelt Scheren und Papier ein, trägt schriftliche Mitteilungen von einem Zimmer in das andere.

Beller, E. Kuno & Beller, Simone (2000): Kuno Bellers Entwicklungstabelle. Berlin, S. 5 – 7

2.2.10 Milestones of Normal Development in Early Years (MONDEY)

| M 60 | **Zielsetzung (Pauen)**

(…) Ziel ist es, modernes entwicklungspsychologisches Wissen über Veränderungen in den ersten drei Lebensjahren mit den Lesern zu teilen und dabei ein Format zu finden, das dazu anregt, Kinder genauer zu beobachten. Dabei geht es *nicht* darum, den „warmen" liebevollen Blick auf das Kind gegen einen vermeintlich „kalten" Forscherblick einzutauschen. Vielmehr soll die Wahrnehmung für das Wunder der Entwicklung jedes einzelnen Kindes geschärft und die Bereitschaft gestärkt werden, Kinder unterstützend zu begleiten. (…)

Wie wichtig es ist, dass wir uns Zeit nehmen, gerade in der frühen Kindheit genau hinzusehen, wird deutlich, wenn man sich klarmacht, was in dieser Zeit auf neurologischer Ebene passiert: Anders als die meisten Tiere kommt der Mensch mit einem unreifen Gehirn zur Welt. Zwar sind schon fast alle Nervenzellen angelegt, aber es dauert noch eine ganze Weile, bis sie biologisch voll entwickelt und umfassend miteinander verknüpft sind. Als Folge dieser Veränderungen verdreifacht sich das Gehirnvolumen des Kindes in den ersten Lebensjahren. Fände diese Entwicklung vor der Geburt statt, dann würde der Kopf wohl kaum durch den Geburtskanal passen. Es hat aber auch große Vorteile, die Vernetzung von Nervenzellen auf die Zeit nach der Geburt zu verlagern: Unser Gehirn kann sich so in enger Abstimmung mit den Erfahrungen entwickeln, die wir täglich machen. Dadurch passt es sich optimal an seine Umwelt an. Nimmt man diese Feststellung ernst, so ergibt sich daraus eine wichtige Konsequenz:

Erwachsene, die Säuglinge und Kleinkinder betreuen, tragen eine hohe Verantwortung für die Zukunft der Kinder. Diese Verantwortung wahrzunehmen, heißt, sich immer neu zu überlegen, welche Rahmenbedingungen ein bestimmtes Kind am ehesten dazu anregen, den nächsten Schritt zu tun. Es heißt auch, nichts Unmögliches zu verlangen und geduldig zu bleiben, wenn das Kind aufgrund seiner biologischen Unreife noch nicht in der Lage ist, ein bestimmtes Verhalten zu zeigen. Um hier die richtige Balance zu finden, ist es hilfreich, sich immer wieder klarzumachen, wie groß die Herausforderungen sind, denen ein Kind mit jedem neuen Entwicklungsschritt begegnet. (…)

Auch wenn das Entwicklungstempo variieren mag – die Abfolge, in der bestimmte Fähigkeiten erworben werden, ist in der Regel nicht beliebig. (…) Entwicklung lässt sich für viele Bereiche als stufenweiser Aufbau von Teilfähigkeiten beschreiben. Fast immer gibt es Vorstufen, die erst erreicht werden müssen, bevor scheinbar plötzlich ein großer Fortschritt deutlich wird.

Entwicklungspsychologen studieren die Reihenfolge, in der wichtige Fähigkeiten erworben werden, und versuchen zu verstehen, wie diese Fähigkeiten aufeinander aufbauen. Sie machen sich auch Gedanken darüber, wie man Kinder am besten unterstützen kann, den nächsten Entwicklungsschritt zu tun. Wie bereits mehrfach betont, ist das A und O dabei, dass das einzelne Kind in seinem individuellen Entwicklungsstand richtig gesehen wird. Wer das Kind unterschätzt (z. B. aus Sorge, es könnte etwas passieren), tut ihm keinen Gefallen, weil es mit bestimmten Herausforderungen und Entwicklungsgelegenheiten gar nicht in Kontakt kommt. Wer das Kind überschätzt (z. B. aus dem unbewussten Wunsch heraus, der eigene Sohn/die eigene Tochter müsse das beste Kind von allen sein und sich am schnellsten entwickeln), überfordert es und macht es zur Projektionsfläche seiner eigenen Bedürfnisse, anstatt ihm wirklich gerecht zu werden. (…)

Eine geglückte Begleitung setzt aber voraus, dass wir bereit sind, uns erst einmal auf den Entwicklungsweg des einzelnen Kindes einzulassen und genau zu beobachten, wo das Kind steht. Nur dann können wir versuchen, für das Kind passende Entwicklungsgelegenheiten zu schaffen. Genau aus diesem Grund wurde im Buch auch ganz bewusst auf jede Form von Altersangaben verzichtet, die sagen, was das Kind zu einer gegebenen Zeit schon können sollte. Stattdessen liegt der Schwerpunkt darauf, für verschiedene Lebensbereiche deutlich zu machen, welche Entwicklungsschritte typischerweise aufeinanderfolgen, und zu erklären, woran man sie erkennt, warum sie wichtig sind und wie man Kinder unterstützen kann, den nächsten Schritt zu tun.

Pauen, Sabine (2011): Vom Baby zum Kleinkind. Entwicklungstagebuch zur Beobachtung und Begleitung in den ersten Jahren. Heidelberg: Spektrum Akademischer Verlag. S. 2–6

2. Erarbeitung

M 61   Aufbau (Pauen)

Das Buch ist entsprechend der verschiedenen Entwicklungsbereiche, die angesprochen werden, in acht Kapitel gegliedert. Jedes Kapitel informiert über bedeutsame Fortschritte in dem betreffenden
5 Bereich. Das gilt für (1) die *Grobmotorik*, (2) die *Feinmotorik*, (3) die *Wahrnehmung*, (4) das *Denken*, (5) die *Sprache*, (6) *soziale Beziehungen*, (7) die *Selbstregulation* und (8) *Gefühle*. Die Auswahl dieser Bereiche richtet sich nach neusten entwick-
10 lungspsychologischen Erkenntnissen und nach praktischen Erwägungen.

Zu Beginn jedes der acht Kapitel finden Sie eine allgemeine Einführung mit einem ganz knappen Überblick über die wichtigsten Veränderungen
15 innerhalb der ersten Lebensjahre. Die verschiedenen Lebensbereiche sind dann noch einmal in Teilbereiche untergliedert. So werden zum Beispiel innerhalb des Kapitels „Selbstregulation" die Teilbereiche *Gefühle, Impulse, Schlaf* und *Ausschei-*
20 *dungen* unterschieden.

Für jeden Teilbereich werden dann eine ganze Reihe von Fähigkeiten dargestellt, die ein Kind typischerweise in einer bestimmten Reihenfolge erwirbt. Diese Fähigkeiten werden „Meilensteine"
25 genannt. Insgesamt enthält das Buch *111 Meilensteine*. Dabei sei ausdrücklich betont, dass es sich lediglich um eine Basissammlung handelt. Auch wenn es in den ersten Lebensjahren noch viel mehr Fähigkeiten gibt, die Kinder hinzugewinnen,
30 wurde ganz bewusst eine begrenzte Auswahl getroffen, damit Sie als Beobachter nicht die Übersicht verlieren. Denn wenn man zu viel auf einmal beachten muss, entstehen leicht Verwirrung und Unsicherheit.

35 Bei der Auswahl geeigneter Meilensteine war ein wichtiges Kriterium, dass man die Fähigkeit auch ohne großes Vorwissen oder intensives Training im Alltag beobachten kann. Außerdem braucht man zur Überprüfung kein spezielles Testmaterial.
40 Die Formulierung der Meilensteine ist für motorische Bereich leichter als für geistige Bereich. Deshalb gibt es auch besonders viele Meilensteine für die Grob- und Feinmotorik, aber eher weniger für die Wahrnehmungs- und Denkentwicklung. Geis-
45 tige Prozesse spiegeln sich allerdings in vielen anderen Bereichen wider, wie etwa in der Sprache oder in sozialen Beziehungen. Einige Meilensteine wurden aus anderen entwicklungsdiagnostischen Instrumenten übernommen, im vorliegen-
50 den Fall aber noch präziser definiert, damit Sie prüfen können, ob ein Kind die fragliche Fähigkeit wirklich schon besitzt oder noch nicht. Andere Meilensteine wurden ganz neu formuliert, weil sich erst in den letzten Jahren herausgestellt hat,
55 dass sie wichtige Hinweise auf die weitere Entwicklung geben.

Die ausgewählten Meilensteine sind innerhalb jedes Teilbereichs so geordnet, dass später auftauchende Fähigkeiten typischerweise auch später
60 aufgelistet sind. So steht unter der Überschrift *Schlaf* im Kapitel „Selbstregulation" als Erstes der Meilenstein „Nachts durchschlafen" und erst danach „Nur ein Zwischenschlaf pro Tag", weil Kinder typischerweise erst lernen, nachts durchzu-
65 schlafen, bevor sie lernen, mit einer Schlafpause am Tag auszukommen. Es ist aber ganz wichtig, sich immer klarzumachen, dass die Reihenfolge nur innerhalb der Teilbereiche (nicht der übergeordneten Bereiche) gilt und im Einzelfall durchaus
70 auch einmal anders aussehen kann. Manchmal kommt es sogar vor, dass einzelne Meilensteine ganz übersprungen werden. Jedes Kind hat seinen eigenen Entwicklungsweg!

Pauen, Sabine (2011): Vom Baby zum Kleinkind. Entwicklungstagebuch zur Beobachtung und Begleitung in den ersten Jahren. Heidelberg: Spektrum Akademischer Verlag. S. 7–9

M 62   Hinweise zur Nutzung der Mondey-Kurzskala (Pauen)

Die MONDEY-Kurzskala ist als Ergänzung zum Buch gedacht und soll die Entwicklungsdokumentation erleichtern. Sie enthält die 111 Meilensteine wie das Entwicklungstagebuch. Anders als dort sind die Meilensteine in der Kurzsskala tabella-
5 risch dargestellt. So ergeben sich eine übersichtliche Gliederung und eine bessere Überschaubarkeit.

Im Alltag können Sie ganz einfach die Liste für jeden Bereich durchgehen und bei der Bestands-
10 aufnahme überprüfen, welche Meilensteine schon „gekonnt" werden und welche noch nicht. Bei der anschließenden kontinuierlichen Entwicklungsdokumentation können Sie das Datum notieren, an dem Sie eine neue Verhaltensweise beim Kind
15 beobachtet haben. (…)

Um MONDEY sinnvoll nutzen zu können und eine zuverlässige Dokumentation zu garantieren, sollten Sie mit dem Kind, das Sie beobachten möchten, zuvor mindestens drei Wochen regel-
20

mäßig mehrere Stunden pro Tag verbracht haben. Nur dann können Sie einen guten Eindruck davon bekommen, welche Verhaltensweisen das Kind schon beherrscht und welche es erst noch entwickeln wird. (…)

Falls Sie *Anmerkungen* haben, die für ein Verständnis der Situation des beobachteten Kindes wichtig sind, aber auch Platzgründen nicht auf dem Stammdatenblatt notiert werden können, nutzen Sie dafür die freie Seite, die auf das Stammdatenblatt folgt. Das Gleiche gilt für Änderungen, die sich später in Bezug auf das Kind, seine Familie oder seine Betreuungssituation ergeben. Notieren Sie zu jeder Anmerkung bitte das Datum Ihrer Eintragung!

Starten Sie dann mit der *Bestandsaufnahme*, die Sie innerhalb von drei Tagen abschließen sollten. Tragen Sie auf dem Stammdatenblatt zunächst das Anfangsdatum ein. Lesen Sie dann *alle* Meilensteine nacheinander genau durch und überlegen Sie, ob das betreffende Verhalten schon vom Kind gezeigt wird oder noch nicht. Wenn Sie sich sicher an mehr als eine konkrete Beobachtung erinnern können, machen Sie neben den bereits erreichten Meilenstein einen Haken in die Spalte rechts außen. Bitte notieren Sie für alle Meilensteine, die das Kind noch nicht erreicht hat, in der gleichen Spalte einen Strich. Platzieren Sie Ihre Eintragungen am oberen Rand des passenden Feldes und lassen Sie darunter in der gleichen Spalte noch Raum, falls später weitere Bestandsaufnahmen stattfinden (Erklärung folgt). Wenn Sie sich bei einem Meilenstein nicht ganz sicher sind oder sich nur an eine konkrete Beobachtung erinnern können, schaffen Sie Beobachtungssituationen, die eine zuverlässige Einschätzung erlauben. Anregungen dafür finden Sie im Entwicklungstagebuch. Die erste Bestandsaufnahme ist abgeschlossen, sobald Sie für jeden Meilenstein in der Spalte rechts außen am oberen Rand einen Haken oder Strich notiert haben. Alle Datumsfelder links daneben bleiben zunächst frei!

Im zweiten Schritt können Sie eine *kontinuierliche Entwicklungsdokumentation* anschließen. Nur die noch nicht abgehakten Meilensteine sind nun interessant. Nehmen Sie sich mindestens einmal pro Woche die MONDEY-Kurzskala vor und überlegen Sie kurz, ob es seit der letzten Dokumentation Fortschritte gab. Prüfen Sie stets alle Teilbereiche einzeln ab! Das wiederholte Lesen der Meilensteine wird Ihnen helfen, sie schnell zu verinner-

lichen, so dass sich der Zeitaufwand rasch verringert. (…)

Falls das Kind einen neuen Meilenstein erreicht hat, notieren Sie das Datum neben der Beschreibung (zweite Spalte von rechts im oberen der beiden Felder). Zeigt das Kind das gefragte Verhalten zweimal am gleichen Tag, notieren Sie das aktuelle Datum bitte nur einmal! In der nächsten Zeit sollten Sie ganz besonders darauf achten, ob sich das interessierende Verhalten wiederholt. Wenn ja, füllen Sie auch das zweite (untere) Datumsfeld aus! Erst wenn das zweite Datumsfeld ausgefüllt ist, gilt der Meilenstein als erreicht. Im Rahmen der kontinuierlichen Entwicklungsdokumentation machen Sie bitte keine Haken in der Spalte rechts außen.

Pauen, Sabine (2011): Vom Baby zum Kleinkind. Entwicklungstagebuch zur Beobachtung und Begleitung in den ersten Jahren. Heidelberg: Spektrum Akademischer Verlag. S. 283–289

M 63 Gefühle (Pauen)

Gefühle begleiten unser Leben von Anfang an. Schon Babys versuchen, angenehme Zustände zu erreichen und unangenehme Zustände zu vermeiden. Was als angenehm oder als unangenehm empfunden wird, ist einerseits biologisch vorprogrammiert (z. B. Körperkontakt und Zuwendung; Schmerz oder Hunger), kann sich aber auch deutlich zwischen Personen und Situationen unterscheiden. Vieles von dem, was wir Persönlichkeit nennen, hat damit zu tun, wie wir fühlen und mit unseren Gefühlen umgehen. Das hängt von vielen Dingen gleichzeitig ab: von unserem angeborenen Temperament, von der Wahrnehmungs- und Denkentwicklung, von sprachlichen Fähigkeiten und von unserer Erziehung und Kultur.

Leider können wir nie ganz genau wissen, wie ein anderer Mensch sich fühlt. Zwar hält unsere Sprache eine Vielzahl von Worten bereit, um Gefühlszustände zu beschreiben, und die meisten Erwachsenen interpretieren ganz unbewusst die Körpersprache anderer Menschen richtig, um auf ihre tatsächlichen Gefühle zu schließen, aber letztlich kann man nicht davon ausgehen, dass zwei Menschen, die zum Beispiel sagen, dass sie Angst haben, tatsächlich auch das Gleiche fühlen. Vielleicht benutzen sie nur denselben sprachlichen Ausdruck für zwei ganz verschiedene Empfindungen? Oder sie sind nicht ehrlich und berichten von anderen Gefühlen, als sie tatsächlich empfinden?

2. Erarbeitung

Das meiste, was wir heute über die emotionale Entwicklung von Säuglingen und Kleinkindern wissen, gründet sich nicht auf ihre mündlichen Auskünfte, sondern auf körperliche Messungen (z. B. Stresshormone, Herzschlagrate) sowie eine Analyse von Mimik und Gestik (Gesichtsausdruck, Körperhaltung). Weil kleine Kinder ihre Gefühle vor allem durch Körpersprache zum Ausdruck bringen und nur sehr begrenzt über Möglichkeiten verfügen, Emotionen zu verheimlichen oder vorzutäuschen, liefert das sichtbare Verhalten vermutlich recht zuverlässige Informationen über ihre tatsächlichen inneren Gefühlszustände. Der Ausdruck von Gefühlen hat dabei eine Doppelfunktion: Nach außen gibt das Kind Signale, die andere Menschen dazu veranlassen sollen, sich für ihre Ziele einzusetzen, und nach innen hilft der Gefühlsausdruck dem Kind, seinen Zustand zu deuten.

Allgemeine Trends der Gefühlsentwicklung

Schon bei Neugeborenen kann man verlässlich fünf Emotionen beobachten: (1) Interesse/Neugier, (2) endogenes Wohlbehagen, (3) endogenes Unbehagen (*distress*), (4) Erschrecken und (5) Ekel. Gefühle wie Freude, Traurigkeit, Überraschung und Furcht entstehen erst im Laufe des ersten Lebensjahres.

Mit Fortschreiten der Entwicklung von Wahrnehmung und Denken lassen sich emotionale Reaktionen differenzierter beobachten. Bei Erwachsenen unterscheidet man dabei zwischen sogenannten *Basisemotionen* und *komplexen Emotionen*. Zu den Basisemotionen gehören Neugier, Überraschung, Freude, Angst, Traurigkeit, Ärger und Ekel, die man fast in jeder Kultur finden kann. Komplexere Gefühle wie etwa Stolz oder Verlegenheit setzen voraus, dass das Kind schon über sich nachdenken kann. Außerdem sind sie abhängig von sozialen Bewertungen, die dem Kind erst durch Erziehung vermittelt werden. Es verwundert daher kaum, dass solche Empfindungen später auftauchen. Erst wenn das Kind Gefühle aus eigener Anschauung kennt und weiß, woran es sie bei sich und anderen erkennen kann, ist es auch in der Lage, darüber zu sprechen. Mit zunehmendem Bewusstsein über die Ursache und Bedeutung von Gefühlen – nicht nur bei sich, sondern auch bei anderen – wächst im Kind die Fähigkeit zu echtem Mitgefühl und zu Schuldgefühlen. Diese Gefühle sind überaus wichtig, um in einer sozialen Gemeinschaft gut klarzukommen.

Mit den Jahren werden die Emotionen, die ein Mensch erlebt, immer differenzierter: In Abhängigkeit von der Stärke eines bestimmten Gefühls unterscheiden wir etwa zwischen Ärger, Wut und Zorn oder zwischen Angst, Furcht und Panik. Außerdem entstehen neue Gefühle, die nur in ganz bestimmten Situationen zu beobachten sind. Die Gefühlsentwicklung ist nie abgeschlossen. Auch als Erwachsene können wir von neuen Empfindungen überrascht werden. Aber die Grundlage für diesen Gefühlsreichtum wird in der frühen Kindheit gelegt.

Beziehung zwischen Gefühlen und anderen Lebensbereichen

Weil die Entstehung von Emotionen viel mit der Bewertung einer Situation zu tun hat, spielen Wahrnehmung und Denken für die Gefühlsentwicklung eine ganz entscheidende Rolle: Emotionen wie Angst oder Furcht haben auch etwas mit der geistigen Einschätzung einer Situation zu tun. Nur ein Kind, das einschätzen kann, was gefährlich sein könnte und was nicht, wird angemessen mit Angst oder Furcht auf Situationen reagieren können. Umgekehrt wird die Grundstimmung eines Kindes sein Denken und seine Wahrnehmung beeinflussen. Wer allgemein eher ängstlich ist, wird sich nur begrenzt mit seiner Umwelt auseinandersetzen, während weitgehend angstfreie „Draufgänger" mehr erleben.

Großen Einfluss auf die Emotionsentwicklung hat auch die Sprache: Damit ein Kind mit anderen über Gefühle kommunizieren kann, braucht es Worte, die Emotionen beschreiben. Wer über negative Gefühle wie Ärger oder Traurigkeit sprechen kann, wird eher soziale Unterstützung finden und damit eine Steigerung der negativen Grundstimmung verhindern als jemand, dem die Worte fehlen, um auszudrücken, was in ihm vorgeht. Gleichzeitig helfen die Deutung und Benennung von Gefühlszuständen durch Erwachsene Kindern, über ihre Emotionen nachzudenken und sich ihrer bewusst zu werden.

Viele Gefühle entstehen in sozialen Beziehungen und werden in solchen Beziehungen reguliert. Denken Sie etwa an Eifersucht. Ohne andere Menschen ist dieses Gefühl gar nicht möglich. Es liegt daher auf der Hand, dass die soziale Entwicklung sehr enge Bezüge zur Emotionsentwicklung aufweist. Aber auch Selbstregulation und Selbsterkennen sind von Bedeutung. Erst wenn das Kind in

Gefühle Einfache Gefühle zeigen, Über Gefühle reden	Datum	✓ -
(99) Freude Kind lacht, quietscht oder/und bewegt sich aufgeregt vor Vergnügen.		
(100) Angst Kind reißt Augen ängstlich auf und hält für einen Moment ganz still. Später wendet es sich möglicherweise mit dem Körper von der „Gefahrenquelle" ab und sucht Schutz bei einer Bezugsperson oder hinter einem Gegenstand.		
(101) Ärger Kind zeigt eindeutig ärgerlichen (nicht nur unglücklichen) Gesichtsausdruck. Wenn ihm etwas nicht passt, erhebt es seine Stimme laut und abrupt und/oder macht heftige Bewegungen, die gegen eine konkrete Sache / Person gerichtet sind.		
(102) Traurigkeit Kind reagiert auf den Verlust eines Gegenstandes oder die Entfernung einer Bezugsperson mit Zurückgezogenheit, Teilnahmslosigkeit, Spielunlust, leiser Stimme oder/und Weinen.		
(103) Über eigene Körperzustände reden Kind teilt anderen Menschen sprachlich etwas über seine eigenen Körperzustände mit (z.B. Müdigkeit, Hunger, Schmerzen, Temperaturempfindungen).		
(104) Über Körperzustände und Gefühlsäußerungen anderer reden Kind spricht über die Körperzustände oder Gefühle eines anderen Menschen. Es verwendet Wörter, die entsprechende Zustände oder Gefühle beschreiben und ordnet sie anderen Personen zu (z.B. „Kind hat Aua / ist böse").		
(105) Über eigene Gefühle reden Kind teilt anderen Menschen sprachlich etwas über seine Gefühle mit (z.B. Freude, Ärger, Traurigkeit). Es benutzt Beschreibungen, die sich auf gefühlsbezogenes Verhalten beziehen (z.B. weinen, lachen) oder direkt auf die Gefühle selbst (z.B. böse / traurig sein).		

der Lage ist, sich selbst bestimmte Empfindungen zuzuordnen, kann es über diese Gefühle nachdenken und es wird ihm eher gelingen, mit Emotionen klarzukommen, ohne andere einschalten zu müssen. Umgekehrt werden Kinder mit guten Fähigkeiten zur Selbstregulation von ihren Bezugspersonen häufig als angenehmer und weniger anstrengend erlebt, was letztlich dazu führt, dass die Bezugspersonen positiver auf sie reagieren und damit das Erleben angenehmer Gefühle wahrscheinlicher machen. Alles in allem können wir also davon ausgehen, dass die emotionale Entwicklung aufs Engste mit allen anderen Entwicklungsbereichen verknüpft ist. Umso wichtiger ist es zu verstehen, wie sich die Gefühlswelt von Kleinkindern entwickelt.

Beispiel: Einfache Gefühle zeigen: Traurigkeit

Traurigkeit ist eine Rückzugsreaktion, die entsteht, wenn das Kind denkt, dass es an einer Situation nichts ändern kann. In der frühen Kindheit taucht dieses Gefühl am ehesten auf, wenn dem Kind etwas fehlt – ein geliebtes Spielzeug, Zuwendung oder eine Bezugsperson, die momentan nicht verfügbar ist. Oft weiß das Kind zunächst selbst nicht, was mit ihm los ist. Es wird still und macht einen niedergeschlagenen Eindruck. Es zieht sich von anderen zurück und hat keine Lust, sich auf seine Umwelt einzulassen. Wenn ein Kind leise vor sich hinweint, wenn es in der Ecke sitzt und mit keinem anderen spielen will, dann ist es traurig.

Traurigkeit gehört zum Leben und zeigt, dass das Kind schon weiß, was ihm viel bedeutet und was es vermisst.

Hinweise zur Förderung: Es ist sinnvoll, auf ein trauriges Kind zuzugehen und ihm Trost zu sprenden, in dem man es streichelt und ihm nahe ist. Nimmt es dieses Angebot an und ist es schon in der Lage, sich sprachlich auszudrücken, kann man es konkret fragen, was los ist. Nützlich kann es zudem sein, mögliche Gründe für die beobachtete Traurigkeit zu nennen. In der Regel wird das Kind den Kopf schütteln, wenn Sie eine falsche Ursache vermuten, während es eher nicht reagiert, wenn Sie ins Schwarze getroffen haben. Antwortet das Kind nicht oder zieht es sich körperlich von Ihnen zurück, so macht es wenig Sinn, weiter zu bohren. In diesem Fall hilft es eher, das Kind für ein Spiel zu interessieren und abzulenken. Manche Kinder brauchen in dieser Situation Körperkontakt, andere eher Ruhe und Abstand. Finden Sie heraus, was „Ihr" Kind braucht!

Beispiel: Komplexe Gefühle zeigen: Stolz

Jedes Kind versucht schon früh, Einfluss auf seine Umwelt zu nehmen, und beobachtet genau, was es bewirken kann. Zunächst freut es sich ganz einfach über Dinge, die es tut. Das ist noch kein Stolz. Positive Reaktionen anderer Menschen wirken als soziale Verstärkung. Später macht das Kind bestimmte Dinge extra, um von einem anderen dafür gelobt zu werden. Damit man von Stolz

2. Erarbeitung

sprechen kann, ist aber mehr erforderlich. Es gehört auch dazu, dass sich das Kind erst einmal angestrengt hat und ein bisschen vom eigenen Erfolg überrascht wird, etwa wenn ihm eine neue 195 Bewegung gelingt oder wenn es ein besonders schönes Bild gemalt hat. Fordert das Kind in dieser Situation ganz bewusst die Aufmerksamkeit eines anderen Menschen ein, um zu zeigen, was es geschafft hat, und geht es davon aus, dass der 200 andere Mensch positiv reagieren wird, dann kann man von Stolz sprechen. Stolz zu sein, ist eine positive Emotion, die das eigene Selbstwertgefühl stärkt. Bei der Beobachtung sollten Sie genau darauf achten, dass es nicht einfach nur darum 205 geht, gelobt zu werden, sondern vor allem darum, dass das Kind sich über seine eigene Leistung freut:

Hinweise zur Förderung: Eigentlich brauchen Sie nicht viel zu tun, um die Entwicklung von Stolz zu fördern. Freuen Sie sich ganz einfach mit dem 210 Kind über seine Erfolge! Ihr Lob sollte dabei gut dosiert werden und nicht zu überschwänglich ausfallen. Eigenen Stolz wird das Kind vor allem dann empfinden, wenn Sie sich lobend über eine Leistung oder ein Produkt äußern, für das sich das 215 Kind vorher tatsächlich besonders angestrengt hat. Sonst fordert es später für jede Kleinigkeit, die es gut macht, Ihr Lob und Ihre Anerkennung ein.

Pauen, Sabine (2011): Vom Baby zum Kleinkind. Entwicklungstagebuch zur Beobachtung und Begleitung in den ersten Jahren. Heidelberg: Spektrum Akademischer Verlag. S. 249–277

		Gefühle Komplexe Gefühle zeigen	Datum	✓ -
Komplexe Gefühle zeigen	**(106) Stolz** Kind zeigt deutliche Freude über eigene Leistungen (z.B. über etwas, das es gemacht hat) oder/und möchte gelobt werden. Andere sollen sehen/hören, was das Kind kann/produziert hat.			
	(107) Verlegenheit Kind drückt Verlegenheit aus. Es windet sich oder läuft weg, wenn es etwas zeigen soll, das es gemacht hat oder schon kann.			
	(108) Eifersucht Wenn die Bezugsperson einem „Konkurrenten" etwas gibt (z.B. Keks, Aufmerksamkeit), verhält sich das Kind aggressiv oder versucht, sich in den Vordergrund zu spielen. Es kämpft darum, nicht benachteiligt zu werden.			
	(109) Trotz Kind erkennt, dass die Bezugsperson es dazu bringen will, etwas Bestimmtes zu tun oder zu lassen. Es reagiert mit heftigem Widerstand und beharrt auf der Durchsetzung seiner eigenen Ziele.			
	(110) Mitgefühl Kind zeigt durch sein Verhalten, dass es die Gefühle anderer versteht und ihnen helfen möchte. Es reagiert empathisch auf einen Menschen (z.B. indem es ein anderes Kind tröstet oder verteidigt).			
	(111) Schuldgefühle Kind zeigt aufrichtiges Bedauern darüber, dass es etwas Falsches getan hat. Es versucht, einen Schaden wieder gut zu machen, sein Opfer zu trösten oder sich ohne Aufforderung ehrlich zu entschuldigen.			

2.3 Die Debatte um das „richtige" Verfahren

Nun ist Ihr Urteil gefragt.

Die Einführung von Beobachtungs- und Dokumentationsverfahren ist nicht so einfach, wie man sich das vorstellen kann. Viele Verfahren
5 zeigen erst in der Praxis ihre Tauglichkeit und ihre Anwendung ist selten ohne Mehraufwand möglich. Stellen Sie sich vor, Sie müssen für Ihre Einrichtung entscheiden, welches Verfahren Sie verwenden wollen, Denken Sie dabei
10 auch an den gesetzliche Auftrag, dem Sie Rechnung tragen müssen.

Aufgaben

Für welches Verfahren entscheiden Sie sich?

1. Formulieren eine kurze Stellungnahme, ein „Spontanurteil".

2. Erarbeiten Sie sich in einem zweiten Schritt ein fundiertes pädagogisches Urteil. Ein Urteil basiert immer auf einem Vorgang, in dem allgemeine (z.B. pädagogische oder politische) Kriterien auf einen konkreten Sachverhalt bezogen werden (hier: der gesetzliche Auftrag).

Sie können so vorgehen:

● Analysieren Sie den Sachverhalt.
● Entwickeln Sie Kriterien für pädagogische Urteile.
● Beziehen Sie die pädagogischen Kriterien und die Analyse des Sachverhalts aufeinander.
● Erörtern Sie Ihr Urteil in der Lerngruppe.
● Prüfen Sie Ihr Urteil und verändern Sie es ggf.
● Reflektieren Sie den Prozess Ihrer Urteilsbildung (auch im Hinblick auf die Gründe, die zu Veränderungen geführt haben).

Eine interessante Erweiterung ergibt sich, wenn Sie nicht nur aus pädagogischer Perspektive urteilen, sondern politische, soziologische und ökonomische Aspekte einbeziehen. Dazu sind weitere Recherchen notwendig. Sie finden im Internet Material der politischen und wirtschaftlichen Interessengruppen.

Bevor Sie jedoch ein Urteil fällen, lesen Sie noch folgende Ausführungen:

M 64 ## Beobachtung erzeugt Resonanzen (Viernickel)

Systematische Beobachtung und Dokumentation sind Fachaufgaben, die keineswegs „nebenher" und „zusätzlich" geleistet werden soll. Sie ist eine höchst intensive Zeit mit den entsprechenden Kindern – und hat für beide Seiten Auswirkungen. Es 5 ist nicht nur schade, sondern geradezu gefährlich, wenn Beobachtungsaufgaben und pädagogisches Handeln im Kontakt mit den Kindern als etwas Gegensätzliches empfunden werden. Wenn Beobachtung dazu führen würde, dass der Kontakt, 10 womöglich die Beziehung zu den Kindern darunter leidet, dann hat sie ihr Ziel und ihre Funktion verfehlt. […]

Dörte Weltzien [hat] aufgezeigt, dass Beobachtung – sofern sie ressourcen- und dialogorientiert 15 angelegt ist – nicht in Konkurrenz zur Interaktion mit den Kindern steht, sondern diese – gerade umgekehrt – bereichern und intensivieren kann. Der vorliegende Beitrag wird sich damit beschäftigen, welche Wirkungen wir mit der Beobachtung 20 von Kindern auslösen (können), ohne uns dessen immer bewusst zu sein. Dabei ist es von Bedeutung, mit welcher Absicht und mit welchem Fokus beobachtet wird und ob und zu welchen Zeitpunkten wir im Beobachtungsprozess den Dialog mit 25 den Kindern suchen.

Das stärkenorientierte Beobachten

Stärkenorientierte Beobachtungsansätze zielen darauf, den „pädagogischen Blick" dahingehend zu schulen und zu differenzieren, dass einzelne 30 Kinder und ihre aktuellen Interessen sowie ihre individuellen Formen und Möglichkeiten, sich der Welt zu nähern und sich Wissen und Können anzueignen, angemessener wahrgenommen und besser verstanden werden können. Im Fokus steht die 35 Wahrnehmung der kindlichen Stärken und ihres Könnensrepertoires sowie der Lerndispositionen, die sie besonders intensiv nutzen und der Aktivitäten, denen sie sich besonders engagiert widmen (vgl. Viernickel, 2009). 40

Auf dieser Basis können dann sinnvolle Entscheidungen darüber getroffen werden, was man Kindern im pädagogischen Setting anbietet, damit die Fähigkeit der Kinder, sich zu bilden, angemessen begleitet, unterstützt und herausgefordert wird. 45

Diese Beziehung zwischen Beobachtung und pädagogischem Handeln lässt sich schematisch darstellen (Abb. 1).

2. Erarbeitung

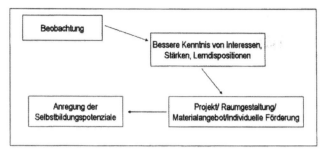

Abb. 1 Lineare Wirkannahme stärkenorientierter Beobachtungsansätze

Das defizitorientierte Beobachten

Eine etwas andere Wirklogik liegt denjenigen Beobachtungsverfahren zugrunde, bei denen die Aufdeckung von Defiziten oder Verzögerungen im Fokus steht. Die Rolle oder Funktion der Pädagogin/des Pädagogen ist es hier, die vermeintlich erkannten Schwächen zu „bearbeiten", dem Kind also gezielte Unterstützung oder Übungsmöglichkeiten anzubieten, um seine Fähigkeiten zu verbessern oder Änderungen im Verhalten herbeizuführen. Die Logik dieser Form der Beobachtung würde sich schematisch wie Abbildung 2 abbilden.

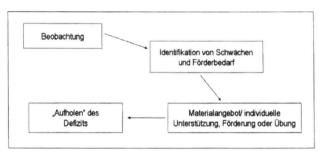

Abb. 2 Lineare Wirkannahme defizitorientierter Beobachtungsansätze

Beide Ansätze haben Gemeinsamkeiten, denn in beiden Fällen wird Beobachtung zu einer Grundlage pädagogischer Entscheidungen und pädagogischen Handelns. Vertreter beider Vorgehensweisen können für sich reklamieren, zuerst genau hingesehen zu haben, bevor es zum Handeln kommt. Beide haben sicherlich das Ziel, das jeweilige Kind in seiner Entwicklung zu fördern.

Dennoch gibt es fundamentale Unterschiede. Diese Unterschiede liegen zum einen darin, welche Botschaften wir Kindern über ihre Person vermitteln, und zum anderen darin, wie die Rollen von Erwachsenen und Kind definiert sind und daraus folgend, wie sich die Beziehung – die pädagogische Beziehung – zwischen Erwachsenem und Kind formieren wird.

Pädagogisches Handeln erzeugt Resonanzen

Jede Pädagogik wird gespeist durch die Überzeugung, dass unser Verhalten – das, was wir im Kontakt mit Kindern tun, was wir sagen, wie wir es sagen, welche Materialien wir anbieten und welche Regeln wir aufstellen – eine bestimmte Reaktion von Seiten des Kindes auslöst, eine bestimmte Wirkung hat. Diese Wirkung bezieht sich zum einen auf das Gegenüber, zum anderen aber auch auf die Beziehung zwischen den Beteiligten. Es wäre allerdings eine gleichermaßen naive wie technokratische Vorstellung, dass Pädagoginnen und Pädagogen ihr Verhalten gegenüber Kindern zu jedem Zeitpunkt gezielt einsetzen und punktgenau steuern können. Ebenso abwegig ist die Annahme, dass direkte und lineare Beziehungen zwischen dem eigenen Verhalten – sozusagen dem pädagogischen „Input" – und den Reaktionen und Wirkungen bei den Kindern bestünden. Wir gehen heute vielmehr davon aus, dass Kinder das, was sie wahrnehmen, erleben und erfahren, noch einmal aktiven und individuellen Verarbeitungsprozessen unterziehen (vgl. Gopnik, Meltzoff & Kuhl, 2007), und dass es nicht nur geplante und beabsichtigte Wirkungen pädagogischen Handelns gibt, sondern mindestens ebenso häufig Reaktionen, die unbeabsichtigt, nicht vorhersehbar, unerwartet und oft genug auch nicht sofort ersichtlich sind (vgl. Lindemann, 2006, S. 151 f).

Um auch sprachlich zu markieren, dass es im sozialen Miteinander mit anderen Menschen – Kindern und natürlich auch Erwachsenen, z.B. den Eltern der betreuten Kinder – um komplexe, nicht lineare, sich wechselseitig beeinflussende Prozesse geht, soll in diesem Beitrag anstelle technokratisch gefärbter Begriffe wie „Wirkungen" oder „Effekte" der Begriff der „Resonanzen" genutzt werden. Er kommt in verschiedenen Wissenschaftsdisziplinen vor. Für die Pädagogik belege ich mit dem Begriff der Resonanzen die Impulse – selbst- und fremdbezogene Gefühle, Gedanken, Assoziationen, Handlungsbereitschaften –, die das pädagogische und hier vor allem das kommunikative Handeln der Pädagogin bei Kindern (aber auch bei Eltern und beliebigen anderen Interaktionspartnern) auszulösen vermag.

Genauso entstehen Resonanzen natürlich auch in anderer Richtung; das Handeln der Kinder wirkt auf das Erleben und die Reaktionen der Erwachsenen genauso wie umgekehrt.

Die bisherigen Modelle müssen ergänzt werden

Wendet man den Begriff der Resonanzen auf die eben entworfenen Modelle der Beziehung zwischen Beobachtung und kindlicher Förderung an, fällt auf, dass diese verkürzt und somit ergänzungsbedürftig sind. Die erste Verkürzung liegt darin, dass Beobachtung einseitig als Handeln des Pädagogen beschrieben wird. Der Pädagoge beobachtet, zieht seine Schlüsse, trifft darauf basierend Entscheidungen und trägt diese an das Kind heran. Beobachtung in dieser Form ist nicht-kommunikativ. Damit ist nicht gemeint, dass durch eine solche Form der Beobachtung nichts an das Kind herangetragen oder kommuniziert wird; aber die Kommunikation, der Dialog sind keine Notwendigkeiten, keine unabdingbaren Elemente dieses Verständnisses von Beobachtung und sie werden nicht bewusst eingesetzt. Gerade die Kommunikation und der Austausch mit dem Kind sind aber wichtige Voraussetzungen, um Beobachtung und Dokumentation nicht als konkurrierende Zusatzaufgabe zu empfinden, sondern als immanenten Bestandteil des pädagogischen Alltags nutzbar zu machen. Zumindest das Modell der stärkenorientierten Beobachtung muss um die Komponente des Dialogs erweitert werden.

Die zweite Verkürzung liegt in der Annahme eines eindimensionalen und linearen Zusammenhangs zwischen pädagogischem Handeln und „Ergebnissen" bei Kindern. Es handelt sich um klassische „Schrittfolgenmodelle": Auf einen Impuls von Seiten des Pädagogen folgt eine Wirkung, ein Effekt bei den Kindern. Tatsächlich entstehen jedoch Wirkungen oder Resonanzen nicht erst zum Schluss dieser Kette, sondern in jeder einzelnen Phase, und sie wirken wiederum auf den Pädagogen zurück. Es entsteht eine Wechselwirkung, die auch die Beziehung zwischen den Beteiligten beeinflusst.

So formulierte Robert Hinde, ein bekannter Ethologe und Friedensforscher an der University of Cambridge, bereits 1989: „Beim Studium von Beziehungen können wir getrost von der Annahme ausgehen, dass jede Interaktion den Gang der Beziehung beeinflusst, und sei es auch nur, indem sie den Status quo bestätigt" (Hinde, zitiert nach Damon, 1989, S. 32). Beziehungen entstehen also in ihrer Einzigartigkeit aus einem bestimmten Muster sozialer Interaktionen. Die Modelle müssen deshalb dahingehend erweitert werden, dass an jedem Punkt des Beobachtungsprozesses – und nicht erst am Schluss – Resonanzen entstehen. Das Entstehen von Resonanzen ist dabei unabhängig davon, ob wir mit Kindern an diesen Stellen in den Dialog treten oder nicht. Aber die Qualität der Resonanzen wird sehr unterschiedlich sein, weil durch die Entscheidung, mit Kindern zu kommunizieren oder es nicht zu tun, bereits ganz unterschiedliche Botschaften gesendet werden und in sehr unterschiedlichem Ausmaß eine Verbindung mit dem Kind eingegangen wird.

Im Verlauf des Projekts „Beobachtung und Erziehungspartnerschaft", an dem seit 2006 bereits über 80 Kindertageseinrichtungen in Rheinland-Pfalz

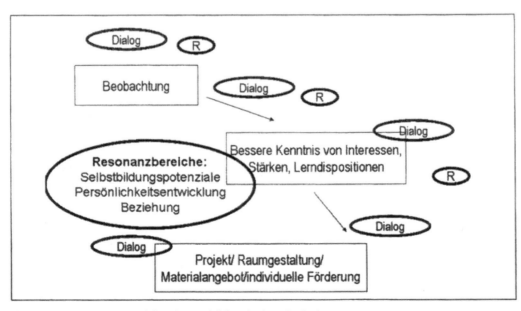

Abb. 3 Erweitertes Resonanzmodell stärken- und dialogorientierter Beobachtung

2. Erarbeitung

beteiligt sind, haben wir genau hierfür immer stärkere Hinweise gefunden. Ressourcenorientierte Beobachtung, wie sie auf der Grundlage der Bildungs- und Lerngeschichten eingeführt wurde, entfaltet auch und gerade über die Interaktion und den Dialog ihren entwicklungs- und bildungsförderlichen Wert (Weltzien & Viernickel, 2008).

Tatsächlich wird dies im Ansatz der „Bildungs- und Lerngeschichten" auch besonders betont. Beobachtung ist dann aber nicht mehr nur eine Sache des Pädagogen. Sie ist Ausgangspunkt für den beiderseitig von Interesse getragenen Austausch, bietet Gesprächsanlässe und Gesprächsthemen. Es kommt zu einer direkten Verbindung zwischen Beobachtung, pädagogischer Interaktion und der Gestaltung der pädagogischen Beziehung. Die Resonanzmöglichkeiten werden hierdurch erweitert, und vor allem: Sie werden explizit und aktiv genutzt und sind nicht nur indirekt oder unterschwellig wirksam (Abb. 3).

Damit muss das erste Modell der stärkenorientierten Beobachtungsansätze in dreierlei Hinsicht verändert werden (vgl. Abb. 3). Erstens muss der Austausch mit den Kindern zu den einzelnen Zeitpunkten integriert werden. Zweitens können Wirkungen oder Resonanzen nicht nur an das Ende der Kette verortet werden, sondern müssen zu jedem einzelnen Zeitpunkt betrachtet werden. Schließlich beziehen sich Resonanzen nicht nur auf die Anregung der kindlichen Selbstbildungspotenziale, sondern ebenso auf die kindliche Persönlichkeitsbildung und auf die Formierung der Beziehung zwischen Pädagogin und Kind. Zwischen diesen drei Elementen bestehen enge Wechselwirkungen.

Was heißt das für die Beobachtungspraxis?

Gemäß dieses ergänzten Modells kommt schon zu Beginn einer Beobachtung ein neues dialogisches Element ins Spiel: Das Kind wird vorab gefragt, ob es ihm recht ist, beobachtet zu werden. Welche Resonanzen können wir von dieser kleinen Änderung im Prozessablauf auf den Ebenen der kindlichen Persönlichkeitsentwicklung, der Formierung der Beziehung zwischen Kind und Pädagogin und der Aktivierung der kindlichen Selbstbildungspotenziale erwarten?

„Ist es Dir recht, wenn ich dich eine Weile genauer beobachte …?"

Zum einen erfährt das Kind, dass seine persönliche Integrität geachtet wird: „Ich möchte genau hinschauen – bist du damit einverstanden?" Es hört die Botschaft: „Du kannst entscheiden, was mit dir passiert". Es erlebt Kontrolle darüber, was unter seiner Beteiligung geschieht. Daraus erwachsen Gefühle der Selbstachtung und der Aufbau interner Kontrollüberzeugungen. Zweitens überlässt die Pädagogin dem Kind die Entscheidung, ob beobachtet wird oder nicht. Sie bringt damit ein bestimmtes Definitionselement in die Beziehung ein. Es ist nicht allein der Erwachsene, der in dieser Beziehung die Entscheidungsmacht hat. Sie wird dadurch von ihrer Balance her symmetrischer. Ein weiteres Definitionselement besteht in der Achtung, dem Respekt vor der kindlichen Privatsphäre. Die Pädagogin erkennt an, dass es in dieser Beziehung Grenzen gibt; sie haben etwas mit dem Recht des Einzelnen zu tun, selbst zu entscheiden, was er von sich preisgeben möchte und zu welchem Zeitpunkt er dies tut (oder auch nicht). Schließlich kann drittens angenommen werden, dass durch die Frage der Pädagogin die Aufmerksamkeit des Kindes für seine eigenen Aktivitäten sensibilisiert wird und es eventuell damit beginnt, sein eigenes Handeln bewusster wahrzunehmen und zu reflektieren.

„Willst Du wissen, was ich beobachtet habe …?"

Auch im weiteren Verlauf des Beobachtungsprozesses entstehen sehr unterschiedliche Resonanzen in Abhängigkeit vom gewählten Fokus der Beobachtung und der Entscheidung, über die Beobachtungen in den Austausch mit den Kindern zu gehen. Liegt der Beobachtungsfokus auf den Stärken, Lerndispositionen und engagierten Aktivitäten des Kindes und wird hierüber der Austausch mit dem Kind gesucht, wird es sich in seinen Lebens-ußerungen und Interessen ernst genommen und geachtet fühlen. Es bekommt bestätigt, dass das, was es selbst interessant und spannend findet, auch von der ihm wichtigen Bezugsperson in der Kindertagesstätte als wichtig erachtet wird. Diese Bestätigung führt zu einer Steigerung des Selbstvertrauens und des Kohärenzempfindens („Ich kann meinen eigenen Impulsen, Empfindungen und Wahrnehmungen trauen").

Wenn die Erzieherin aufmerksam zuhört, was das Kind zu erzählen, zu ergänzen oder zu korrigieren hat, erlebt sich das Kind als Experte, der anderen seine Handlungen, Theorien, Entscheidungen oder Strategien erläutert. Diese Erfahrung wird beim Kind als Kompetenzerleben verankert werden und es wird Selbstwirksamkeitsüberzeugungen ausbilden; also Annahmen über sich selbst als eine Person, die ihre selbst gesetzten Vorhaben aus eigener Kraft umsetzen und ihre Ziele erreichen kann.

Dialogorientierte Beobachtung unterstützt die Selbstbildungspotenziale des Kindes

Entscheidend für die Qualität der Beziehung zwischen Erzieherin und Kind ist im gesamten Beobachtungsprozess die Frage nach der Definitions- und Urteilsmacht über die Situation, aber auch über das, was das Kind tut. Bei offenen stärkenorientierten Verfahren ist diese Definitionsmacht (zumindest anteilig auch) beim Kind: Sein Handeln und seine Themen sind Ausgangspunkt der Beobachtungen und es wird in die Interpretation des Wahrgenommenen aktiv mit einbezogen. Das, was das Kind zu der Sache zu sagen hat, ist genauso wichtig oder wichtiger als das, was der Erwachsene meint gesehen zu haben.

Dies stärkt die Symmetrie der Beziehung. Durch die Konzentration auf die Stärken und Interessen des Kindes werden positive Gefühle dem Kind gegenüber ausgelöst. Diese werden in der Regel vom Kind gespiegelt; gegenseitige Sympathie und ein Wohlfühlen in der Nähe des anderen werden sich einstellen. Bleiben an dieser Stelle Dialoge mit dem Kind aus, erfährt das Kind: Es ist der Erwachsene, der die Definitionsmacht hat. Er bestimmt, worauf bei mir besonders zu achten ist, wobei es unwichtig ist, womit ich mich gerade auseinandersetze oder identifiziere. Und nicht nur das: Der Erwachsene bestimmt nicht nur, wo genau hinzuschauen ist, er weiß auch, wie ich sein sollte. Dies kann auf der individuellen Ebene zu Unsicherheit führen. Auf der Beziehungsebene verstärkt man hiermit die Asymmetrie und erzeugt Abhängigkeit.

Selbstbildungspotenziale der Kinder werden durch dialogorientiertes Beobachten vor allem deshalb unterstützt, weil das Kind herausgefordert ist, rückblickend einer sprachlich-erzählerischen Rekonstruktion von Sinnzusammenhängen zu folgen (nämlich den Beobachtungen der Erzieherin) bzw. diese selbst mit sprachlichen Mitteln zu generieren. Die Bildungserfahrung besteht neben der Stärkung der sprachlichen Kompetenz darin, dass das Kind erlebt, dass man sich gemeinsam einer (subjektiven) Wahrheit annähern kann, dass es sich also an einer gemeinsamen Konstruktion geteilter Bedeutungen beteiligen kann. Als besonders förderlich hat sich in empirischen Studien das „gemeinsame anhaltende Nachdenken" („sustained shared thinking", Siraj-Blatchford, 2007) von Kindern und Erwachsenen erwiesen, das entstehen kann, wenn sich Erwachsene wirklich für die Ideen und Ansichten der Kinder interessieren, dies durch offene Nachfragen deutlich machen und sich darauf einlassen, mit ihnen gemeinsam an der Lösung einer Frage oder eines Problems zu arbeiten, Aktivitäten zu reflektieren und zu bewerten oder auch sich Geschichten auszudenken und Gedankenfäden „weiterzuspinnen". Der Dialog über die Aktivitäten und Anliegen wird das Kind anregen, sich bewusster über die eigenen Lernprozesse und Lernstrategien zu werden, insbesondere wenn er mit echtem Interesse und Offenheit von Seiten des Erwachsenen geführt wird. Dieser Prozess wird in der Fachliteratur als „Lernen lernen" oder als „lernmethodische Kompetenz" bezeichnet.

Fazit

Es ist von großer Bedeutung, sich der hier differenziert dargestellten Resonanzen bewusst zu werden und das in ihnen liegende Potenzial feinfühlig und verantwortungsbewusst einzusetzen. Die Entscheidung für stärkenorientierte Beobachtungskonzepte, die den Dialog als integralen Bestandteil der Beobachtungspraxis verstehen, hat aus diesen Gründen weitreichende Konsequenzen für die Kommunikations- und Partizipationskultur und das pädagogische Verhältnis von Erzieherinnen, Kindern und Eltern. Dafür reicht die rein formal „korrekte" Anwendung allerdings nicht aus. Es sind die mit diesen Konzepten verbundenen grundsätzlichen Haltungen und Orientierungen, die die beschriebenen positiven und wirkmächtigen Resonanzen hervorbringen.

Viernickel, Susanne (2010): Beobachtung erzeugt Resonanzen. In: kindergarten heute 11–12/2010. Freiburg: Herder, S. 8–15

M 65 Kinder verstehen lernen: Beobachtungen werden zu Beachtungen (Kazemi-Veisari)

Informationen, die wir aus Beobachtungen gewinnen, sind nie eindeutig, sondern immer mehrdeutig und bedürfen der Entschlüsselung. Beobachtungen sind immer eine Selektion, d.h., sie wenden sich einem Ausschnitt zu und versuchen, aus ihm Kenntnisse zu gewinnen. Zugleich richten sie

2. Erarbeitung

sich auf eine komplexe Wirklichkeit, auf die ganze Person Kind. Darin liegen Chancen und Gefahren.

Die Chance besteht darin, ein Kind durch Beob-
10 achtungen zu beachten, statt es nur flüchtig und in Ausschnitten wahrzunehmen. Zu einer Chance wird es auch dann, wenn aus Be(ob)achtungen Fragen anstatt Feststellungen gewonnen werden, denn nur so wird der Tatsache Rechnung getragen,
15 dass sich ein Kind entwickelt und verändert; dass es von Anbeginn und zu jedem Zeitpunkt seines Lebens eine vielschichtige Persönlichkeit ist, die denkt, fühlt, handelt, sich ausdrückt und sich mit sich und seiner Mitwelt auseinander setzt. Schon
20 deshalb müssen Be(ob)achtungen wiederholt und in immer neuen Situationen, aus veränderten Blickwinkeln durchgeführt werden. Äußerungen wie: „Das ist typisch für das Kind", „es ist immer so" werden weder Vielfalt noch Veränderungen
25 gerecht und sortieren Kinder als fest gezeichnete Muster. Be(ob)achtungen sind – richtig verstanden – ein immer wieder neuer Such- und Entdeckungs-prozess, ein Lernvorgang für diejenigen, die be(ob)achten. Be(ob)achtungen sind keine ferti-
30 gen Abbildungen von Wirklichkeit, die nur aufzu-lesen sind. Be(ob)achtungen sind immer auch Konstruktionen, ausgerichtetes Wahrnehmen, Auswahl. Sie sind in diesem Sinne jederzeit sub-jektiv. Normen, Erwartungen, Interessen, Gefühle
35 fließen ein in Be(ob)achtungen, in das, was aufge-nommen wird, und in die Art und Weise, wie das Aufgenommene interpretiert wird. Beobachtun-gen sind eine besondere Form der Beachtung und Wahrnehmung. Darin liegen Gefahren. Denn
40 Be(ob)achtende neigen dazu, quasi automatisch nach Bestätigung von Vorannahmen zu suchen und das davon Abweichende als negativ zu registrieren. Wenn Be(ob)achtung als aktive und intensive Aus-einandersetzung des Be(ob)achtenden mit dem
45 Kind und mit Situationen verstanden wird, dann ist in diese Auseinandersetzung gerade auch der „besondere Blick" als Gefahr kritisch aufzuneh-men. Das Augenmerk ist dann darauf zu richten, warum welche „Auffälligkeit" als negativ bewertet
50 wird; welche Normen, Erwartungen und Unsicher-heiten diese Bewertung mitbestimmen. Genau diese Subjektivität muss auch Gegenstand von Diskussionen und Reflexionen im Mitarbeiter-team werden. Denn nur der Austausch verschiede-
55 ner Wahrnehmungen und Bewertungen kann den Blick vielseitiger ausrichten und einseitige Fest-stellungen korrigieren helfen. Be(ob)achtungen

sind keine Bestandsaufnahme. Wird eine Be(ob)-achtung zum Anlass für Gespräche, für Reflexio-
60 nen und neue Suchprozesse, so hat das zur Folge, dass sich das Verhältnis der Erzieherinnen zum Kind verändert. Verändert sich dieses Verhältnis aber, so wird sich auch das konkrete Verhalten dem Kind gegenüber wandeln, was wiederum zu bisher
65 unerwarteten Be(ob)achtungsergebnissen führen kann. Durch kontinuierliche und kritisch reflek-tierte Be(ob)achtungen kommt Bewegung in unser Denken und Handeln; wir lernen und entwickeln uns, nähern uns auf vielfältige Art dem Kind.
70 Wenn wir uns nicht die Mühe machen, zu be(ob)-achten, werden wir uns um viele Entdeckungen bringen und wenig Grund sehen, unser Verhalten neu auszurichten. Bleibt aber unser Verhalten unverändert, so werden wir mit dem Kind auch
75 immer wieder dieselben Erfahrungen machen; unsere Kommunikation mit dem Kind verfestigt sich – es entwickeln sich Vorurteile.

Be(ob)achtungen sind somit eine wichtige Kom-munikationsform zwischen Erwachsenen und
80 Kind. Indem Erzieherinnen das Kind immer wie-der neu wahrnehmen und kennen lernen, lernen sie selbst; sie werden flexibler, veränderten Situatio-nen Rechnung zu tragen, Entwicklungsprozesse zu bejahen und zu unterstützen. Und schließlich: Unsere Be(ob)achtungen beeinflussen das Verhal-
85 ten des Kindes. Es nimmt unsere Beachtung und unser Verhalten als Folge der Beachtung wahr. Das Kind richtet sich in diesen Beachtungsprozessen, die es als Wertschätzung (oder im Negativfall als Abschätzungsverhalten) sensibel registriert, ein
90 und definiert sich in ihnen.

Erika Kazemi-Veisari (1995): Von Kindern lernen – mit Kindern leben. Freiburg: Herder Verlag, S. 13–15

Aufgaben

1. Arbeiten Sie heraus, was die Autorin unter Beobachtung versteht.
2. Erläutern Sie Chancen und Gefahren der Beobachtung von Kindern.

142   Beobachtungs- und Dokumentationsverfahren

M 66   Was Eltern sagen (kinderwelt-hamburg.de)

Zeit für Begleitung und Beobachtung fehlt

„Die Erzieher müssen genügend Zeit für die Begleitung von Projekten, für die Beobachtung der Kinder und für ein qualifiziertes Feedback an
5 die Eltern haben. Das ist für mich als Mutter wichtig: Ich möchte wissen, wie mein Kind sich in der Kita entwickelt und verhält, ob es dort glücklich ist. Das ist mir viel wichtiger als die Fähigkeit, mit der Schere einen geraden Schnitt machen zu kön-
10 nen. Für die fachlich fundierte Art der Beobachtung und Begleitung brauchen die Pädagogen ausreichend Zeit und Personal. Auch der Austausch im Team untereinander ist enorm wichtig. Nur so können wir erreichen, dass unsere Kinder die
15 Kompetenzen und das Selbstbewusstsein entwickeln, um zufrieden zu leben und sich in der Arbeitswelt der Zukunft zurecht zu finden" (Dina Sierralta, Intern. Kindergarten Turmweg).

Es sind zu viele Aufgaben zu bewältigen

20 „Das Team in unserer Kita leistet gute Arbeit, aber es hat einfach zu viele Aufgaben zu bewältigen. Dadurch fällt zum Beispiel unser Waldtag aus oder die Angebote im Vorschulbereich werden reduziert. Manchmal werden wir Eltern gebeten als
25 zusätzliche Begleiter einzuspringen. Das tun wir natürlich gern, aber ideal ist das nicht. Das Thema kann man durch Aktionen und mit Hilfe sozialer Netzwerke lebendig halten. Und die Bezirkspolitiker sollten regelmäßig ange-
30 sprochen werden" (Alina Breiter, Kita Rantzaustraße).

Kitas und Eltern müssen zusammenarbeiten

„Als Lehrerin weiß ich, dass Bildung in der Kita beginnt. Damit die Erzieher dem Erziehungs- und
35 Bildungsauftrag gerecht werden können, brauchen sie ausreichend Zeit und Personal. Die fehlt gerade bei Elterngesprächen und bei Projekten. Die Pädagogen hier in der Kita sind gut ausgebildet, hoch motiviert und haben viele Ideen. Aber gerade wenn
40 Kollegen krank oder im Urlaub sind, spüren wir als Eltern die Belastung im Alltag. Und ich möchte nicht, dass Kinder von erschöpften Erziehern betreut werden. Damit sich die Situation endlich verbessert, müssen Kitas und Eltern an einem
45 Strang ziehen. Gerade von Eltern wünsche ich mir da ein bisschen mehr Einsatz" (Esra Yavuz, Kita Blankenese)

Zu viele Ansprüche im Alltag

„Ich bin Mutter von drei Kindern und weiß: Zweijähriger ist nicht gleich Zweijähriger. Jedes Kind 50 hat andere Bedürfnisse, auf die Erzieher individuell eingehen müssen. Außerdem müssen sich die Pädagogen vielen Ansprüchen stellen, die aus dem Großstadtleben und dem multikulturellen Zusammenleben entstehen. Gerade bei den Kleinen 55 kommt auch noch der Aufwand beim Wickeln und Anziehen dazu. Wie schwierig das ist, wissen alle, die einmal mit mehreren Kindern auf dem Spielplatz waren. Damit die Erzieher nicht ausbrennen und die Kinder darunter leiden, benötigen sie Ent- 60 lastung" (Doris Kraus, Kita Die kleinen Strolche).

o. A.: Was Eltern sagen. Verüfgbar unter: http://www.kinderwelt-hamburg.de/fileadmin/kiwe/ user_upload/Diverses/Eltern.pdf (04.09.2015; 20:03 Uhr)

Aufgaben

1. Analysieren Sie, was Eltern hier über Beobachtungen sagen und wie sie diesen gegenüberstehen.
2. Diskutieren Sie, wie Sie als Team diesen Eltern gegenübertreten wollen, um zu verdeutlichen, welche Bedeutung Beobachtungen für Ihren pädagogischen Alltag haben.

Aufgaben zur Praxiserkundung

1. Informieren Sie sich über das Beobachtungs- und Dokumentationsverfahren einer Praktikumseinrichtung Ihrer Wahl.
2. Führen Sie das Verfahren exemplarisch an einem Kind durch.
3. Befragen Sie eine erfahrene pädagogische Fachkraft über ihre Einschätzung des oder der eingesetzten Verfahren/s (z.B. Vor- und Nachteile, Bedeutung für die Gestaltung des Alltags, für die Vorbereitung eines Eltern-, Teamgesprächs etc.). Kommen Sie zu einem kritischen Urteil. Mögliche Fragen könnten sein:
   - Welche theoretische Grundannahmen liegen dem Verfahren zu Grunde?
   - Welche Erkenntnisse resultieren aus der Beobachtung?
   - Wie ist der Beobachtungsfokus (entwicklungsorientiert, ressourcenorientiert, kindzentriert)?
   - Wie kann dokumentiert werden?
   - Wie wird ausgewertet?
   - Wofür werden die Erkenntnisse eingesetzt?
   - Voraussetzungen für das Verfahren?
4. Bringen Sie einen Bericht 2–4 DIN-A4-Seiten nach Ihrem Erkundsgang mit in Ihre Kleingruppenarbeit und diskutieren Sie Ihre Ergebnisse.

3. Lernkontrolle

M 1   Kompetenzcheck

Hier finden Sie eine Übersicht über Kompetenzen, die Sie in dieser Lernaufgabe erwerben konnten. Sie können selbst einschätzen, wie gut Sie sie beherrschen.

Sachkompetenz

Ich ...	... sicher.	... noch nicht sicher genug.
erkläre die Unterschiede zwischen defizit- und ressourcenorientierten Beobachtungsverfahren ...		
erkläre die Unterschiede zwischen quantitativ-diagnostisch und qualitativ-hermeneutisch orientierten Beobachtungsverfahren ...		
beschreibe die Anforderungen an pädagogische Fachkräfte im Hinblick auf mindestens drei Beobachtungs- und Dokumentationsverfahren ...		
erläutere exemplarisch Chancen und Risiken mindestens dreier Beobachtungsverfahren und deren pädagogischer Einwirkung auf die pädagogische Arbeit in Institutionen der Frühpädagogik ...		
beschreibe die rechtlichen Rahmenbedingungen zu Beobachtungs- und Dokumentationsverfahren und stelle die wachsende berufliche Bedeutung pädagogischer Beobachtungskompetenz im Zuge sozialen Wandels und im Umgang mit kultureller Vielfalt dar ...		
erkläre die pädagogische Sicht auf das Kind, auf die Bildungs- und Erziehungspartnerschaft, die einem Verfahren zu Grunde liegt, ...		
erkläre die Bedeutung der Beobachtung und Dokumentation für die Gestaltung des pädagogischen Alltage in Tageseinrichtungen für Kinder ...		
stelle die Interdependenz von Erziehung, Bildung, Entwicklung und Sozialisation im Zusammenhang von Beobachtungsverfahren dar ...		
erkläre die Bedeutung der pädagogischen Grundhaltung für die Anwendung von Beobachtungs- und Dokumentationsverfahren ...		

Urteilskompetenz

Ich ...	... sicher.	... noch nicht sicher genug.
erörtere die Chancen und Gefahren, die sich aus der Anwendung von Beobachtungs- und Dokumentationsverfahren zur Beschreibung von Entwicklungs- und Bildungsprozessen in durch Professionalisierung geprägte Institutionen der Frühpädagogik ergeben ...		
bewerte aktuelle und für die nähere Zukunft prognostizierbare Veränderungen durch die (z. B. in NRW) verpflichtete Einführung von Beobachtungsund Dokumentationsverfahren zur Erfassung von Sprachfähigkeiten in Institutionen der Frühpädagogik ...		
beurteile die sich aus pädagogischer Perspektive ergebenden beruflichen Chancen von Beobachtungs- und Dokumentationsverfahren im Bereich der Frühpädagogik ...		
beurteile, inwiefern wissenschaftliche Erkenntnisse zu Erziehung, Bildung und Sozialisation in einzelnen Verfahren berücksichtigt werden ...		
beurteile die Gefährdungen von Kindern auf dem Weg zur Selbstbestimmung sowie pädagogische Einwirkungsmöglichkeiten, die durch Beobachtungs- und Dokumentationsverfahren ausgelöst sein können, ...		
beurteile praktische altersspezifische Maßnahmen, die sich aufgrund der Anwendung eines Beobachtungs- und Dokumentationsverfahrens für die Gestaltung von Aktivitäten bzw. Lernarrangements ergeben ...		

3. Lernkontrolle 145

Methodenkompetenz

Ich ...	... sicher.	... noch nicht sicher genug.
beschreibe komplexe Situationen aus pädagogischer Perspektive unter Verwendung der Fachsprache ...		
ermittle pädagogisch relevante Informationen aus Fachliteratur, aus fachlichen Darstellungen in Nachschlagewerken oder im Internet ...		
ermittle aus erziehungswissenschaftlich relevanten Materialsorten mögliche Adressaten und Positionen ...		
ermittle aus erziehungswissenschaftlich relevanten Materialsorten explizit oder implizit verfolgte Interessen und Zielsetzungen ...		
analysiere Texte mit Hilfe von hermeneutischer Methoden ...		
analysiere die erziehungswissenschaftliche Bedeutung von Erkenntnissen aus Nachbarwissenschaften ...		
stelle Arbeitsergebnisse in geeigneter Präsentationstechnik dar ...		
wende diesen „Kompetenzcheck" im Hinblick auf meine pädagogische Erkenntnisgewinnung und Urteilsfindung an ...		

Handlungskompetenz

Ich ...	... sicher.	... noch nicht sicher genug.
entwickle pädagogische Handlungsmöglichkeiten aus den unterschiedlichen Perspektiven (Kind, Eltern, pädagogische Fachkraft, Team) durch die Anwendung eines Beobachtungs- und Dokumentationsverfahrens ...		
vertrete die Einführung und Verwertungsmöglichkeiten (Bedeutung für die Gestaltung des Alltags, Chancen, Grenzen etc.) von Beobachtungs- und Dokumentationsverfahren argumentativ ...		

| M 2 | **Von der Beobachtung zur Achtung (Kazemi-Veisari)** |

1. Beim Be(ob)achten werden keine Fakten, sondern Botschaften wahrgenommen (gesehen, gehört, gefühlt, gedacht).

2. Be(ob)achtungen wählen aus; sie heben hervor, übersehen, deuten.

3. Be(ob)achtungen erfassen nur sichtbare und hörbare Aspekte; die Persönlichkeit des Kindes ist mehr als die Summe der beobachteten Teile.

4. Die Art und Weise, wie Kinder sich ausdrücken, ist nicht unmittelbar zu verstehen.

5. Be(ob)achtungen werden oft durchgeführt, weil Erwachsene ihre Probleme mit dem Kind lösen wollen.

6. Be(ob)achtungen sind entscheidend geprägt von der Haltung, mit der sie durchgeführt werden.

7. Kinder reagieren auf Be(ob)achtungen; sie „richten sich ein" darauf, was sie als Beobachtete spüren.

8. Be(ob)achtungen können nur zu Achtungen führen, wenn sie dialogisch sind. Sie werden nicht „am Kind" durchgeführt, sondern sind eine Form der Kommunikation mit dem Kind.

9. Auch Kinder be(ob)achten ständig und aufmerksam; auch sie deuten, was sie wahrnehmen.

10. Aus Be(ob)achtungen lassen sich immer (!!) widersprüchliche und verschiedene Schlussfolgerungen ziehen. Deshalb müssen Schlussfolgerungen kommuniziert werden.

Kazemi-Veisari, Erika (2004): Von der Beobachtung zur Achtung. Zehn Theseb zur Beobachtung. Verüfgbar unter: http://www.cjd.de/fileadmin/assets/Zentrale_Daten/PDFs/Masterkonzept_Kita.pdf (04.09.2015; 19:54 Uhr)

Aufgaben

1. Welcher These können Sie zustimmen? Begründen Sie Ihre Entscheidung.

2. Diskutieren Sie, welche These Sie nach Ihrem heutigen Kenntnisstand streichen würden.

4. Reflexion des Lernprozesses

Aufgaben

Reflektieren Sie zunächst Ihren Arbeits- und Lernprozess in diesem Unterrichtsvorhaben.

Zur Qualität der Kooperation:

- Wie sind Sie zu den leitenden Fragestellungen gelangt?
- Welche Formen der Kooperation haben Sie gewählt?
- Wie gut hat die Zusammenarbeit funktioniert?
- Was hat sich bewährt?
- Wo sehen Sie im Hinblick auf die Kooperation und Präsentation der Ergebnisse bei sich und den anderen Kurteilnehmern Entwicklungsbedarf?

Zur Qualität des fachmethodischen Vorgehens:

- Welche Fachmethoden haben Sie bei der Erschließung der Texte eingesetzt?
- Wie sind Sie bei den Recherchen im Internet vorgegangen?
- Wie bei den Erkundungen in den Institutionen der Frühpädagogik?
- Welche Vorgehensweise haben Sie bei der pädagogischen Urteilsbildung gewählt?
- Wo sehen Sie für sich Entwicklungsbedarf im Hinblick auf die fachmethodische Arbeit? Wo müssen Sie nacharbeiten?
- Wie können Sie dabei vorgehen? Welche Hilfen gibt es?

Erörtern Sie Ihre Antworten mit den anderen Kursteilnehmern und halten Sie sie schriftlich fest.

Überlegen Sie nun, welchen Sinn die neu erarbeiteten Erkenntnisse und Kompetenzen für Sie selbst haben bzw. haben können.

Dabei können Sie sich an folgenden Fragen orientieren:

- Inwiefern verändert das neue Wissen und Können Ihre Sicht auf pädagogisches Handeln?
- Wie haben Sie es in Ihr Vorwissen aus dem letzten Halbjahr integriert? Welche Bezüge zu diesem Vorwissen haben Sie hergestellt?
- Welchen Wert hat dieses Wissen und Können für Ihre pädagogische Bildung bzw. Ihre pädagogische Urteils- und Partizipationskompetenz?
- Gibt es gegenwärtige Situationen, zu deren Bewältigung sie nützlich sein können?
- Kann Ihnen das neu erworbene Wissen und Können in Zukunft helfen?
- Welche Fragen sind im Hinblick auf die Frühpädagogik und ihre Professionalisierung sind bei Ihnen offen geblieben? Welchen möchten Sie im Unterricht noch nachgehen?